HAYMON taschenbuch 43

HAYMON tb 43

Ungekürzte Taschenbuchausgabe
Haymon Taschenbuch, Innsbruck-Wien 2010
www.haymonverlag.at/haymontb

ISBN 978-3-85218-843-0

Umschlag- und Buchgestaltung:
Kurt Höretzeder, Büro für Grafische Gestaltung, Scheffau/Tirol
Mitarbeit: Ines Graus
Umschlagfoto: la dina – www.photocase.com
Autorenfoto: contrast

Gedruckt auf umweltfreundlichem,
chlor- und säurefrei gebleichtem Papier.

Gudula Walterskirchen

Adel in Österreich heute

Der verborgene Stand

Verlust des Adels

„Der Staat will den Adel aberkennen,
als hätte er diesen bloss geborgt.
Vom Titel mag er getrost sie trennen,
die's mit dem Charakter selber besorgt."

Karl Kraus, Die Fackel

Gudula Walterskirchen

Adel in Österreich heute

Inhalt

Vorwort

Am 3. April 1919 beschloß die Provisorische Nationalversammlung der Republik Deutsch-Österreich das „Gesetz zur Aufhebung des Adels*, der weltlichen Ritter- und Damenorden und gewisser Titel und Würden". Seit diesem Zeitpunkt ist es den österreichischen Adeligen verboten, ihren Adelstitel im öffentlichen Leben zu tragen. Das ist ein in dieser Form in Westeuropa einzigartiges Gesetz! Konnte durch das bloße Verbot, Titel und Würden offiziell zu tragen, der Adel in Österreich wirklich „abgeschafft" werden?

In meinem im Jahr 1999 erschienenen Buch „Der verborgene Stand" beschäftigte ich mich ausführlich mit den Auswirkungen des „Adelsverbots" auf den Adel im Verlauf des 20. Jahrhunderts. Damit lag erstmals eine Geschichte der österreichischen Aristokratie im 20. Jahrhundert vor. Das Interesse der Leser war groß und das Buch bald vergriffen. Überraschend für mich war auch das außerordentliche mediale Echo im In- und Ausland auf das Erscheinen des Buches.

Seit dem Jahr 1999 hat sich innerhalb des Adels einiges getan. So entschloß sich eine Gruppe junger Adeliger, das Adelsverbot nicht länger hinzunehmen. Sie gründeten die „Vereinigung der Edelleute in Österreich" und lösten damit einen heftigen politischen Wirbel und Rechtsstreit aus. Diese bisher nur einem kleinen Kreis bekannten Auseinandersetzungen werden in diesem Buch erstmals öffentlich gemacht und geben einen hochinteressanten Einblick in die politische Diskussion.

Nach einigem Hin und Her wurde die Vereinigung schließlich genehmigt. Somit gibt es seit dem Verbot der „Vereinigung katholischer Edelleute in Österreich" aus dem Jahre 1938 nun wieder eine Standesvertretung des österreichischen Adels. Noch viel bemerkenswerter ist jedoch, daß im Zuge dessen erstmals in der Zweiten Republik der Adel vom offiziellen Österreich anerkannt wurde!

Daß sich das Verhältnis des offiziellen Österreich zum Adel zu wandeln und zu normalisieren beginnt, zeigt die Debatte um die Erlaubnis für die Mitglieder der Familie Habsburg, für das Amt des Bundespräsidenten zu kandidieren. Der Ausgang ist allerdings noch offen.

Die junge Adelsgeneration tritt mit einem neuen Selbstbewußtsein auf und scheut nicht das Licht der Öffentlichkeit. Die adelige Jugend will ihre Herkunft nicht verleugnen. „Ich möchte mich nicht mehr verstecken und mich genieren, ich möchte mich dazu bekennen, daß ich ein Adeliger bin", fordert Stephan Hohenberg, Jahrgang 1972 und Vorsitzender der Vereinigung der Edelleute. Doch noch immer reagieren die meisten österreichischen Aristokraten, die auf ihre Adelstitel angesprochen werden, beinahe verlegen und betonen, daß sie keinen Wert auf das Tragen ihrer Titel legen würden.

Die österreichische Gesellschaft hat sich ebenfalls gewandelt. Am Beginn des 21. Jahrhunderts verströmt der Adel im Einheitsbrei der modernen Konsumgesellschaft und der um sich greifenden Beliebigkeit für viele einen speziellen Reiz. Seine starke Identität, seine lange Tradition, der familiäre Zusammenhalt, seine Werte und sein Gefühl für Verantwortung und Anstand erscheinen vielen wieder attraktiv.

Sowohl das ungebrochen große Interesse am Thema als auch die neuesten Entwicklungen im Zusammenhang mit dem Adelsgesetz haben den Haymon Verlag veranlasst, das mittlerweile zum Standardwerk avancierte Buch über Österreichs Adel heute nun als Taschenbuch herauszugeben.

Im Juli 2010 *Dr. Gudula Walterskirchen*

Einleitung

Im Bertelsmann Universallexikon wird der Adel als „ein aufgrund von Geburt, Besitz oder Verdienst erworbener Stand mit erblichen Privilegien“ definiert. Es gibt in unserem demokratischen System weder Stände* noch erbliche Privilegien. Wir sind heute stolz auf die Chancengleichheit, durch die dem Tüchtigen, gleich welcher Herkunft, alle Türen offen stehen. Wieso spricht man dann noch von Eliten? „Den Adel als Stand gibt es nicht mehr“, stellte der Historiker Johann Christoph Allmayer-Beck fest, der selbst adeliger Herkunft ist. Selbst Historiker sehen den Stand somit als aufgelöst, und dennoch nimmt man den Adel in Österreich – sogar verstärkt wieder – wahr! Es muß also noch andere Elemente, abgesehen von Titeln und Prädikaten, geben, die Menschen als adelig erscheinen lassen. In diesem Zusammenhang spricht man auch vom informellen Stand des Adels: Es existiert zwar keine ständische Ordnung mehr, dennoch gibt es bestimmte gemeinsame Merkmale und verbindende Elemente, die den Adel als eigenständigen, von anderen unterscheidbaren Teil der Gesellschaft erkennen lassen. Der Adel wird von außen, von der Gesellschaft, als solcher wahrgenommen. In diesem Sinn definieren sich auch die meisten Adeligen.

Unzweifelhaft gehörte der Adel, vor allem der Hochadel, in der Monarchie zur Elite – ja er war die Elite. Wie verhielt es sich jedoch nach dem Zusammenbruch des monarchischen Systems mit dem Adel als Führungsschicht? Spielte er überhaupt noch eine Rolle in Politik und Gesellschaft? Ist er heute mehr als ein „historisches Fossil“?

Da der Hochadel den größten politischen und gesellschaftlichen Einfluß besaß, seine Demontage daher um so weitreichendere Auswirkungen hatte, konzentrierte ich mich auf die ehemals fürstlichen und gräflichen Familien in Österreich. Dies entspricht in etwa der scharfen Trennlinie, die in der Monarchie zwischen der „Ersten“ und der „Zweiten Gesellschaft“ gezogen wurde. Zur „Ersten Gesellschaft“ zählten jene Familien, die mindestens über vier Generationen hinweg rein adeliger Abstammung und damit „hoffähig“ waren, also bei Hof verkehren und bestimmte Ehrenämter bekleiden durften. Sie grenzten sich in ihren Vorrechten, aber auch gesellschaftlich strikt vom restlichen Adel ab. Obwohl die „Hoffähigkeit“ mangels eines Kaiserhofes längst obsolet ist, existiert diese gesellschaftliche Abgrenzung großteils noch heute.

Diese in sich abgeschlossene Gemeinschaft umfaßt in Österreich rund 180 Familien mit etwa 11 000 Familienmitgliedern. Somit macht der Anteil des ehemaligen Hochadels an der Bevölkerung Österreichs nur 1,4 Promille aus; daraus läßt sich nicht schließen, ob er in bestimmten Berufen über- oder unterrepräsentiert ist.

Dieses Buch geht der Frage nach, welche Auswirkungen das Adelsverbot auf die Familien des vormaligen österreichischen Hochadels* hatte. Wie verhält sich ein über Jahrhunderte privilegierter Stand, wenn ihm von einem Tag zum anderen nicht nur seine politischen und gesellschaftlichen Vorrechte, sondern auch ein Teil seiner Identität genommen und seine Herkunft ins Zwielicht gerückt werden? Vernichtete das Verbot, seine Adelstitel zu tragen, den Adel? Wie gingen die Menschen mit ihrer in der Öffentlichkeit plötzlich tabuisierten Herkunft um? Was macht den Adel, diesen „verborgenen“ Stand, über seine abgeschafften Titel hinaus aus? Gibt es eine gemeinsame Identität und worin besteht diese? – Mein Ziel ist es, unter Berücksichtigung der Herkunft, der Bedeutung und der Wertvorstellungen bestimmter Familien, Muster abzulesen, die für adelige Familien charakteristisch sind. Es existieren viele Klischees über den Adel, über seine Lebens- und Verhaltensweisen, die nur teilweise bewußt sind. Traditionen, Einstellungen, Werte und Verhaltensweisen, die bei Mitgliedern des Adels als völlig selbstverständlich gelten, erscheinen dem mit dieser Welt nicht so Vertrauten als ungewöhnlich, interessant oder sonderbar. Die Darstellung der Lebenswelt, der Einstellung und Charakterisierung des Adels ist bestimmt vom Bild, das sich Außenstehende von dieser relativ geschlossenen Gruppe machen. Überdies neigt das von der Literatur und den Medien gezeichnete Bild zur Schwarz-Weiß-Malerei, zur starken Vereinfachung. Absicht dieses Buches ist es, dem Leser mehr vom Selbstbild des Adels zu zeigen und ihm dadurch die Möglichkeit zu eröffnen, diese Menschen besser kennen- und verstehen zu lernen. Um dieses näher zu ergründen, führte ich zahlreiche persönliche Gespräche und verglich Autobiographien, Tagebücher, Briefe und Familiengeschichten. Es existieren unzählige Privatarchive, die bisher nur grob aufgearbeitet wurden und für die genauere Erforschung des Adels in Österreich von Nutzen wären.

In anderen europäischen Ländern wie etwa Frankreich, Deutschland und vor allem Großbritannien hat man sich dieses Themas längst angenommen und es gibt eine Fülle interessanter Literatur. Allein die Scheu der Forscher vor diesem Thema zeigt, welch großen Schaden das Adelsverbot angerichtet hat. Der Adel, der in der Monarchie die führende Rolle spielte, durfte nicht einmal mehr erwähnt werden. Es geht hier aber nicht um eine Bewertung, ob der Adel gut oder schlecht, fähig oder unfähig war und ist, sondern um die Darstellung des Bildes, das Adelige von sich selbst und ihrer Situation haben.

Die in dem Buch verwendeten Adelstitel und -prädikate dienen ausschließlich der wissenschaftlichen Definition für eine bessere Zuordnung im historischen Kontext. Persönlichkeiten, die nach Inkrafttreten des Adelsverbots wirkten, sind ohne Titel genannt. Zusätzlich findet sich im Anhang eine Liste von Namen, die nach der Klassifizierung des Gotha*, des Genealogischen Handbuchs des Adels, alle Familien aufzählt, die dem ehemaligen österreichischen Hochadel zuzurechnen sind. Unschärfen ergeben sich durch die in Einzelfällen schwierige Zuordnung nach Nationalitäten, da unter dem heutigen österreichischen Adel etwas anderes verstanden wird als 1918. In manchen Fällen wurden, um die Intimsphäre der beschriebenen Personen oder deren Nachkommen nicht zu verletzen, Abkürzungen verwendet und die Identität verwischt. Um Ihnen einen leichteren und rascheren Einstieg in die Welt des Adels zu ermöglichen, finden Sie zusätzlich die wichtigsten, mit einem * gekennzeichneten Begriffe in einem Adelslexikon im Anhang erklärt.

Das Interesse am Adel, vor allem an seinem Privat- und Familienleben, ist nach wie vor ungebrochen. Allein die eindrucksvollen Auflagenzahlen bunter und goldener Blätter, deren Hauptthema die möglichen Verlobungen in den verschiedenen europäischen Herrscherhäusern ist, beweisen dies. Dahinter mag wohl die Sehnsucht nach einer Märchenwelt von Prinzen und Prinzessinnen stecken, die in einem krassen Gegensatz zu unserer grauen Alltagswelt steht ...

I.
Das Comeback des Adels

„Ich bin einer von denen, spuckt mich an!“ Der junge Mann, der das sagt, ist kein ehemaliger Sträfling, kein illegaler Einwanderer, kein verwahrloster Obdachloser und kein fundamentalistischer Moslem. Nein, der junge Mann, der da seine Erlebnisse aufgrund seiner Herkunft schildert, ist ein Abkömmling der Habsburger, eine der einst bedeutendsten Familien Europas!

„In der Schule habe ich mich sogar geprügelt, weil die Geschichtslehrerin gesagt hat, meine Vorfahren seien schuld am Ersten Weltkrieg gewesen“, erzählt Stephan Hohenberg.[1] Die Reaktionen auf seinen prominenten Nachnamen erlebte er durchwegs ambivalent: „Man wird als Aristokrat entweder angehimmelt oder angefeindet.“

Nun will er sich nicht mehr für seine Zugehörigkeit zum Adel entschuldigen oder diese gar verstecken, sondern dazu beitragen, daß vor allem junge Adelige ihre Identität wieder leben können. Aus diesem Grund ließ er sich kürzlich zum Vorsitzenden der neu gegründeten „Vereinigung der Edelleute in Österreich“ wählen.

Die Gründung der „V. E. Ö.“ stieß auf beträchtliche rechtliche und politische Hindernisse.

Zu Beginn der Prozedur schien alles ganz glattzugehen: Im Frühjahr des Jahres 2005 schickte das Gründungskomitee die Vereinsstatuten vorschriftsmäßig an die Vereinsbehörde. Ende April erhielt es die Antwort der Bundespolizeidirektion Wien, die die Statuten genehmigte. Damit wurde auch jener Passus der Statuten genehmigt, der die Mitgliedschaft in der V. E. Ö. regelt: Demnach können Personen Mitglieder werden, die „zur Führung eines Adelstitels gemäß dem geltenden Adelsrecht berechtigt sind“. Im beigelegten Auszug aus dem Vereinsregister wurden daher auch alle Vorstandsmitglieder mit sämtlichen Adelstiteln und -prädikaten angeführt. Der Verein nahm seine Tätigkeit auf, für die Behörde schien die Sache erledigt.

Bis im November 2005 im Nachrichtenmagazin „profil“ ein Artikel über die V. E. Ö. erschien, in dem erwähnt wurde, daß auch bereits bei der Anmeldung des Vereins die Adelstitel verwendet worden waren. Dieser unscheinbare Nebensatz löste einen politischen Wirbel aus, der jedoch von der Öffentlichkeit völlig unbemerkt blieb. Am 21. Dezember stellte eine kleine Gruppe von sozialdemokratischen Nationalratsabgeordneten, angeführt von SP-Justizsprecher Hannes Jarolim, eine parlamentarische Anfrage an die Innenministerin, damals Liese Prokop von der regierenden Volkspartei. Die Anfrage ist es wert, wörtlich wiedergegeben zu werden:

„In der Zeitschrift profil (Nr. 45 vom 07. 11. 2005) werden der Vereinsbehörde, der Bundespolizeidirektion Wien und dem in Vereinsangelegenheiten zuständigen Bundesministerium für Inneres (BMI) Gesetzesverstöße in Form der Nichtanwendung des Adelsaufhebungsgesetzes von 1919 vorgeworfen.

Die Vereinigung der Edelleute in Österreich (V. E. Ö.) ist eine Neuauflage einer Vereinigung von Monarchisten, die 1938 verboten wurde. Bei Beantragung der Gründung wurde von seiten aller Gründer zu deren Namen der jeweilige Adelstitel angefügt.

Die Vereinsbehörde jedoch sah diese Umstände offenbar nicht als ausreichend an, um die Genehmigung zu verweigern und stattdessen die verwaltungsstrafrechtliche Bestimmung des § 2 Adelsaufhebungsgesetzes anzuwenden.

Die Vorgehensweise der Behörde erscheint um so merkwürdiger, wenn man sich die behördliche Praxis in der Vergangenheit ansieht: Seit dem Verbot im Jahr 1938 wurde die Erteilung einer Genehmigung für einen solchen Verein stets versagt. Nun jedoch wird die Praxis völlig geändert – und dies ohne entsprechende Begründung (Kommentar des zuständigen Beamten Rudolf Müllebner gegenüber profil: „Warum der Verein bewilligt wurde, unterliegt der Amtsverschwiegenheit“), was rechtsstaatlich mehr als problematisch erscheint.

Da hier offensichtlich Gesetzesverstöße durch Unterlassen der Anwendung des Adelsaufhebungsgesetzes 1919 vorliegen, trotz kritischer Nachfrage bei der Behörde keine Einsicht gegeben ist und das BMI keinen Handlungsbedarf sieht, den Verein V. E. Ö. nun entsprechend der österreichischen Rechtslage zu behandeln, stellen die unten gefertigten Abgeordneten Jarolim, Genossinnen und Genossen, an die Bundesministerin für Inneres folgende ANFRAGE:

1. Warum wurde der Verein V. E. Ö. genehmigt trotz offensichtlichen Verstoßes gegen das österreichische Adelsaufhebungsgesetz aus 1919?
   a. Was genau waren die Aktivitäten der BPD Wien?
   b. Was genau waren die Aktivitäten des Bundesministeriums für Inneres?

2. Wieso wurde nicht stattdessen eine Verwaltungsstrafe nach § 2 Adelsaufhebungsgesetz 1919 ausgesprochen und die Genehmigung des Vereins V. E. Ö. in Konformität mit der österreichischen Rechtslage verweigert?

3. Gedenken Sie in dieser Causa eine Weisung zu erteilen?
   a. Wenn ja, welchen Inhalt wird die Weisung haben?
   b. Wenn nein, warum nicht?

4. Werden in Hinkunft weitere Vereine genehmigt, deren Gründer bei der Beantragung zusätzlich zu ihrem Namen rechtswidrig Adelstitel angeben?
   a. Wenn ja, warum?
   b. Wenn nein, warum nicht?

5. Gibt es in dieser Causa einen Zusammenhang zwischen Ihrer Ehrung durch die monarchistische Verbindung Elisabethina und der Genehmigung dieses monarchistischen Vereins?
   a. Wenn ja, welche?

6. Sind Sie nicht auch der Meinung, daß Aristokratie und somit auch das Führen von Adelstiteln nicht nur rechtswidrig, sondern auch mehr als unangebracht und obsolet sind?“

Diese Anfrage, gestellt 60 Jahre nach Wiedererrichtung der Republik und 87 Jahre nach dem Ende der Monarchie, ist in mehrfacher Hinsicht höchst bemerkenswert. Man beruft sich auf ein Gesetz, das 86 Jahre alt ist und seither nie zur Anwendung gekommen ist! Und was noch interessanter erscheint: Mehrfach argumentieren die Abgeordneten einer Partei, die stets den „Antifaschismus“ auf ihre Fahnen heftet, auf ein Gesetz von 1938, um eine Rechtswidrigkeit im Jahr 2005 aufzuzeigen. Sie nehmen also das Unrechtsgesetz der Nationalsozialisten, die 1938 alle Vereine aufgelöst und verboten hatten – auch die Sozialdemokratische Partei! – als ein Fundament ihrer Argumentation! Sie erwähnen nicht, daß nach dem Ende der nationalsozialistischen Herrschaft in der Zweiten Republik selbstverständlich die Vereinsfreiheit wieder hergestellt worden war. Und weiters ist interessant, daß für die sozialdemokratischen Abgeordneten Aristokratie an sich und das Führen von Adelstiteln „nicht nur rechtswidrig, sondern auch mehr als unangebracht und obsolet sind“.

Im Februar 2006 erfolgte die Antwort der – in der Anfrage auch persönlich attackierten – Innenministerin. Darin wird erklärt, daß es vorerst nur um die Prüfung der Vereinsstatuten gegangen sei. Und auch wenn in diesen Adelsbezeichnungen verwendet worden seien, „war eine mit der österreichischen Rechtsordnung vereinbare Auslegung grundsätzlich möglich“. Allerdings sei festgestellt worden, daß die Vereinstätigkeit mit den Statuten nicht übereinstimmen würde. Am 16. Februar erhielt die V. E. Ö. den Bescheid, daß der Verein aufgelöst sei. Als Begründung wurde angeführt, daß einige Vertreter des Vereins österreichische Staatsbürger und daher nicht zur Führung von Adelstiteln berechtigt seien.

Die V. E. Ö. beeinspruchte die Auflösung, es ging einige Male hin und her, bis schließlich im November 2006 der entscheidende Brief der Vereinsbehörde eintraf. Darin wird mitgeteilt, das Verfahren zur Einstellung der Vereinsauflösung sei eingestellt worden! Begründet wird dieser Schwenk unter anderem damit, daß die Mitglieder der V. E. Ö. laut Adelsaufhebungsgesetz zwar nicht öffentlich zur Führung eines Adelstitels berechtigt seien, aber weiterhin dem historischen Adel angehören würden. Im Zweifel seien Statuten im Sinne der Vereinsfreiheit auszulegen, heißt es noch.

Somit wurde von einer österreichischen Behörde erstmals in der Zweiten Republik anerkannt, daß es noch einen österreichischen Adel gibt! Zu dieser neuen Auslegung hat wohl beigetragen, daß Österreich im Zuge seines Beitritts zur EU auch den Grund- und Menschenrechtekatalog der EU anerkennen mußte. Dieser führte zu einem neuen Vereinsgesetz, das der Vereinsfreiheit mehr Raum gibt.

Bemerkenswert ist auch, daß der Vorgängerverein der V. E. Ö., die 1914 gegründete „Vereinigung der katholischen Edelleute in Österreich“, von den Repräsentanten der Ersten Republik nicht verboten worden war. Als in der Zweiten Republik, im Jahr 1954, eine Reaktivierung des Vereins versucht wurde, wurde dies von den Behörden verboten. Obwohl noch eine wesentlich größere zeitliche Nähe zur Monarchie gegeben war, sahen die Gründerväter der Ersten Republik die Grundfesten des Staates offenbar keineswegs in Gefahr, wenn sie eine Adelsvereinigung zuließen.

Die Abschaffung der Adelstitel in Österreich 1919 war in mehrerer Hinsicht bemerkenswert. In keinem nicht-kommunistischen Land Europas hat man ein derartiges Gesetz beschlossen, selbst in Deutschland hat man den Adelstitel zum Bestandteil des Namens erklärt. Nicht genug mit dem Verbot erhob man hierzulande das „Gesetz zur Aufhebung des Adels“ in den Verfassungsrang und sicherte es so besonders ab.

Die wesentlichen Punkte dieses Gesetzes lauten:

„§ 1 Der Adel, seine äußeren Ehrenvorzüge sowie bloß zur Auszeichnung verliehene, mit einer amtlichen Stellung, dem Beruf oder künstlerischen Befähigungen nicht im Zusammenhang stehende Titel und Würden und die damit verbundenen Ehrenvorzüge deutschösterreichischer Staatsbürger werden aufgehoben.

§ 2 Die Führung dieser Adelsbezeichnungen, Titel und Würden ist untersagt. Übertretungen werden von den politischen Behörden mit Geld bis zu 20 000 Kronen oder Arrest bis zu sechs Monaten bestraft.

§ 3 Das Erfordernis des Adels als Bedingung für den Genuß von Stiftungen entfällt.

§ 4 Die Entscheidung darüber, welche Titel und Würden nach § 1 als aufgehoben anzusehen sind, steht dem Staatssekretär für Inneres und Unterricht zu.

§ 5 Die in Deutschösterreich bestehenden weltlichen Ritter- und Damenorden werden aufgehoben. Die bisher verliehenen Orden und Ehrenbezeichnungen dürfen weitergetragen werden.

§ 6 Alle mit diesem Gesetz in Widerspruch stehenden Vorschriften treten außer Geltung.“

Die richtige Auslegung des Adelsgesetzes bereitet bis heute Schwierigkeiten. Der genaue Gesetzesname lautet: „Gesetz vom 3. April 1919 über die Aufhebung des Adels, der weltlichen Ritter- und Damenorden und gewisser Titel und Würden“. Darunter verstand man das künftige Verbot, Adelsbezeichnungen, Titel und Würden zu führen. Es ging also um die formale Frage des Titels, der Adelstitel wurde aufgehoben. Was verstand der Gesetzgeber unter der Aufhebung des Adels? Was wollte der Gesetzgeber tatsächlich bezwecken? Und ist ein Gesetz, das „den Adel“ verbietet, überhaupt zulässig? Die Fragen sind bis heute ungeklärt und werden wohl erst vor dem Europäischen Gerichtshof geklärt werden können.

Das Adelsverbotsgesetz erscheint Kritikern aus mehreren Gründen strittig: Sie sehen etwa das Anwendungsgebiet als sehr unklar an. Im Burgenland etwa, das bekanntlich ja erst 1921 zu Österreich kam, wurde das Adelsverbotsgesetz nicht eingeführt. Das bedeute, daß es bis heute dort eigentlich nicht gilt.

Ein wichtiger Angelpunkt, an dem die Kritiker das Gesetz aushebeln wollen, ist der Gleichheitsgrundsatz und die Frage der Diskriminierung. Diese stelle sich vor allem, seit Österreich der EU beigetreten sei. Im Hinblick auf das Adelsverbot ist in Österreich österreichischen Staatsbürgern verboten, was Ausländern, die in Österreich leben, erlaubt ist, ja sogar erlaubt werden muß, nämlich das Tragen von Adelstiteln und Adelszeichen. Dies verstoße weiters gegen das Gleichheitsprinzip der Menschenrechte. Es wird sogar österreichischen Staatsbürgern in etlichen Fällen von ausländischen Behörden das Recht eingeräumt, ihren Adelstitel zu führen. So besitzt etwa der in Österreich ansässige Teil der Familie Norman-Audenhove, die dem niederländischen Adel entstammt, eine amtliche Bescheinigung aus dem Jahr 2002, daß ihre Mitglieder nach niederländischem Recht berechtigt sind, das Adelsprädikat „Jonkheer“ zu führen. Und dies, obwohl sie nur die österreichische und nicht auch die niederländische Staatsbürgerschaft besitzen.

Überhaupt ist der österreichische Umgang mit seinem Adel in den westeuropäischen Ländern, ob konstitutionelle Monarchien oder Republiken – ein Unikum. Das Adelsverbot wird dort nicht verstanden – gerade weil Österreich als sonst verliebt in seine Titel bekannt ist. In Deutschland hat man etwa die salomonische Lösung gefunden, daß die Titel Bestandteil des Namens geworden sind.

Die geschlechtsspezifische Anpassung, die eigentlich streng nach Gesetz nicht möglich gewesen wäre, hat man einfach zugelassen. Darüber hinaus kann man in Deutschland einen Adelstitel nicht nur erben oder erheiraten, sondern sogar kaufen! Im Internet werden Adelstitel versteigert, die auf erfundenen, adelig klingenden Namen basieren. So kann sich etwa Fräulein Agnes Müller selbst zur „Gräfin von Leuchtenburg“ machen und sich diesen Namen dann in den Personalausweis eintragen lassen.

Diese Blüten wären dem heimischen Adel natürlich nicht recht, dennoch will er sich mit der derzeitigen Rechtslage nicht abfinden. Die Initiatoren der V. E. Ö. hoffen, daß Einzelpersonen bis vor den Europäischen Gerichtshof für Menschenrechte ziehen und dort eine Entscheidung erzwingen.

Den eigentlichen Grund, warum es in Österreich zwar noch immer einen „Hofrat“, aber keine „Grafen“ und „Freiherrn“ mehr gibt, ortet Stephan Hohenberg in der Psychologie: Es gehe schlicht um Neid und Angst vor Diskriminierung. „Die Leute sind gegen den Adel, weil sie sich sonst diskriminiert fühlen würden. Sie haben Angst, daß wir uns dann als etwas Besseres fühlen. Also diskriminieren sie den Adel, damit sie sich nicht selbst diskriminiert fühlen.“

Trotz des juristischen Kampfes, der noch lange nicht ausgestanden ist, sieht die V. E. Ö. die Hauptaufgabe ihrer Vereinigung nicht in der Wiedereinführung der Adelstitel, sondern in ideellen Werten. Es geht ihnen vor allem um einen neuerlichen Zusammenhalt des Adels. Und es geht ihnen um Identität, um die Rückbesinnung auf die Geschichte ihrer Familien, ihres Standes und der Aufgaben, die er in Zukunft zu erfüllen hat. Sie glauben, daß der Adel, wenn er sich nur zusammenschließt, noch viel Positives bewirken könne. So etwa trage er nach wie vor Verantwortung für die Gesellschaft in Form von vorbildlicher Lebensführung; Ritterlichkeit, Anstand, Höflichkeit, Moral und Religiosität nennen die jungen Männer als Beispiele.

Die konkreten Ziele der V. E. Ö. sind: Die Erstellung einer Matrikel jener Familien, die zur Führung eines Adelstitels nach dem Adelsrecht berechtigt sind. Dafür bedienen sie sich modernster Mittel: Auf ihrer Homepage www.Edelleute.at finden sich bereits 19 000 Familien eingetragen. Weitere Ziele sind die Zusammenarbeit mit internationalen Adelsverbänden, die Herausgabe eines Jahrbuches, die Wiedererrichtung eines Adelsarchivs und die Schaffung eines Adelsrates zu adelsrechtlichen Fragen.

Die V. E. Ö.-Repräsentanten sorgen sich aber auch um die Fragen des korrekten Umgangs miteinander. Vieles, was Adeligen früher selbstverständlich war, sei mittlerweile bereits verlorengegangen. Sie gehen das Problem teilweise recht praktisch an. So wollen sie etwa Richtlinien für korrekte Anrede und Verhaltensregeln erarbeiten. Der in ein bis zwei Jahren geplante Adelsball könnte da gleich als Probebühne dienen.

II. Der adelige Familienbegriff

„Wir sind Mitglieder einer alten Adelsfamilie. Ihre jahrhundertelange Zugehörigkeit zu einem Stand, der nicht nur das politische und wirtschaftliche, sondern auch das kulturelle und geistige Leben entscheidend mitgestaltet hat, sowie die von den Vorfahren erworbene Lebens- und Erziehungsweisheit ließen ein Erbgut erwachsen, das nur dann erhalten und weitergegeben werden kann, wenn die große Familie durch den engen Zusammenhalt unter dem Senior und dem Maior als den überlieferten Familienoberhäuptern Heimat und wirksame Stütze des einzelnen bleibt." Dieser Text, der umfassend die Bedeutung der Adelsfamilie beschreibt, ist einer Urkunde entnommen, die alle Mitglieder der Familie Waldstein-Wartenberg anläßlich des 800jährigen Bestehens im Jahr 1959 unterzeichneten.

Es gibt kaum eine andere gesellschaftliche Gruppe, für die die Familie einen so hohen Stellenwert hat wie den Adel. Heute mehr noch als zu Zeiten der Monarchie, da der Adelige unserer Tage einen wesentlichen Teil seiner Identität aus seiner Herkunftsfamilie schöpft. Sie vermittelt ihm die Bestätigung seiner adeligen Geburt, die ihm in der Außenwelt weitgehend oder völlig fehlt. Offiziell existierte der Adel ja in Österreich bis vor kurzem nicht mehr, daher bleibt ihm nur mehr seine Familie, wo er ganz im Sinne jahrhundertealter, erfahrener Traditionen leben kann. Die Familie, die Nachkommenschaft wird so zum Träger der Weitergabe des „Ererbten". Dazu zählen nicht nur materielle, sondern auch ideelle Werte, Einstellungen und Haltungen. Die Tradition und die Haltung des Bewahrens nehmen großen Raum in Denkungsart und Handeln adeliger Familien ein. So etwa sind adelige Familien bestrebt, den Familienbesitz zu erhalten, den ererbten Namen weiterzugeben und die Taten ihrer Ahnen nicht zu vergessen.

Der Familienbegriff der Adeligen ist nicht zu vergleichen mit dem, was wir heute im allgemeinen unter Familie verstehen, die sich meist auf die Kernfamilie, Vater, Mutter und Kinder oder auf einen Elternteil mit Kind beziehungsweise Kindern beschränkt. Im Unterschied dazu zählen Aristokraten alle Träger desselben Familiennamens zur Familie, also auch weitschichtige Verwandte. Zusätzlich gehören zur Großfamilie die Herkunftsfamilien der Ehepartner (was die Grenzen des heutigen Familienbegriffs eindeutig sprengt). Die Aristokratie, insbesondere die Hocharistokratie, ist in Österreich ein sehr enger Kreis einiger Dutzend Familien. Da man fast ausschließlich standesgemäß – also innerhalb des Standes – heiratete, entstanden im Lauf der Zeit fast unter allen Familien verwandtschaftliche Bindungen. So kommt zum Gefühl, einem Stand anzugehören, die familiäre Verbindung. „Wenn ich lange genug im Gotha blättere, sind wir alle irgendwie verwandt!", meinte etwa Vincenz Liechtenstein. Dazu kommt, daß es keine Nobilitierungen, also keine Erhebungen in den Adelsstand durch den Monarchen, mehr gibt und der Adel als informeller Stand damit immer kleiner wird. Vor diesem Hintergrund betrachtet, erscheint der österreichische Hochadel als eine einzige, große Familie. Dieser besondere Umstand verwandtschaftlicher Bindung verstärkte die Solidarität und den Zusammenhalt. Dies zeigte sich besonders in der Zeit der Entmachtung oder, anders betrachtet, des Rückzugs des Adels in die Privatsphäre. Nun galt es nicht mehr um Ämter, Einfluß und persönliche Vorteile bei Hof zu ringen, sondern die eigene Identität unter völlig anderen Bedingungen zu erhalten beziehungsweise neu zu definieren. Die Konkurrenz um hohe Ämter innerhalb des Adels stellte sich in der Republik in dieser Form nicht mehr. So kann man unbelastet den gesellschaftlichen und familiären Kontakt pflegen und vielleicht einem Standesgenossen bei seiner Karriere helfen. Denn heute steht man nicht mehr in Konkurrenz untereinander, sondern in Bewährungsprobe mit der Überzahl an Bürgerlichen.

*

Die von der Familie Waldstein-Wartenberg verfaßte Urkunde legt ein deutliches Bekenntnis ab: „Verbunden durch unseren Namen als Zeichen gemeinsamer Abstammung und Geschichte und bestärkt durch die Erfahrung einer bis heute lebendigen Familientradition, haben wir beschlossen, die aus diesem Anlaß bewegenden Gedanken in einer Urkunde niederzulegen und als Bekenntnis zu einem kostbaren und bleibenden Erbe kommenden Generationen zu überliefern." Angeführt werden die Gemeinsamkeit des katholischen Glaubens, das Beispiel und die Erfahrung der Vorfahren, das Verlangen nach Wahrheit und Gerechtigkeit, Grundsatztreue, die Verschmelzung des Alten mit dem Neuen und der enge Zusammenhalt der großen Familie unter dem Senior und dem Maior*.

Vor diesem Hintergrund ist die Präsenz des Vaters als Familienoberhaupt und eine in unserer Gesellschaft kaum mehr gelebte und vielleicht deshalb unverstandene Rangordnung und Autorität zu sehen. Familienoberhaupt ist in adeligen Familien immer der älteste männliche Nachkomme. Seine Rechte und Pflichten sind klar definiert, in manchen Fällen sogar in Form eines sogenannten Familienrechts. Früher war er es, der im wesentlichen die Geschicke der gesamten Familie lenkte. Er bestimmte die ihm für seine Kinder, aber auch Nichten und Neffen, geeignet scheinende Ausbildung und den zu ergreifenden Beruf. Wie stark der Einfluß des Vaters selbst ins weit entfernte Internat sein konnte, zeigt ein Brief des Schülers Joseph Windisch-Graetz aus dem Jahr 1910. Er nahm sich darin vor: „Dir, lieber Papa und der guten Mama recht viel Freude zu machen und für das spätere Leben zu lernen, Dir, lieber Papa, dem Vaterland und unserem Namen recht viel Freude zu machen." Der Einfluß des Familienoberhauptes reichte so weit, den gesellschaftlichen Umgang der Jugend zu organisieren und den „passenden" Ehepartner auszuwählen. Weiters oblag ihm als Fideikommißherr* die Verwaltung des Familienvermögens. Heute beschränkt sich diese klar definierte Führung mehr auf geistige, ideelle Werte, besonders dann, wenn weder Stammsitz noch Familienvermögen vorhanden sind.

Im Feudalismus* der ersten Hälfte des 19. Jahrhunderts hatte die Zugehörigkeit zu einer Adelsfamilie rechtliche und politische Konsequenzen, bestimmte Vorrechte wurden auf der adeligen Geburt begründet. Bis ins 20. Jahrhundert hinein, lange nach der Abschaffung des Feudalsystems, existierten Geburtsrechte wie etwa der bereits erwähnte erbliche Sitz im Herrenhaus, der zweiten Kammer des Reichsrates, den nur Adelige einnehmen konnten. Für Ehrenämter wie das Kämmereramt* war eine Ahnenprobe* notwendig. Es mußten für acht Vorfahren väterlicherseits und vier mütterlicherseits sechzehn adelige Vorfahren nachgewiesen werden, um für diese vom Kaiser verliehene Würde in Frage zu kommen.

Die Abstammung von einer adeligen Familie hat heute keine über die der bürgerlichen Familien hinausgehenden rechtlichen Konsequenzen mehr. Es wird kein Amt oder eine Würde verliehen, nur weil diese bereits die Ahnen innehatten. Aber die Zugehörigkeit zu einer Adelsfamilie bestimmt noch immer die Identität der Nachkommen. So verschieden die Lebenssituationen auch sind, so ist doch der zentrale Stellenwert der Familie, die Vorfahren mit eingeschlossen, für jedes Familienmitglied unumstößlich.

Abgesehen von den rechtlichen Auswirkungen maß man dem Stammbaum und den Ahnen eine große ideelle Bedeutung bei. Historisches Interesse und eine Vorliebe für genealogische Forschungen ist in Adelsfamilien noch heute weit verbreitet. Geschichtskenntnisse bilden sogar einen Schwerpunkt der adeligen Erziehung. Dar-über hinaus überliefert man den Kindern als Erziehungsmittel die Taten der Vorfahren, die als vorbildlich dargestellt werden sowie allerlei Anekdoten, die so äußerst lebendig bleiben. Es findet sich kaum eine Biographie eines Adeligen, in der dieser nicht ausführlich von seinen Vorfahren und weitschichtigen Verwandten berichtet. „Unter meinen Ahnen gab es solche, die ich besonders gern hatte, sei es, daß ihre Bilder mir gefielen, sei es, daß sie etwas Besonderes geleistet hatten, oder auch nur, weil ich lustige Geschichten von ihnen wußte“, so Alfons Clary-Aldringen.

Die Familientradition zu pflegen und zu erhalten wird auch bei jungen Adeligen immer noch sehr ernst genommen. So betreiben viele von ihnen intensive genealogische Studien und fühlen sich durchwegs den Leistungen und der Tradition ihrer Familie verpflichtet. Für manche spielt die berufliche „Karriere“ eine untergeordnete Rolle. Ihnen geht es vorwiegend um die Fortführung der Tradition und des Stammbaums in einer „standesgemäßen“ Verbindung. Sie setzen damit für unsere moderne Zeit ungewöhnlich erscheinende Prioritäten.

*

Den gesellschaftlichen Umgang innerhalb der Familie pflegte der Adel immer schon besonders rege. Man hält nicht zu allen Familienmitgliedern einen gleich intensiven Kontakt; man trifft sich je nach Sympathie und Wohnort. Man kommt selbstverständlich zu besonderen Anlässen wie runden Geburtstagen, Hochzeiten und Begräbnissen zusammen. Ungewöhnlich sind aber die große Zahl und der äußerst hohe Stellenwert derartiger Feste. Vielfach gibt es sogenannte Familientage als eine fixe Institution. Einmal im Jahr, zum Sterbetag eines Ahnen beispielsweise, trifft sich die gesamte Großfamilie am Stammsitz. Neue Partner werden der Familie vorgestellt, Säuglinge präsentiert und Neuigkeiten ausgetauscht. Die gesellschaftliche Bedeutung dieser Familientage ist, wo sie noch abgehalten werden, außerordentlich hoch.

Im Kreise der Großfamilie werden Freundschaften gesucht, man reist gemeinsam, besucht einander regelmäßig, spielt Bridge und geht mitunter zusammen auf die Jagd.

Überhaupt waren und sind Verwandtenbesuche in dieser Intensität ein markantes Merkmal adeligen Familien- und Gesellschaftslebens. In Zeiten, als die großzügigen Wohnverhältnisse in Schlössern oder Palais es zuließen, konnten Verwandtenbesuche Tage, Wochen oder gar Monate dauern. In Zeiten zunehmender Mobilität und begrenzten Raumangebotes wird dies nur teilweise beibehalten, ist aber durchaus noch üblich. Ein Beispiel, wie diese Tradition auch unter veränderten und mißlichen Verhältnissen beibehalten wurde, war Carla Hartig. Sie bewohnte mit ihrem Mann und ihren neun Kindern eine weiträumige Altbauwohnung in Wien. Dem nicht genug, beherbergte sie während der Woche ihren Bruder, der in Wien im Landwirtschaftsministerium arbeitete und nicht täglich zu seiner Familie nach Niederösterreich fahren konnte. Nachdem ein anderer Bruder sein Schloß in der Slowakei verloren hatte, nahm sie ihre Eltern auf. Und dem hinzu kamen unzählige Kurzbesuche von Freunden und Verwandten.

Die Tradition des Verwandtenbesuches konnte mitunter recht seltsame Formen annehmen. So erzählte Franz Walterskirchen von einem Cousin, der täglich nach dem Büro seine Besuche absolvierte. Er behielt immer den Mantel an, begrüßte alle Anwesenden herzlich, fragte nach dem Befinden und verabschiedete sich daraufhin hastig mit der Entschuldigung, er habe noch den Onkel und die Großcousine zu besuchen.

Durch diesen intensiven Kontakt innerhalb der Großfamilie mitsamt den Herkunftsfamilien der Ehepartner entstanden häufig neue Bindungen. Manche Familien sind durch mehrere Heiraten eng miteinander verwoben. Nach dem Zerfall des alten Systems und in den schwierigen Zeiten der Umstürze und Kriege verschwanden viele Möglichkeiten, wie etwa Bälle oder große Gesellschaften, um neue gesellschaftliche Kontakte zu knüpfen. Und so war es nicht erstaunlich, daß nun die Familie selbst der Heiratsmarkt wurde.

Der sehr begrenzte Kreis von in Frage kommenden Ehepartnern entwickelte sich zu einem biologischen Problem, da durch die teilweise zu engen verwandtschaftlichen Beziehungen degenerative Merkmale sichtbar wurden und Erbkrankheiten vermehrt auftraten. So gesehen hätte eine häufigere Verbindung mit Bürgerlichen den positiven Effekt einer Blutauffrischung und gesunden biologischen Mischung mit sich gebracht.

In Frankreich existiert innerhalb des Adels eine strikte Trennlinie, die auch heute noch gilt: Bis zur Französischen Revolution von 1789 herrschte der alte königliche Adel, den man mitsamt seinem König Ludwig XVI. zahlreich guillotinierte. Napoleon Bonaparte schuf einen neuen Adel, der jedoch vom königlichen nie als rechtmäßig und ebenbürtig* anerkannt wurde. Noch heute ist es undenkbar, daß Ehen zwischen dem königlichen und dem napoleonischen Adel geschlossen werden.

Die Abschaffung des Adels konservierte den Kreis der Adelsfamilien de facto; es gab keine Neuzugänge mehr. Dadurch ergaben sich zwei Möglichkeiten: Entweder man suchte seinen Partner oder seine Partnerin weiterhin im exklusiven, aber sehr engen Kreis des Adels. Oder man öffnete sich anderen Gesellschaftsschichten und verwarf die „Standesdünkel“. Oft hörte man bei Verlobungen oder Hochzeiten die Frage, was denn die Braut für eine Geborene sei; bei bürgerlicher Herkunft lautete dann die Antwort: „Sie ist gar nicht geboren!“

In der österreichisch-ungarischen Monarchie hatte die Partnerwahl bei Adeligen weitreichende Folgen. Sie war ausschlaggebend, ob eine neuadelige Familie durch Heiraten mit alten Familien als „echte“ Adelige anerkannt wurde. Umgekehrt bedeutete für einen Aristokraten eine unstandesgemäße Heirat den Verlust der Hoffähigkeit* und der diversen Ämter und Würden für sich und seine Nachkommen. Solche Konsequenzen gibt es heute nicht mehr, und doch sind viele Aristokraten bestrebt, das „Kapital“ der adeligen Abstammung nicht durch unstandesgemäße Heiraten zu schmälern.

Eine Untersuchung des Heiratsverhaltens dreier gräflicher Familien über fünf Generationen, die alle von einem gemeinsamen Ahnherrn abstammen, ergab ein deutliches Bild, das typisch ist für viele andere adelige Familien: Die Generation der Anfang des 19. Jahrhunderts Geborenen heiratete entweder standesgemäß oder blieb ledig. Letztere waren meist jüngere Geschwister, einige wurden Geistliche oder Klosterfrauen. Dieses Bild bleibt in der nächsten Generation unverändert. Alle um 1850 bis 1870 geborenen Familienmitglieder hielten sich an die traditionelle Lebensplanung; die Hälfte heiratete einen Adeligen, die andere Hälfte blieb ledig.

Eine drastische Wende trat erst mit der nächsten Generation auf. Sie wurde gegen Ende des 19. Jahrhunderts geboren und heiratete etwa in den zwanziger Jahren. Die äußeren Umstände hatten sich zu diesem Zeitpunkt völlig geändert, der Adel war abgeschafft, viele hatten ihr Vermögen durch den Krieg verloren und mußten sich nun neu orientieren. Das wirkte sich auch bei der Partnerwahl aus. In dieser Generation heiratete die eine Hälfte ein Mitglied des vormaligen Adels, die andere Hälfte blieb ledig – oder ehelichte Bürgerliche! Es zeigte sich, daß in Familien, die ihren Besitz erhalten konnten, mehr Wert auf standesgemäße Verbindungen gelegt wurde. In den verarmten Familien hingegen lösten sich die Standesgrenzen auf, und die Partnerwahl wurde kaum mehr eingegrenzt. Ehen mit Bürgerlichen wurden jedoch von der Familie nicht gern gesehen. Die jungen bürgerlichen Ehefrauen, denn es handelte sich fast durchwegs um Frauen, waren mit Vorbehalten und einer fühlbaren Distanz konfrontiert. Sie erhielten selten Besuch von Verwandten und auf ihr Erscheinen bei Familienfesten wurde wenig Wert gelegt. So wurden sie an den Rand der Großfamilie gedrängt und lebten dort relativ isoliert. Ein Kernproblem dieser Ehen war die völlig unterschiedliche Erziehung und gesellschaftliche Stellung der Partner. Ein typischer Fall ist jener des Grafen E., dessen Eltern ihr Schloß verkaufen mußten und der als gewöhnlicher Angestellter in Untermiete neben dem früheren Familienschloß Wohnung nahm. Er mußte lange Jahre sparen, um seine Braut, die aus einfachen Verhältnissen stammte, heira-ten zu können. Er war an Luxus, eine Dienerschaft und die Ehrerbietung der Umgebung gewöhnt. Trotz bescheidener finanzieller Mittel kaufte er seinen Kindern großzügige Geschenke, für deren Erwerb er sogar Geld borgte. Seine Frau – die gewohnt war, mit Geld haushalten zu müssen – reagierte verzweifelt auf seine ihr völlig unverständliche Einstellung und Lebensweise. Sie bediente ihren Mann bei Tisch und aß selbst dann in der Küche. Sie spürte den gesellschaftlichen Unterschied und war deshalb im Umgang mit ihrem Mann und besonders seiner Familie anfangs sehr unsicher. Der Standesunterschied – unüberbrückbar wenige Jahre zuvor – machte ihr in der Beziehung zu ihrem Mann, vor dem sie großen Respekt und Ehrfurcht hatte, zu schaffen.

Ein besonders krasses Beispiel der starren und für uns heute geradezu unmenschlichen Verhaltensnormen dieser Generation ist die Ehe des jungen Grafen F. mit der bürgerlichen M. Als sie – unehelich – ein Kind von ihm erwartete, war der Graf erst 22 Jahre alt. Er mußte vorzeitig für volljährig erklärt werden, um gegen den Willen seiner Eltern seine um fünf Jahre ältere Gefährtin heiraten zu können. Seine nach traditionellen Wertvorstellungen lebende Familie reagierte entsetzt und „sorgte" sich um die Verbindung. Nach den Aussagen der Familie verstanden sich die beiden nicht gut. Graf F. mußte im Zweiten Weltkrieg einrücken und blieb an der russischen Front. Seine Witwe hatte nun sich und die vier Kinder selbst durchzubringen – ohne die Unterstützung der Verwandten. Sie half auf Bauernhöfen und versuchte, trotz der schwierigen sozialen und finanziellen Situation, ihre Kinder im Bewußtsein und im Stolz auf ihre adelige Herkunft zu erziehen.

In der nächsten Generation änderte sich das Eheverhalten: Die mit Bürgerlichen geschlossenen Ehen bildeten die Mehrzahl, nämlich doppelt so viele wie jene mit Partnern adeliger Abstammung. Es fand eine zunehmende Anpassung an die geänderten gesellschaftlichen und politischen Verhältnisse nach dem Zusammenbruch der Monarchie statt, wenn auch mit einiger Verzögerung. Vorurteile und Distanz zu neuen Familienmitgliedern bürgerlicher Herkunft schwanden, da ja bereits viele selbst eine bürgerliche Mutter hatten. Ab nun wurden Bürgerliche völlig in die Familie integriert.

Diese Tendenz setzt sich in der zur Zeit heiratsfähigen Altersgruppe weiter fort. Verbindungen mit Adeligen bilden nur mehr ein Viertel der Eheschließungen. Einschränkend ist anzumerken, daß die überwiegende Mehrzahl noch gar nicht verheiratet ist. Der Historiker Dr. Johann Christoph Allmayer-Beck meinte zu diesem Umstand anläßlich der 800-Jahrfeier der Familie Waldstein-Wartenberg: „Der Adel ist sozial gesehen faktisch funktionslos geworden in einer [...] sich scheinbar nivellierenden Gesellschaft, gegen die er sich theoretisch nur noch auf dem Gebiet des Connubiums (Anm.: Eheschließung) abschließen kann. Mit welchem tatsächlichen Erfolg er das tut, können Sie ja laufend aus den jährlich erscheinenden ‚Gothas' entnehmen."

*

Ein Teil des Adels befürchtet, durch Verbindungen mit Bürgerlichen gleichsam langsam aufgesogen zu werden. Ob er allein aus dieser Tatsache heraus seine Elitefunktion einbüßt, ist allerdings fraglich. Entscheidend wird sein, welcher Stand die stärkere Assimilationskraft und Integrationsfähigkeit besitzt. Wenn sich der Adel in dieser Hinsicht stark genug wähnte, müßte er sich vor einer Nivellierung, einem Herabsinken, nicht sorgen.

Angesichts dieser Entwicklung stellt sich die Frage, ob hier nicht eine zunehmende „Verbürgerlichung" stattfindet und Familien, die so viele Verbindungen mit Bürgerlichen aufweisen, überhaupt noch als adelig zu bezeichnen sind? Da der Adel in Österreich per Gesetz abgeschafft wurde, der Adel als Stand und somit klar zu bestimmende gesellschaftliche Gruppe bis vor kurzem nicht mehr existierte, kann diese Frage nur aus soziologischer Sicht beantwortet werden. Der Adel definiert sich heute nicht mehr über seine Standesrechte, sondern über die „besondere" Herkunft und gewisse Verhaltensmuster. Wer assimiliert aber in einer Ehe zwischen Adel und Bürgertum wen?

Viele Aristokraten fürchten, daß der Adel ähnlich dem Proletariat nach und nach im Kleinbürgertum aufgeht. Diese Ansicht ist zwar subjektiv berechtigt, aber zu allgemein betrachtet. Denn in dem Maße, wie Adelige heute unterschiedlich leben, sich nicht oder weitgehendst den heutigen Lebensmustern angepaßt haben, in dem Maße differenziert ist auch die Frage der Assimilation zu sehen. Wenn man konkrete Beispiele analysiert, so ist beides zu beobachten: Junge Adelige, die Bürgerliche heiraten – vor allem wenn diese aus dem Kleinbürgertum kommen – beginnen ihre Herkunft zu verdrängen oder zu verleugnen. Sie passen sich in ihrer Verhaltensweise und ihrer Sprache dem Partner an und pflegen weniger Kontakt zu ihrer Herkunftsfamilie. Aus meinen Untersuchungen geht jedoch hervor, daß adelige Familien eine starke Integrationskraft besitzen. Wenn ein angeheiratetes bürgerliches Familienmitglied bereit ist, sich gewissen Verhaltenskodizes anzupassen oder diesen von sich aus entspricht, wird es nach einer gewissen Zeit völlig und vorbehaltlos integriert. Die neuen Familienmitglieder lernen über die zahlreichen Verwandten die Familientraditionen und den Verhaltenskodex kennen, an welchen sie sich nach und nach anpassen (müssen). Da die adelige Verwandtschaft meist zahlenmäßig überlegen ist und ein intensiverer Kontakt gepflegt wird, ist der Einfluß auf das neue Familienmitglied sehr stark. In diesen Fällen wird die innerfamiliäre Sozialisation deutlich, die prägend auf Neuzugänge und ihre Umgebung wirkt.

Hausgesetze, die Verbindungen mit Nichtadeligen verbieten, gibt es wohl nicht mehr. Dennoch wird der Herkunft und der Persönlichkeit des künftigen Familienmitglieds und der Frage, ob es „dazu passe“, besondere Aufmerksamkeit gewidmet. Als äußeres Zeichen der Integration in die Adelsfamilie tragen einige Familienmitglieder bürgerlicher Herkunft manchmal einen Ring mit dem Familienwappen.

Es hängt natürlich immer von der Persönlichkeit des einzelnen ab, ob er sich der bürgerlichen Welt des Partners oder dieser sich an die adelige Familie anpaßt. Im ersteren Fall werden beide Partner allmählich an den Rand der Familie gedrängt und zunehmend isoliert. Das junge Paar wird umgekehrt die verwandtschaftlichen Kontakte vernachlässigen, sich vermehrt Freunde außerhalb der Großfamilie suchen und so diesen Kreis verlassen. Wenn auch dieses Familienmitglied bei familiären Großereignissen dabei ist, so spielt es in der informellen Hierarchie kaum mehr eine Rolle.

*

Ehescheidungen sind beim Adel, wie allgemein in unserer Gesellschaft, häufig. Dennoch ist die Familie für ihn ein wichtiges Gut. Ist dies ein Widerspruch?

Die zentrale Bedeutung der Familie ist nicht nur von Vorteil. Die familiären Traditionen und Verhaltensregeln können auch stark einengend wirken. Jedes Familienmitglied ist unter ständiger Beobachtung und Kontrolle, und bricht es die Regeln, so kann die Familie sehr hart reagieren. So geschehen bei der Trennung eines österreichischen Hocharistokraten von seiner Frau. Sie verließ ihren Mann und die beiden Töchter, um mit einem Partner bürgerlicher Herkunft ein neues Leben zu beginnen. Der neue Partner stammte aus gehobenem Milieu, hatte eine akademische Ausbildung genossen und war erfolgreich und angesehen in seinem Beruf. Sie hatte jedoch mit diesem Schritt nicht nur den Ehemann, sondern auch ihre eigenen Eltern und Verwandten verlassen. Diese solidarisierten sich nämlich mit ihrem von ihr verlassenen Gatten und wollten seither nichts mehr mit der „verlorenen Tochter" zu tun haben. Diese grausam anmutende Reaktion ist die andere Seite der starren Verhaltensregeln vieler Adelsfamilien.

Damit reagierten die Eltern päpstlicher als der Papst, denn die Ehe wurde schließlich kirchlich annulliert. Da das katholische Element im Adel tief verwurzelt ist, versuchen viele, wenn eine Ehe scheitert, eine Annullierung zu erreichen. Diese Verfahren sind jedoch oft aufwendig und langwierig, der Ausgang ungewiß. Und manche finden bereits einen neuen Lebenspartner und bekommen Kinder, bevor die Annullierung erreicht ist. Eine neuerliche Katastrophe für die Familie.

Das ist die Schattenseite des an und für sich begrüßenswerten Familiensinnes. Festes Gedankengut schützt einerseits die Beteiligten, andererseits kann es aber in der individuellen Lebensgestaltung stark einengend wirken.

Die Gegenwelt des Adels

Obwohl der Adel in Österreich längst keine Privilegien mehr genießt, herrschte eine gewisse „Aristophobie". Die Bürger des demokratischen Österreich blieben dem Adel gegenüber skeptisch bis ablehnend eingestellt. Sie fürchteten unausgesprochen, die seiner Rechte und Privilegien beraubte Aristokratie würde eine Wiederherstellung der alten, monarchischen und geburtsständischen Ordnung betreiben. Was macht Aristokraten dennoch heute interessant für eheliche Verbindungen?

Einerseits spielt sicher das Prestige, das mit der Heirat eines Adeligen verbunden ist, eine Rolle. Die Beispiele, wo Geld und Adel zusammenkommen, sind heute wie in der Monarchie zahlreich.

So etwa ist der Generaldirektor der Erste Bank, Andreas Treichl, mit der aus einer alten Adelsfamilie stammenden Desirée Stürgkh verheiratet. Und auch er selbst hat adelige Vorfahren: Seine Großmutter war eine geborene Freiin von Ferstel. Ein weiterer Fall der Gegenwart ist die Verbindung des Bankers Max Kothbauer. Dieser stammt aus „sozialdemokratischem Adel", wie es das Wochenmagazin „profil" formulierte.[1] Seine Vorfahren waren prominente Sozialdemokraten, und gerade er wählte eine Nachfahrin der Habsburger zur Frau. Hier prallen zwei Welten aufeinander, deren Bewältigung den beiden Eheleuten keine einfache Aufgabe sein dürfte. Als Symbol für diesen Balanceakt können die unterschiedlichen Hochzeitseinladungen des Paares gesehen werden, die der jeweiligen Herkunft angepaßt wurden.

Die adelige Großfamilie führt uns eine Gegenwelt zur modernen Gesellschaft der Unverbindlichkeit und des Individualismus vor Augen. Solidarität, Loyalität und Gemeinsamkeit werden hier gelebt. Der Adelige hat durch seine Traditionen, seine Zugehörigkeit zu einer klar definierten Gruppe, die ihm solidarisch zur Seite steht und ihn fördert, ein Gegenkonzept zur anonymisierten Massenkultur. Er wandle, wie ein Aristokrat sich voller Selbstbewußtsein ausdrückt, schon allein durch die Präsenz im Gotha nicht völlig unbemerkt über die Bühne der Geschichte.

Nachkommen – die personifizierte Kontinuität

Der Adel sah und sieht unter anderem durch seine Nachkommen seine Kontinuität und Beständigkeit gewährleistet. Persönliche Leistungen wurden früher kaum als Weg gesehen, sich seinen Platz jenseits der anonymen Massen zu sichern und sich „einen Namen zu machen" – denn diesen hatte man ja bereits, es galt ihn zu schützen und zu bewahren.

Eine möglichst zahlreiche Nachkommenschaft ist Grundbedingung für den Fortbestand des Geschlechtes und des Namens, der ja neben dem Familiensitz das zentrale Element der adeligen Familie ist. Besondere Bedeutung kam den Söhnen zu, denn der älteste Sohn war das künftige Familienoberhaupt und im Fall des Bestehens eines Fideikommisses der Majoratsherr. Im Unterschied zu den Mädchen legte man auf deren umfassende Bildung und gute Erziehung besonderen Wert und wählte die Erzieher sorgfältig aus. Im Jahr 1935 bemerkte Gabriele Thun-Thurn in einem Artikel „Zur Erziehung unserer Töchter“: „Bei den Söhnen ist es selbstverständlich, daß sie alles lernen müssen, sachlich und fachlich, was sie in ihrem zukünftigen Beruf brauchen werden. Sie sollen ganze Männer, tüchtige Vertreter ihres Standes sein. Aber auch unsere Töchter sollen fürs Leben erzogen werden, und darunter verstehe ich, daß sie in fraulichen Belangen tüchtig werden sollen.“ [2] Immerhin gestand sie den besonders begabten Mädchen aus adeligem Haus den Besuch eines Gymnasiums zu, wobei keinesfalls auf die hausfrauliche Bildung vergessen werden durfte.

Oder: Graf A., letzter Verwalter eines Fideikommisses, notierte 1941 anläßlich der Geburt seiner zweiten Tochter in seinem Tagebuch: „Leider wieder kein Sohn. Aber zum Glück ist alles gesund.“ Und ein Jahr später: „Also heute Nacht kam endlich eine Tochter zur Welt, wieder kein Sohn, worüber allgemein Enttäuschung herrscht.“ Solche Denkweise gilt teilweise bis in unsere Tage ...

Die Zahl der Nachkommenschaft spiegelt die Zeitumstände wieder. Waren im vorigen Jahrhundert zwölf Kinder keine Seltenheit, wie im Falle von Ida Gräfin Fries, so gingen die Geburtenzahlen in Adelsfamilien langsam zurück. Gräfin Fries' Schwiegertöchter hatten „nur noch“ zwischen neun und drei Kindern. Auch heute liegen die Kinderzahlen weit über dem Durchschnitt der Restbevölkerung. Drei bis vier Kinder sind die Norm, wobei natürlich die Wohn- und Vermögensverhältnisse eine Rolle spielen.

Das Bestreben im Namen den Fortbestand der Familie über Jahrhunderte zu wahren, reicht sogar bis zu den Vornamen. Es ist heute noch Tradition, den Kindern vier, fünf oder gar sechs Vornamen zu geben, die meist diversen Ahnen entlehnt werden. Oft sind diese Namen in der Großfamilie immer wieder zu finden, was leicht zu Verwirrungen führen kann. Dieser Umstand erklärt, weshalb im Adel Spitznamen üblich sind: Aus „Maria“ wird so zur besseren Unterscheidung der Namenschwestern „Maritschi“ oder „Mädsi“.

Interessant ist die Namengebung einer Grafenfamilie, in der alle Söhne seit Jahrhunderten im zweiten Vornamen Wilhelm getauft wurden. Der Name wird so zum Symbol für Tradition und Erbe. Man gibt weiter, was man selbst von seinen Ahnen erhalten hat, und zeigt deutlich das für den Adel typische Streben nach Kontinuität.

Die „Edelfrau“

„Goethe spricht es einmal aus, daß der Frau, mehr als dem Manne, der Sinn für das Beständige eigne. [...] Wenn wir uns nun aber der Frage zuwenden, was gerade den Edelfrauen, deren stilles Tun und Wirken so viel Bewunderung erfährt, die Kraft gegeben haben mag, sich vor anderen ihres Geschlechtes auszuzeichnen, so werden wir jenen Ausspruch Goethes wieder heranziehen und vielleicht in besonderem Sinne deuten dürfen.“ [3] So beschreibt Paul Thun-Hohenstein im Jahr 1928 die adelige Frau, der er darüber hinaus „Opferwilligkeit“ und „Tüchtigkeit“ attestierte. Auch im „Salon“ – einem „österreichischen Adelsblatt“, das von 1893 bis 1937 erschien und sich an ein aristokratisches und später vorwiegend bürgerliches Publikum richtete – huldigte man der adeligen Frau: Sie sei aufopfernd, liebenswürdig, selbstlos, zärtlich, ein Engel der Armen, Schutzengel kranker und verlassener Kinder, Trösterin der Betrübten – und vor allem „edel“ – das häufigste Attribut, das für eine adelige Frau als passend erschien.

Idealisiert wurden Frauen adeliger Herkunft nicht nur von ihresgleichen, sondern auch von Vertretern anderer Stände und vor allem von ihren Kindern. Es findet sich kaum eine Biographie eines Adeligen, in der nicht in überschwenglicher Weise die eigene Mutter glorifiziert wird. Es scheint, daß die Eltern- und speziell die Mutterliebe in dieser Gesellschaftsschicht ein Topos, eine überlieferte Sichtweise, war und wenig mit der realen Beziehung zu tun hatte. Denn bis ins 20. Jahrhundert sahen die Kinder einer Adelsfamilie ihre Mutter kaum, sondern wurden anderen zur Betreuung überlassen: zuerst der Amme, dann der Kinderfrau und später Hauslehrern und Erziehern. Das Internat, in das die Kinder zunehmend geschickt wurden, entfernte sie endgültig aus der mütterlichen Nähe. Aus der weiten Entfernung, oder erst bedingt durch diese, entwickelten die Kinder ein Ideal ihrer Mutter, das durch den angesprochenen gesellschaftlichen Topos der „edlen“ adeligen Frau noch verstärkt wurde.

Heute gibt es weder Ammen noch Hauslehrer mehr. Was geblieben ist, ist der große Respekt, den man in Adelsfamilien den Frauen und Müttern zollt. Ein besonders höflicher und rücksichtsvoller Umgang mit Damen gehört zu den grundlegenden Erziehungsprinzipien.

Obwohl die adeligen Mädchen heute wie die Burschen eine möglichst gute Ausbildung samt Studium erhalten und sie oft in ihren Berufen „Karriere" machen, so ist das Ideal immer noch traditionell: jenes der Mutter einer für den Fortbestand des Adelsgeschlechts wesentlichen und möglichst zahlreichen Nachkommenschaft! Ihre Ausbildung verwendet sie dazu, ihre Kinder auf deren Bildungsweg bestmöglich zu unterstützen.

Auch die nicht-adelige Gesellschaft schreibt der „Edelfrau" bis heute eine spezifische Vorbildfunktion zu, die über die eigene Familie weit hinausgeht. So ist es etwa in Österreich üblich, daß eine adelige Dame die Leitung des Wiener Opernballs übernimmt. Die Reihe reicht von Christl Schönfeldt bis zu Desirée Treichl-Stürgkh, Mutter von drei Kindern und Herausgeberin einer Wohnzeitschrift. Man vertraut ihnen, daß sie genau wissen, „wie es sich gehört", damit alles streng nach Etikette abläuft. Selbst wenn viele Ballgäste das augenscheinlich nicht (mehr) wissen. Aber so weit reicht leider die Erziehungsgewalt der „Edelfrau" nicht ...

III.
Handkuß und Schönbrunnerdeutsch – Die gute Erziehung

Perfekte Manieren – das ist eines der Klischees, das wir im Zusammenhang mit Adeligen verinnerlicht haben. Sie sind höflich, galant, praktizieren den Handkuß und pflegen eine vornehme Sprache in reinstem Schönbrunnerdeutsch.

Vom damaligen Außenminister Bruno Kreisky wird auf die Frage, warum er so viele Adelige in sein Ressort holte, der Ausspruch kolportiert: „Im Außenamt brauche ich Leute, die mit Messer und Gabel essen können!" Gute Manieren sind jedoch nur die Oberfläche – das, was sofort erkennbar ist. Die Erwartungshaltung geht aber tiefer. Ein Adeliger gilt als anständig und zuverlässig und deshalb vertrauenswürdig. Im Adel, wo man einander meist duzt, geht man davon aus, dem anderen absolut vertrauen zu können. Aber auch allgemein wird bei einem Angehörigen des Adels Vertrauenswürdigkeit und Aufrichtigkeit vorausgesetzt. Wieder war es Kreisky, der sinngemäß gemeint haben soll, bei den Adeligen in seinem Ministerium könnte er wenigstens sicher sein, daß sie nicht seine Laden durchwühlten, wenn er nicht da war.

Es ist in der Tat so, daß gute Manieren das Bild, das man sich allgemein vom Adel macht, entscheidend prägen Dieses ist aber wiederum das Resultat seiner Erziehung. In eine bestimmte soziale Schicht oder Gruppe hineingeboren zu werden, bedeutet zunächst nicht, ein unverkennbares Mitglied oder ein Repräsentant dieser Gruppe zu sein. Das soziale Umfeld und die Erziehung tragen ihren wesentlichen Anteil bei.

„Ich bin das, als was ich geboren wurde." – Adelige Werte

Den bestimmenden Einfluß auf die Persönlichkeit und die Entwicklung der jungen Adeligen nehmen die Eltern und die Ahnen – wenngleich die Gestalten und die Leistungen der Vergangenheit durch die veränderten Zeitumstände verblaßt und verändert erscheinen. Sie wachsen in einer festgefügten Welt von Traditionen und Werten auf.

Allgemein ist der Wertebegriff umstritten. In adeligen Familien aber ist die Orientierung an überlieferten Traditionen und Werten im Sinne der Familie und der Religion selbstverständlich. Ungeachtet dessen, daß eine streng werte- und traditionsgebundene Lebensführung heute nicht modern ist, halten Adelige an ihren Werten fest und passen ihre Traditionen sacht und vorsichtig an die Zeiten an. Dies bedeutet keinesfalls, daß sie sich dabei völlig an den Zeitgeist angleichen. Sie nehmen jedoch eine Korrektur vor, um mit den Entwicklungen der Gesellschaft Schritt halten zu können. In adeligen Familien wird den Kindern beigebracht, so zu sein und zu handeln, daß sie für ihre Umgebung und die Gesellschaft ein Beispiel geben. Sie werden gemahnt, an der Vervollkommnung ihrer Persönlichkeit, ihres Verhaltens und ihres Charakters zu arbeiten, um beispielhaft für ihre Nachkommen zu wirken. So wie sich ihre Eltern und ihre Ahnen bemühten, ihnen ein Beispiel zu sein. Das Ausformen eines individuellen Charakters durch feste Prinzipien und Werte zur Vervollkommnung der Person im adeligen Sinne ist das Ziel dieser Erziehung. Ihre Werte und Prinzipien zu kennen ist der Schlüssel zum Verständnis der adeligen Lebenswelt von gestern und heute.

*

Kinder werden zur absoluten Aufrichtigkeit und Anständigkeit angehalten, auch wenn dies fallweise für sie nachteilig und mit unangenehmen Konsequenzen verbunden ist. Schwindeln, lügen, sich durchs Leben zu lavieren sind mit „echt aristokratischer Gesinnung“ absolut unvereinbar. Das Attentat auf Hitler, das Stauffenberg und andere adelige Offiziere planten, wurde trotz des hohen persönlichen Risikos von keinem verraten, was nur unter Adeligen möglich gewesen sei, meinte ein Adeliger im Gespräch. Gleichgültig, ob diese Ansicht nun der Wahrheit entspricht, zeigt sie doch, daß Aristokraten an die Verbindlichkeit der alten Werte für alle Adeligen glauben und die unbedingte Vertrauenswürdigkeit untereinander voraussetzen. Hält sich einer der ihren nicht an diesen Kodex, so muß er damit rechnen, aus dieser verschworenen Gemeinschaft ausgeschlossen zu werden. Zusätzlich würde er nicht nur sich selbst schaden, sondern allen, die seinen Namen tragen! Ein gegebenes Versprechen, Wort zu halten, ist unabdingbar. Man wählte lieber den Freitod, als die Ehre mit einem Wortbruch zu beflecken. Zu diesem Ehrbegriff zählen weiters die absolute Diskretion und Vertrauenswürdigkeit. Der Bruch dieses Vertrauens bedeutet einen schweren Verstoß gegen die persönliche Ehre und das Ansehen des Standes. Und wenn einer aus den Reihen des Adels sich schandhaft verhält, hat er damit dem gesamten Stand geschadet. Im Jahrbuch der Katholischen Edelleute mahnte deshalb Gabriele Thun-Thurn: „Wir müssen uns immer vergegenwärtigen, daß der Adelige nie als Einzelmensch gewertet wird, besonders wenn dies negativ geschieht, sondern stets als Stellvertreter seines Standes."[1]

Eine starke Orientierung an den überlieferten Werten gilt selbst heute noch als Ideal in der stark gewandelten Welt innerhalb der jungen Generation. So definiert zum Beispiel Johann-Ferdinand Kuefstein, 26 Jahre alt und Historiker, seine Lebenseinstellung: „Traditionelle Werte, Verbundenheit mit der Heimat, katholische Gesinnung, die Überzeugung, daß der Adel tatsächlich in erster Linie verpflichtet – zu Verantwortung und zur Erfüllung von Führungsaufgaben."[2]

Der katholische Edelmann

Als ein Instrument zur ständigen Mahnung an ein sittliches und beispielhaftes Verhalten dient dem Adel die Religion. Moral, christliche Tugenden und Demut werden in den meist streng katholischen Familien großgeschrieben wie das Beispiel der Urkunde der Waldstein-Wartenbergs zeigt. Die überwiegende Mehrheit des österreichischen Adels hat eine lange katholische Tradition, der evangelische oder andersgläubige Adel blieb eine Minderheit. Im System des Gottesgnadentums, das der Adel für seine bevorzugte Stellung als Begründung heranzog, war die Allianz mit der katholischen Kirche in irdischen Belangen von großem Vorteil. Nach dem Ende der Monarchie, als das Gottesgnadentum politisch nicht mehr zählte, sammelte sich der Adel bezeichnenderweise als einzige Standesvertretung in Österreich in der Vereinigung Katholischer Edelleute: „So tragen wir katholische Edelleute doppelte Verantwortung auf unseren Schultern: unserem Stand gegenüber und unserer Kirche."[3]

Als man sich noch große Haushalte mit Dienerschaft leisten konnte, war es selbstverständlich, daß jede Familie einen Hausgeistlichen hatte, der auch als geistlicher Erzieher der Kinder fungierte. Eine Hauskapelle gehörte zum fixen Bestandteil eines Adelssitzes. Später schickte man die Kinder mehr und mehr auf – selbstverständlich – katholische Privatschulen.

Heute ist es nicht mehr möglich, nachzuprüfen, inwieweit während der Monarchie nur der Tradition und dem Vorbild der – oft auch aus politischen Gründen – betont katholischen Habsburger Genüge getan wurde, und inwieweit echte religiöse Gefühle eine Rolle spielten. Unübersehbar ist aber, daß die katholische Tradition im österreichischen Adel noch immer hochgehalten wird, obwohl der Adel keinen direkten politischen Nutzen mehr daraus ziehen kann.

Ähnlich verhält es sich mit den zahlreichen Ordensmitgliedern und Priestern, die fast jede Adelsfamilie aufzuweisen hat. Waren früher viele „Versorgungsfälle" darunter – vor allem Töchter, die aus Ermangelung eines geeigneten Lebenspartners ins Kloster gingen – so kann man heute neben der Familientradition echte religiöse Berufung voraussetzen. Ein prominentes Beispiel bietet die Familie Schönborn, deren Ahnenreihe viele Bischöfe und Kardinäle aufzuweisen hat. Ihr Nachkomme, Dr. Christoph Schönborn, setzt diese Tradition als Kardinal und Erzbischof von Wien fort.

Ein weiteres prominentes Beispiel ist der Abt des Stiftes Heiligenkreuz Gregor (eigentlich Ulrich) Henckel-Donnersmarck. Dank unternehmerischen Talents und exzellenten Kontakten bis in den Vatikan gelang es ihm, eine päpstliche Universität in Heiligenkreuz aufzubauen, überdurchschnittlich viele junge Ordensbrüder zu gewinnen und das Stift in relativ kurzer Zeit zu renovieren.

Viele Adelige engagieren sich in katholischen Laienorganisationen: der „Katholischen Aktion", der „Legio Mariens" oder dem „Opus Dei". Die papsttreue Zeitung „Vision 2000" wird von Joseph Doblhoff herausgegeben. Noch heute fühlt sich ein großer Teil des österreichischen Adels für das Gedeihen des Katholizismus verantwortlich. In welcher Form allerdings der Katholizismus zu fördern ist, darüber ist man sich nicht immer einig. Matthäus Thun-Hohenstein wurde von der österreichischen Bischofskonferenz als Delegierter des „Clubs österreichischer Katholiken" zum „Dialog für Österreich" entsandt. Dieser sah die Kirche in ihren Reformbestrebungen von einer „protestantisch-neuheidnischen Funktionärsschicht" beherrscht. Erzbischof Schönborn, Vorsitzender der Bischofskonferenz, kritisierte Ton und Inhalt der Aussage des „Clubs österreichischer Katholiken“[4]. Der Club hatte zu einem Kirchensteuerstreik aufgerufen, weil ihm die Diskussion, die die katholische Kirche in Österreich zuläßt, bereits zu weit geht.

Ein Beispiel für andere

Als für die Gesellschaft beispielhaft soll nicht nur der Charakter eines Adeligen sein, sondern auch formales Verhalten, sein Benehmen und sein Lebensstil. Die Umgebung sieht am Adeligen, wie man sich richtig verhält, sich benimmt und wie man kultiviert lebt. In der Monarchie ging das so weit, daß die Herrscherfamilien „Schau-Essen“ bei Hof abhielten, damit die Umstehenden lernen konnten, wie man gesittet speist. Heute, in der Zeit der Massenmedien, erreichen Benimmbücher wie jene von Sybil Gräfin Schönfeldt ein interessiertes Publikum. Ebenso bunte Wochenillustrierte, die Fürsten und Königsfamilien Europas in Gesellschaft und privat nachspüren – allerdings verhalten sich die Blaublütigen des internationalen Jetset nicht immer im Sinne der tradierten Prinzipien ...

Den Kindern wird beigebracht, sich nicht ins Rampenlicht zu drängen, sondern sich zurückzuhalten und bescheiden zu bleiben, auch wenn die finanzielle Situation es anders erlauben würde. Ästhetik nahm und nimmt einen wichtigen Platz in der Erziehung ein. Dazu gehören Körperpflege, Sport, Kleidung, Wohnraum, Gesellschaftsleben – der Lebensstil. Der adelige Lebensstil beeinflußte am nachhaltigsten das Bürgertum, das versuchte, ihn nachzuahmen. Das heutige Wohnzimmer ist beispielsweise nichts anderes als der nachempfundene adelige Salon. Man richtet sich in Adelshäusern mit Familienerbstücken, Antiquitäten – bis auf die Zugeständnisse an den modernen Wohnkomfort – im Stil der alten Zeit ein. Der Adelige, der sein Heim mit Selbstbau-Möbeln und billigen Nachdrucken schmückt, ist wohl eher die Ausnahme. Es ist deshalb sicher kein Zufall, daß viele Adelige in der Kunst- und Antiquitätenbranche tätig sind, denn diese Umgebung hat ihren Geschmack geprägt. Erfolgreiche Vertreterinnen sind die Museumsdirektorin Dr. Agnes Husslein, geborene Arco, die den bekannten österreichischen Maler Herbert Boeckl zum Großvater hat. Und Francesca Habsburg, inmitten einer weltberühmten Kunstsammlung aufgewachsen, setzt sich durch ihre ARCH-Foundation für die Rettung von Kulturgütern ein und hat ein privates Museum für moderne Kunst.

Zu den ideellen Werten, die man den Kindern vermittelt, zählt die Achtung vor seinen Mitmenschen, gleich welcher Herkunft. Der Einsatz für andere, das soziale Engagement, war immer schon ein fester Bestandteil adeliger Gesinnung. Viele junge Adelige sind in sozialen und karitativen Organisationen tätig, etwa beim Malteser Hilfsdienst. Die Zugehörigkeit zum Malteser Ritterorden war früher überhaupt nur Adeligen möglich.

Die adelige Jugend wird angehalten, im Malteser Hospitaldienst mitzuarbeiten. In der ehrenamtlichen Arbeit mit Kranken und Behinderten sollen das soziale und karitative Empfinden gestärkt werden. Von den etwa 1200 Aktiven ist etwa ein Drittel adelig, nicht gerechnet die „Halbadeligen", also jene mit adeliger Mutter. Die Mitarbeit bei den Maltesern erfüllt darüber hinaus eine wichtige gesellschaftliche Funktion für die adelige Jugend. Dort werden Freundschaften geschlossen und mitunter der Partner fürs Leben gefunden.

All die angesprochenen Erziehungsziele und Werte ergeben ein Ideal, das nicht jeder in vollem Ausmaß erreichen und tatsächlich leben kann. Wesentlich ist aber, dieses Ideal anzustreben, es immer wieder von neuem zu versuchen und sich dabei nicht gehen zu lassen – dazu braucht es viel Disziplin. Disziplin ist ein Grundprinzip adeliger Erziehung. Haltung zu bewahren in allen Lebenslagen, an der eigenen Vervollkommnung in Denken und Handeln zu arbeiten, sind Bausteine zum Ideal. Als österreichische Adelige aufgrund ihrer Gegnerschaft zu Hitler ins KZ deportiert wurden, fielen ihren Mithäftlingen vor allem ihre tadellose Haltung und Disziplin in dieser extrem schwierigen Situation auf. Man zollte ihnen Respekt dafür, wie sie sich ihren Leidensgenossen gegenüber verhielten und wie sie der Versuchung widerstanden, Vorteile für sich herauszuholen.

Das Standesbewußtsein, das Bewußtsein, einer besonderen sozialen Gruppe anzugehören, erzeugt allerdings auch negative Verhaltensweisen. Manche junge Adelige fühlen sich aufgrund ihrer Herkunft und ihres Familiennamens als elitär und halten Distanz zu ihren Mitmenschen, Arroganz und Abgehobenheit kennzeichnen ihr Benehmen. Leider gibt es heute noch Adelige, die sich in ihren engen Zirkeln abschließen und ihr Bewußtsein des vermeintlichen „Auserwähltseins“ pflegen, ohne je etwas in diesem Sinn geleistet zu haben.

Es besteht also kein Zweifel daran, daß manche Adelige dem Ideal der adeligen Gesinnung nicht entsprechen. Ebenso ist es evident, daß viele Nicht-Adelige in ihrer Lebens- und Geisteshaltung vorbildlich und beispielhaft sind. Welche Werte ein Mensch zu leben anstrebt, ist ja nicht allein eine Frage seiner gesellschaftlichen Herkunft, sondern seiner individuellen Verantwortung. Bezeichnend für die adelige Erziehung ist aber die Kontinuität des Wertegefüges, das fast unbeeinflußt von den ständig stattfindenden gesellschaftlichen Veränderungen blieb. Der Adel, der heute nicht mehr automatisch eine gesellschaftliche Elite darstellt, richtet und zielt seine Erziehung noch ganz danach aus.

Die noch folgenden Kapitel – insbesondere anhand der Rolle des Adels als Verwalter seines Vermögens, in der Wirtschaft und im Beruf – erkunden, ob die traditionelle Erziehung zu adeliger Gesinnung tatsächlich das Leben und Handeln Adeliger beeinflußt hat und inwieweit sie von ihr in einer einheitlichen Form geprägt wurden und werden.

Elterliche Autorität

Die Prinzipien der adeligen Erziehung wurden bis heute nicht aufgegeben, der einzelne hat sich der Familie und ihrer Geschichte einzuordnen. Die Familie ist die erste Lehrmeisterin, die am nachhaltigsten die Kinder prägt. Soziales Verhalten, Einstellungen, Umgangsformen, Lebensweise, Erfahrungen und Haltungen werden in größerem Maß als in der übrigen Gesellschaft durch das Vorbild der Eltern und Verwandten an die Nachkommen weitergegeben.

Am Beginn unseres Jahrhunderts erfolgte die Erziehung und Ausbildung junger Aristokraten zumeist privat. Die geistige Erziehung beziehungsweise die Ausbildung des Kindes wurde in die Hand von Hauslehrern und Geistlichen gelegt. Der Vater aber setzte die Ziele und Inhalte fest. Hinsichtlich der unterschiedlichen Erziehung von Söhnen und Töchtern und der besonderen Wertschätzung der adeligen Frau, entwickelte Paul Thun-Hohenstein eine interessante Theorie. In einem Aufsatz aus dem Jahr 1935 meinte er, in Anlehnung an die damals moderne Rassenforschung, daß „Degenerative Merkmale einer müde gewordenen Rasse sich in der Regel bei den männlichen Mitgliedern derselben sichtbar und wirksam zu äußern pflegen, während die Frauen meist davon verschont bleiben". Bezogen auf den Adel, den er damit offensichtlich meinte, konstatierte er „degenerative Merkmale unserer männlichen Jugend".[5] Er führte diese auf die, im Vergleich zu den Töchtern, falsche Erziehung zurück, die sich nicht nur mit der bloßen Charakterbildung begnügt hätte. Eine bemerkenswerte Ansicht ausgerechnet von einem Mitglied des Adels!

Die Einflußnahme des Elternhauses war häufig so stark, daß sie zu Abhängigkeit und Unselbständigkeit führte. Durch eine außerhäusliche Erziehung fürchtete man lange Zeit, die Jugend kaum zu kontrollierenden Einflüssen der Außenwelt auszusetzen; denn die „ausgesprochen adelige Erziehung kann nur das Elternhaus vermitteln. In der Schule, im Institut, in der Jugendbewegung genießt unsere Jugend mit allen anderen eine gemeinsame Erziehung, die mehr oder weniger sorgfältig, mehr oder weniger religiös betont sein wird. Aber das spezifisch adelige Gepräge erhält sie im Schoße der Familie."[6]

Erst die Universitätsstudien, falls solche vorgesehen waren, brachten somit den jungen Adeligen an öffentliche Bildungsstätten und mit Gleichaltrigen unterschiedlicher Herkunft zusammen. Bis zu diesem Zeitpunkt hatte er fast ausschließlich mit seinesgleichen, einem sorgfältig ausgewählten Kreis, Umgang. Diese Abgeschirmtheit hatte weitreichende Folgen. So fühlte sich der Heranwachsende unter seinen Standesgenossen wohler, er schloß sich nach außen ab und suchte selten den Umgang mit Bürgerlichen.

Die absolute Autorität des Vaters und der Erzieher hemmte in vielen Fällen die freie persönliche Entwicklung. Es galt, sich den Erziehungsnormen und den Wünschen des Vaters sowie dem sittlichen Kodex der Religion zu beugen. Erziehung bedeutete im Adel nicht, die individuellen Fähigkeiten und die Persönlichkeit zu fördern, sondern das Kind mußte lernen, die durch bestimmte Normen vorgegebenen Anforderungen bestmöglich zu erfüllen.

Ein treffendes Beispiel für solch strenge Erziehungsrichtlinien ist Fürst Ludwig Aladár Windisch-Graetz: Das Reiten als fester Bestandteil der Prinzenerziehung bedeutete für ihn eine große Qual, aber auf Angstgefühle wurde keine Rücksicht genommen.[7]

Besonders Söhnen wurden bestimmte Lebensplanungen vorgegeben. Der Erstgeborene wurde als Majoratsherr erzogen, der später einmal die Verwaltung des Gutes und die Verantwortung für die Familie übernehmen mußte. Seiner Ausbildung und der Formung seines Charakters wurde spezielle Aufmerksamkeit gewidmet. Den nachgeborenen Söhnen war entweder eine Laufbahn als Offizier, als Geistlicher oder als Beamter zugedacht. Die Heirat mit der Erbin eines Gutsbesitzes, die Adoption durch kinderlose Aristokraten, machten einen jüngeren Bruder ebenfalls zum Herrn über eigenes Familienvermögen. Es ist erstaunlich, wie selten diese Muster durchbrochen wurden, wie selten sich adelige Kinder gegen die vorbestimmte Lebensplanung auflehnten.

Aber in diesem traditionellen und starren Schema, in dem es in erster Linie um die Weiterführung eines Ganzen ging, ergaben sich für den einzelnen kaum Möglichkeiten, etwas zu verändern. Die Interessen der Familie und die Weiterführung des Ererbten hatten absoluten Vorrang vor den Eigeninteressen. Die Frage der individuellen Eignung und Neigung konnte nur sehr bedingt berücksichtigt werden. Auch wenn der älteste Sohn nicht immer automatisch der geeignetste Gutsherr oder von der Persönlichkeit her das ideale Familienoberhaupt war. Besonders kraß wurde der Eingriff in die persönliche Lebensplanung, wenn Brüder die ihnen zugedachte Rolle plötzlich wechseln mußten.

So geschehen: Ein älterer Bruder und künftiger Fideikommißverwalter fiel im Ersten Weltkrieg. Sein jüngerer Bruder, der sich zum Priester berufen fühlte, mußte daraufhin das Erbe antreten. Die Familie verlangte nicht nur selbstverständlich, seine Berufswünsche aufzugeben, sondern erwartete von ihm, der ein zölibatäres Leben plante, eine Familie mit möglichst zahlreichem Nachwuchs zu gründen! Er erfüllte diese Erwartungen.

Die Erziehungsprinzipien jener Zeit waren nicht in allen Familien die gleichen, lassen jedoch einige Grundnormen erkennen: Familiensinn, Religion, Patriotismus, Pflichterfüllung, Disziplin, Tapferkeit, Höflichkeit und Umgangsformen standen an oberster Stelle.

Die Ausrichtung der persönlichen Lebensführung nach diesen Vorgaben machte den Aristokraten aus. Neben seinem Namen war er somit an diesen speziellen Verhaltensweisen und Werten für andere als Angehöriger des Adels erkennbar.

Auch heute noch besteht ein fixes Bild, wie ein Adeliger sich zu verhalten hat. Im Prinzip erwartet sich unsere Gesellschaft dieses höfliche, disziplinierte Verhalten und ist enttäuscht, wenn einzelne davon abweichen. Hier existieren starre, festgelegte Rollenvorstellungen und zwar sowohl aus dem Selbstverständnis des Adels als auch von der bürgerlichen Gesellschaft.

Der Adel – eine Elite?

Ein hoher Bildungsgrad gehörte nicht zum Charakteristikum des Adels, sondern zur Geistlichkeit. Die Wissenschaft wurde gefördert, Kunst und Gelehrte bewundert, dennoch zählte die wissenschaftliche Laufbahn nicht zu den erstrebenswertesten Lebenszielen. Es gab aber immer wieder Privatgelehrte aus adeligen Familien, die ein weit über das standesübliche Bildungsniveau hinausgehendes Wissen besaßen. Landesfürsten gründeten Universitäten und förderten die Wissenschaft, der Hochadel nahm dieses Angebot aber nur zu einem kleinen Teil in Anspruch. Bis zur Mitte des 19. Jahrhunderts war kein universitäres Fachwissen für den Erben eines Adelssitzes und der daran angeschlossenen land- und forstwirtschaftlichen Betriebe nötig. Die gesicherte finanzielle Basis erlaubte vielen jungen Adeligen, herumzureisen und an den berühmtesten europäischen Universitäten Vorlesungen zu hören. Oft waren aber das Studentenleben und die damit verbundene Freiheit interessanter als das Lernen und so schloß nur in wenigen Fällen ein Student aus vornehmem Haus sein Studium ab. Die Anforderungen der Militär- und Beamtenlaufbahn brachten erst ab der zweiten Hälfte des 19. Jahrhunderts die Notwendigkeit einer abgeschlossenen Ausbildung und eines Universitätsstudiums mit sich. Der Ernst und Eifer dürfte sich jedoch in Grenzen gehalten haben: Kronprinz Rudolf kritisierte, daß die adelige Jugend zu Bequemlichkeit und Vergnügungssucht erzogen und von den öffentlichen Schulen ferngehalten würde, weil sie im Vergleich zu ihren bürgerlichen Mitschülern den hohen Anforderungen nicht entspräche.

Seit den zwanziger Jahren werden weibliche und männliche Nachkommen aus Adelsfamilien immer seltener zu Hause unterrichtet. Man schickt sie in Schulen und Internate. Die Erziehung erfolgt in der Hauptsache in katholischen Privatschulen, nur wenige wurden und werden in ein Staatsgymnasium geschickt. Wie eine Analyse des „Who is who in Österreich" ergab, bevorzugt man bestimmte Schulen für die Heranbildung der künftigen Elite: Das Wiener Theresianum war besonders beliebt, weiters die Stella Matutina der Jesuiten in Feldkirch, das Jesuitenkolleg Kalksburg, die Schotten in Wien und diverse Stiftsgymnasien, beispielsweise Seitenstetten. Meist wurden die Kinder bis zu einem Alter von zehn Jahren zu Hause unterrichtet, dann kamen sie in ein Internat. Der Abschied von daheim war schmerzlich, da die Kinder nur zwei- bis dreimal pro Jahr Heimurlaub hatten. Die Erziehung in diesen Internaten, allen voran die Stella Matutina, war sehr streng. Disziplin, Gehorsam und religiöses Leben waren die obersten Prinzipien. Die Kinder aus reichen und privilegierten Familien sollten Verzicht und Bescheidenheit lernen. Jeden Morgen mußten sie zur Frühmesse – mit knurrenden Mägen, dann erst gab es Frühstück. Danach begann der Unterricht, später Mittagessen, weiter mit der Studierstunde ... Für Freizeit und Spiel blieb wenig Raum. Ein Bruder Kaiserin Zitas, Xavier, meinte einmal ironisch, er sei durch die Stella Matutina gut auf seine KZ-Haft vorbereitet worden, denn er habe bereits dort Verzicht und Disziplin gelernt. Diese Prinzipien wurden sehr lange Zeit hochgehalten, die moderne Pädagogik hielt erst spät Einzug. Vier Brüder der Familie des Grafen E., die in den fünfziger Jahren in einem von Geistlichen geführten Internat lebten, berichten von ähnlichen Erfahrungen. Man „härtete" die Kinder ab, indem man ihnen nur kaltes Wasser zum Waschen gab – auch im Winter. Oder sie mußten zum Zwecke der Bestrafung im Nachtkleid auf dem ungeheizten Gang stehen. Während ihrer gesamten Gymnasialzeit hatten die Brüder kaum Gelegenheit, miteinander zu spielen oder auch nur zwanglos zu sprechen.

Aus heutiger Sicht mutet diese Art der Erziehung seltsam an; sie war selbst im Verständnis der damaligen Zeit hart. Damals galten diese Schulen als ausgezeichnete Vorbereitung der späteren Elite in Charakterbildung und Wissensvermittlung. Nicht jede junge Seele verkraftete diese rohe Behandlung, so manche zerbrach daran. Andere wiederum fuhren noch nach Jahrzehnten mit Freude zu den Treffen etwa der „Altkalksburger" und waren mit ihren ehemaligen Lehrern befreundet. Es entsprach nun einmal dem Erziehungsziel des Adels, seine Kinder abzuhärten und nicht zu verwöhnen. Das galt nicht nur für die Söhne, sondern auch für die Töchter. Eine Elite, die eine Elite heranzieht, muß an ihre Nachkommen besondere Maßstäbe anlegen und hat dementsprechend hohe Erwartungshaltungen.

Man kann also sagen, daß es eine bestimmte Erziehung zum Adeligen gab und gibt und daß diese neben seiner Abstammung seine heutige Situation beeinflußt.

*

Kinder aus adeligen Familien werden noch immer in bestimmte, meist private und konfessionelle Schulen geschickt. Dort begegnen sie ihresgleichen, wie Vincenz Liechtenstein beobachten konnte. Seine Tochter besuchte eine katholische Privatschule in Großbritannien und mit ihr Mädchen ausschließlich aus dem europäischen Adel. Er betrachtet es als vorteilhaft, wenn seine Kinder mit anderen Adeligen Umgang haben. Sie bewegen sich in einer Gesellschaft, deren Regeln bekannt und zuverlässig sind. Sie werden dort in ihrer Identität bestätigt und gefördert und nicht zu früh den Irritationen der „anderen" Welt ausgesetzt.

Adelige Erziehung heißt, sich bewußt zu werden, einer speziellen Gruppe von Menschen anzugehören. Das bedeutet eine große Verantwortung, denn ein junger Adeliger in Jeans und T-Shirt, die er ebenso trägt wie andere Gleichaltrige, wird so zum Repräsentanten einer längst versunkenen Welt. Man beurteilt ja nicht nur sein persönliches Verhalten sondern den gesamten Adel. In adeligen Familien herrscht deshalb auch ein besonders großer Erwartungsdruck. Diesem Erwartungsdruck zu genügen, gestaltet sich oft als nicht einfach. Durchschnittlichkeit genügt nicht. Seitdem die alten Vorrechte aufgehoben wurden, muß die Stellung in der Gesellschaft neu und unter veränderten Vorzeichen erobert werden und dies von jedem einzelnen. Das bedeutet für den jungen Adeligen, nicht länger nur den alten Erziehungsprinzipien zu folgen, sondern flexibel in der modernen Zeit den Weg nach oben zu erkämpfen. Leistungsdenken hat im Adel Einzug gehalten. Dieses Leistungsdenken ist jedoch von gleicher Stärke wie das tradierte Bewahrungsdenken. Eine Art Hochseilakt, den viele Familien ohne Unterstützung der Außenwelt, eher begleitet von der bereits erwähnten Skepsis Adeligen gegenüber, vollziehen.

Was die Lebensplanung und die Wahl der Partner betrifft, gibt es heute kaum mehr Einschränkungen oder gar strenge Vorgaben des Vaters. Doch das vorgegebene Ziel ist weiterhin mit hohen Erwartungen verknüpft: sich in dieser Gesellschaft zu bewähren, seiner Familie Ehre zu machen und wieder zur Elite zu gehören. Die Betonung der Familie, das Vorbild der Ahnen und die Erziehung sind nicht allein im Sinn einer werteorientierten Lebensweise des Adels zu sehen, sondern ebenso als Strategie, um in der sich ständig wandelnden Gesellschaft „oben“ zu bleiben.

Der Adelige und sein „gelber Stern“

Lange Zeit, durch das Verbot der Standesvorrechte und der Adelstitel, wurde ein Angehöriger des Adels auf seine Person reduziert gesehen. Er trat nicht mehr als Mitglied eines Standes auf, sondern der Mitbürger begegnete ihm als Einzelperson; sei es als Kollege, als Nachbar, als Arbeitgeber oder als Angestellter. Woran erkennt man ihn? Erkennt man ihn überhaupt noch?

Viele alte Namen, vor allem die, deren Vorfahren früher bedeutende Ämter innehatten, sind noch heute als adelige Familiennamen bekannt. Man wird, wie sich Heinrich Rüdiger Starhemberg ausdrückt, „von der Gesamtbevölkerung – sei es im negativen oder positiven Sinn – noch immer als ‚Graf‘ betrachtet“.[9] Das bedeutet, daß die Zuordnung zu einer bestimmten sozialen Gruppe von außen vorgenommen wird, gleichgültig, ob sich die Herkunftsfamilie des oder der Adeligen mit ihrer Vergangenheit identifiziert oder mit ihr gebrochen hat. Die Geschichte holt den Adeligen ein. Die Frage ist nun, wie es dem einzelnen gelingt, Vergangenheit nützlich in die Gegenwart zu transponieren.

Erinnern wir uns an das Beispiel der Geschichtslehrerin von Stephan Hohenberg, die ihm seine Ahnen vorhielt und deren Schuld für den Ausbruch des Ersten Weltkriegs. „Viele streiten nach außen hin ab, zum Adel zu gehören, obwohl sie sich inhaltlich sehr wohl hingezogen fühlen“, meint er. Er selbst lebe noch nach den „alten

Werten“ und sei trotz mancher Anfeindungen stolz auf seine Herkunft. „Wir sind nicht im falschen Jahrhundert, aber wir wollen unseren Drang, uns zum Adel zu bekennen, auch nach außen hin leben können.“

Das Adelsgesetz von 1919 hat den Adel ins Zwielicht gerückt, indem es die Führung der Titel unter Strafe stellte. Die Situation, auch die psychische, ist damit im Vergleich zu anderen westeuropäischen Ländern viel schwieriger geworden. Ein gesetzliches Verbot birgt etwas Negatives in sich, macht es manchmal unmöglich, auf seine Herkunft einfach stolz zu sein und sich mit Selbstbewußtsein zu seinen Wurzeln zu bekennen. Das betrifft vor allem jene, die neben ihrem Namen ihr Vermögen und ihren alten Familiensitz verloren hatten. Ein tatsächlich vorgefallenes Beispiel: Der Sohn einer adeligen Familie, die ihr Adeligsein nie besonders akzentuiert gelebt hatte, der also wenig Selbstbewußtsein aufgrund seiner Abstammung entwickeln konnte, kam auf ein staatliches Gymnasium. Ein Teil seiner Lehrer, Alt-68er aus der linken Studentenbewegung, erkannten aufgrund seines Namens sofort seine adelige Abstammung und begegneten ihm mit Vorurteilen und Ressentiments. Seine Mitschüler wunderten sich, was es denn mit seiner Familie auf sich hatte und er erklärte ihnen instinktiv: „Ich bin jüdischer Abstammung.“ Das verschaffte ihm einen gewissen Schutz vor Ausgrenzung, da er und seine Mitschüler ja oft von Antisemitismus und Achtung vor Zugehörigkeit zu bestimmten Gruppen gehört hatten.

Es widerspricht dem gesellschaftlichen Kodex, etwas gegen Juden zu haben, aber nicht „aristophob“ zu sein. Dieser Konflikt, in den manche junge Aristokraten geraten, ist ihren bürgerlichen Mitmenschen nicht bewußt.

Ein prominenter Repräsentant seines Standes, Otto von Habsburg, zog hierzu einen drastischen Vergleich: Der adelige Name sei heute unter geänderten Umständen das, was früher der gelbe Stern gewesen sei. Er hafte auf einem, man könne ihn nicht ablegen. Dieser Stern urteile nicht nur über jene, die ihn tragen, sondern auch über jene, die ihn anheften.[10] Neue Brisanz erhielt dieser Vergleich, als Habsburg im Herbst 1998 seinen Sohn Karl vehement gegen Anschuldigungen wegen Spendengeldveruntreuungen verteidigte. „Karl wird angegriffen, weil er den gewissen gelben Stern trägt, den Namen Habsburg. Die armen Juden haben ja Entsetzliches mitgemacht. Ich denke oft an sie in diesem Zusammenhang."[11] Selbst unter Mitgliedern des vormaligen Hochadels gab es divergierende Meinungen über solch ein Nebeneinanderstellen, die beispielsweise in Form von Leserbriefen auch kundgetan wurden. Diplomingenieur Josef Czernin-Kinsky unterstützte in der „Presse" die Äußerungen Otto von Habsburgs.[12] Von einer anderen Leserin der „Presse" aus altem Adel wurde die Verteidigung Otto von Habsburgs durch Czernin-Kinsky daraufhin als „primitiv und geschmacklos" qualifiziert.[13]

Die gesamte Debatte um den „gelben Stern" und um das subjektive Empfinden des Verfolgtseins macht – ungeachtet seiner Bewertung – deutlich, daß sich Teile des Adels nicht nur in sich abgrenzen, sondern sie sich auch ausgegrenzt fühlen.

Ein Charakteristikum des Adels war immer sein Streben nach Exklusivität. Dieses Bestreben behielt er nach dem Ende der Monarchie bei. In der Ersten Republik zeigte sich dies etwa in dem Weiterbestand der Vereinigung katholischer Edelleute, in der man Zusammenhalt und gegenseitige Bestätigung seiner Identität suchte. In der Zweiten Republik erfüllte diese Funktion der St. Johanns Club, der 1954 gegründet wurde und bis heute besteht. Dieser Herrenklub, der seinen Sitz an der Wiener Ringstraße hat, zählt fast ausschließlich Adelige und Bürgerliche mit adeligen Vorfahren oder Ehefrauen zu seinen etwa 760 Mitgliedern. Ziele des Clubs sind laut Statuten das gesellige Beisammensein und die geistige Weiterbildung durch Vorträge und Diskussionen. Wichtigste Pflicht der Mitglieder ist neben dem pünktlichen Bezahlen des Mitgliedsbeitrages vor allem „tatkräftiges und hilfsbereites Zusammenhalten" der Mitglieder.

Gleich neben dem St. Johanns Club ist der Jockey Club angesiedelt. Wie der Name bereits andeutet war der ursprüngliche Hauptzweck des 1867 gegründeten Clubs der Pferderennsport. Heute steht die Geselligkeit im Vordergrund der etwa 300 Mitglieder, die ebenfalls hauptsächlich aus Adeligen bestehen. Die Mitgliedschaft ist nicht auf Adelige beschränkt. Ungeschriebenes Gesetz ist aber, daß der Präsident des Jockey Clubs im Hofgotha stehen, also dem Hochadel entstammen sollte.

Ein weiterer exklusiver Club ist der Wiener Rennverein, der sich 1932 als Verein organisierte und ebenfalls ein reiner Herrenklub ist. Dieser war ursprünglich ein Zusammenschluß hauptsächlich aristokratischer Rennstallbesitzer und Inhaber der Freudenauer Rennbahn samt Tribünen und Stallungen. Zweck des Rennvereins ist laut Statuten die Pflege des geselligen Verkehrs und der Beziehungen zum Pferdesport. „Im Rennverein ist noch heute das aristokratische Element stark vertreten", meint dessen Präsident Ulrich N. Schulenburg. Allerdings würde er sich mehr Jugend im 200 Mitglieder zählenden altehrwürdigen Rennverein wünschen. Der Sitz des Wiener Rennvereins ist seit dem Zweiten Weltkrieg das noble Palais Pallavicini, dessen prachtvolle Belétage nicht nur dem Treffen von Clubmitgliedern dient, sondern die auch für Feste vermietet wird.

Auch im Souveränen Malteser Ritterorden ist der Adel nach wie vor dominierend. Von den über 400 Ordensrittern und Ordensdamen des Großpriorats Österreich sind mehr als zwei Drittel adelig. Das Großpriorat Österreich besteht seit dem 12. Jahrhundert. Aufgabe des Ordens ist es, „im Geiste der christlichen Nächstenliebe und Brüderlichkeit und in Übereinstimmung mit der jahrhundertealten Tradition die Ehre Gottes zu mehren, durch die Heiligung seiner Mitglieder, den Einsatz für den Glauben und den Heiligen Stuhl und durch den Dienst am Nächsten". Der Orden besitzt in Österreich acht Kirchen sowie die Kommende Mailberg, der älteste Besitz des Malteserordens weltweit. Sechs Hilfswerke wurden vom Großpriorat von Österreich bis jetzt gegründet, in denen freiwillige ehrenamtliche Helfer und Ordensmitglieder mitarbeiten.

IV.
Der standesgemäße Beruf

Denkt man an Adelige, erscheint unwillkürlich das Bild des lässig in Jägerleinen gekleideten Gutsbesitzers und Forstwirtes, der in der Abgeschiedenheit seines Landsitzes in Ruhe und Beschaulichkeit das Erbe seiner Väter bewirtschaftet, vor unserem geistigen Auge. Der Adelige ist sein eigener Herr, kennt den Begriff Streß nur aus den Medien und kann sich unter Leistungsdruck rein gar nichts vorstellen. Daß dieses Bild heute nicht mehr der Realität entspricht, wie die Berufswelt des Adels aussieht und wie sie sich im Laufe der Zeit veränderte, wird in diesem Kapitel beschrieben. Welches sind die bevorzugten Berufe Adeliger, wie hoch ist ihr Anteil in den Chefetagen und inwieweit zählt der Adel heute noch zur Führungsschicht?

Von Erben und Offizieren

Im 19. Jahrhundert war der Adel noch äußerst erfolgreich und perfekt an die Erfolgskriterien der vorindustriellen Zeit angepaßt. Das wichtigste Kriterium dieser Zeit war das ständische Prinzip: Der Adel zählte zum ersten Stand, er gehörte dank seiner Geburt automatisch zur gesellschaftlichen und politischen Elite – und das für ein Leben lang, ohne sich noch weiter anstrengen zu müssen. „Blaublüter“ – Adelige erhielten diese Bezeichnung nicht grundlos, sondern weil es für sie üblich war, nicht zu arbeiten, ihre Haut daher weiß und dünn war und die Adern bläulich durchschimmerten. Die Ahnenprobe schloß Aufsteiger ohne lupenreinen adeligen Stammbaum von vornherein von wichtigen Ämtern und Vereinigungen wie etwa dem Kämmereramt* oder den Malteser Rittern aus. Das zweite, ausschlaggebende Kriterium für seinen Erfolg war sein Grundbesitz: Der Adel hatte ein Monopol auf den Besitz großer Ländereien, die er im Laufe von Jahrhunderten durch Heirat oder Schenkungen des Kaisers immer weiter ausdehnte. Auf der Größe des Grundbesitzes basierten seine politischen Vorrechte, sein gesellschaftliches Ansehen und sein Reichtum. Die einfache

Formel des Feudalismus lautete somit: je mehr Landbesitz, desto mehr Macht.

Mit der Abschaffung der Grundherrschaft schrumpften die politischen Vorrechte, es blieb nur das Mandat im Herrenhaus. Von dieser Entwicklung unberührt blieben das Vermögen und die gesellschaftliche Stellung des Adels.

Ein weiterer Erfolgsfaktor war die Kontinuität: Je länger und besser es einer Familie gelang, die Erfolgskriterien des reinen adeligen Stammbaumes und des Grundbesitzes zu bewahren, desto erfolgreicher und mächtiger wurde sie. Der Adel war darauf bedacht, nur innerhalb seines Standes, also ebenbürtig, zu heiraten. Eine nicht standesgemäße Verbindung hatte weitreichende Nachteile, weil Generationen von Nachkommen um den Startvorteil einer rein adeligen Geburt gebracht wurden. Viele Privilegien und wichtige Ämter wurden für sie unerreichbar. Überdies verringerten sich die Chancen, Mitglieder bedeutender Adelsfamilien heiraten zu können und somit das Ansehen und das Vermögen ihrer eigenen Familie zu mehren. Die Institution des Fideikommiß garantierte dem Adel die Unteilbarkeit seiner Besitzungen.

Das System war derart ausgefeilt, daß sich kaum ein Mitglied der Hocharistokratie mehr besonders anzustrengen brauchte, um reich und erfolggekrönt zu sein und zur Spitze der Gesellschaft zu gehören. Dieser Automatismus erwies sich jedoch als gefährlich, denn er machte den Adel bequem und oberflächlich. In seinem Schlaraffenland bemerkte er spät, daß neue Anforderungen an eine gesellschaftliche Elite gestellt wurden und die Gesellschaft durchlässiger wurde. Es erging ihm wie dem Ritter nach der Erfindung des Schießpulvers: Es nützte ihm nichts mehr, daß er am besten reiten und mit dem Schwert umgehen konnte.

Die Änderung der Erfolgskriterien war einerseits durch die industrielle Revolution bedingt, bei der, im Gegensatz zum Grundbesitz, das bewegliche Kapital, Flexibilität und Risikobereitschaft notwendig wurden. Andererseits erfolgte sie von oben – vom Kaiser –, der immer mehr gebildete, leistungsorientierte Bürgerliche in wichtige Positionen holte. Dieser Umstand führte zu einer allmählichen Entmachtung der Hofpartei, dem alten Hochadel am Wiener Hof, der von Kaiserin Elisabeth und Kronprinz Rudolf abgelehnt wurde. In seiner 1878 anonym erschienenen Schrift „Der Adel und sein constitutioneller Beruf“ übte der Kronprinz heftige Kritik: „Die österreichische Aristokratie bietet in dem gegenwärtigen Momente nichts weniger, als das erfreuliche Bild einer an sich mächtigen Gesellschaftsklasse. Aus dem Civildienste des Staates fast vollständig verdrängt, von dem Militärdienste, so weit er nicht allgemeine Bürgerpflicht ist, in unberechtigtem Grolle sich fernhaltend, in ihrer parlamentarischen Stellung ohne klares Programm und ohne Bewußtsein der Besonderheit ihrer Aufgaben, versunken in ein bedeutungsloses gesellschaftliches Treiben, erscheint sie dem Kenner ihrer ruhmvollen Vergangenheit wie die Ruine eines vormals stolzen Gebäudes."[1] Er warf dem Adel Passivität, mangelnde Bildung und keinerlei Befähigung vor, die ihn zum Dienst in Militär und Verwaltung qualifizieren würde. Seine Kritik war zwar eine subjektive Meinung, erscheint dem heutigen Leser aber durch seine Person und Stellung bemerkenswert und entbehrt sicherlich nicht der Berechtigung.

Kritik kam auch aus den eigenen Reihen des Adels. In einer ebenfalls anonym erschienenen Schrift konstatierte ein Standesgenosse am österreichischen Adel einen Mangel „an Arbeitsernst, am ‚Muß' der Arbeit, aufrichtig gestanden, auch am Verständnis der Arbeit. Für uns (wir sagen es mit Beschämung) erscheint das Urteil Gottes: ‚Du sollst dein Brot im Schweiße deines Angesichtes essen', hauptsächlich in bezug auf Rebhühnerjagden im August Anwendung zu finden".[2] Der Autor stellte eine gefährliche Verweichlichung, geistige Arbeitsscheu und die Vernachlässigung seiner Pflichten gegenüber seinem Besitz, der Bevölkerung und seiner Familie fest. Er mahnte zu mehr „Berufsernst, das heißt, diejenigen unserer adeligen Herren, die keinen Besitz zu verwalten oder zu erwarten haben, sollten es mit einem zu wählenden Beruf ernst nehmen, bei demselben verharren, selbst wenn er auch unangenehme Seiten aufweist, in und für denselben arbeiten, dieser Pflichterfüllung wo nötig auch Opfer bringen und so das Beispiel ernster und strebsamer Tätigkeit geben. [...] Niemand hat das Recht, träge zu sein und doch der schweren Arbeit von tausend Anderen zu seinem Lebensunterhalt und seiner Lebensfreude zu bedürfen!"[3]

Die Stützen des Staates

Der österreichische Adel hatte den Wandel der Gesellschaft vom adeligen Funktionsgedanken zum neuen Leistungsgedanken nicht erkannt und sich nicht rechtzeitig angepaßt. Ein deutliches Beispiel dafür, daß der Adel nicht bereit war, sich an den neuen Leistungsgedanken anzupassen, bietet die Heeresreform von 1866. Durch die Einführung einer zwingend vorgeschriebenen und anspruchsvollen Ausbildung an der Militärakademie sollten die Offiziere besser auf ihren Dienst vorbereitet werden. Alle angehenden Offiziere, gleich welcher Herkunft, mußten sich dieser strengen Ausbildung unterziehen, was zur Folge hatte, daß sich der Adel mehr und mehr vom Militärdienst zurückzog.

Von 1879 bis 1918 wuchs der Anteil bürgerlicher Offiziere von 52 auf 75 Prozent. Nur 77 junge Adelige besuchten in dieser Zeit die Akademie und nur 28 Absolventen waren adeliger Herkunft. In der Generalität hatte es vor der Mitte des 19. Jahrhunderts fast nur Vertreter des Hochadels gegeben, nach der Heeresreform bis zum Jahr 1918 waren es nur noch elf.[4] Angesichts dieser Zahlen kann man kaum mehr vom Offizier als einen für den Adel typischen Beruf sprechen – in diesem Punkt klaffen Klischee und Realität besonders weit auseinander. Die Kritik Kronprinz Rudolfs am Rückzug des Adels aus dem Militärdienst fand gegen Ende der Monarchie zunehmend Bestätigung und Berechtigung. Dennoch betrachtete sich der Adel als Stütze des Staates, und der Kaiser bezeichnete ihn als „Säule des Thrones“, von denen eine das Militär bildete.

Eine weitere Stütze bildete das Beamtentum. Anfang des 19. Jahrhunderts stammten die führenden Verwaltungsbeamten fast durchwegs aus dem Adel. Bis zum Jahr 1848 brachten es die bürgerlichen Beamten in führenden Positionen auf maximal 33 Prozent; erst ab 1878 – nach zwei verlorenen Kriegen – änderte sich das Bild schlagartig. Der bürgerliche Anteil wuchs auf bis zu 75 Prozent. Es zeigte sich somit eine ähnliche Tendenz wie beim Militär – nämlich der Rückzug des Adels aus den wichtigen Funktionen der Verwaltung.

Auch das als besonders vornehm und vom Hochadel dominiert geltende diplomatische Korps hatte in seinen führenden Positionen um 1918 bereits einen Anteil von Bürgerlichen zwischen 28 und 44 Prozent. In der Zentrale, dem Ministerium, betrug dieser Anteil sogar 66 Prozent – offenbar war die Schreibtischarbeit im Ministerium für den Adel noch weniger attraktiv.

Aus beiden Berufsgruppen, Beamten und Offizieren, die als klassische Träger der staatlichen Macht galten[5], zog sich der Adel – und besonders der österreichische – nach und nach zurück und überließ das Feld und damit die Macht dem nachdrängenden Bürgertum. Der Adel lebte fortan in einer sogenannten „zweiten Wirklichkeit“[6]; seine ungebrochene gesellschaftliche Führungsrolle täuschte ihn über seinen realen Machtverlust hinweg. Die Ursache für diesen freiwilligen Rückzug liegt im fehlenden Anpassungsdruck. Die Abschaffung der Grundherrschaft brachte für den Adel keine Einbußen mit sich, er blieb vermögend. Für das Bürgertum lohnte es sich aber, sich anzustrengen und hohe Ämter in Militär und Verwaltung anzustreben. Dem Adel, der gesellschaftlich „on top“ und außerdem ohnedies vermögend war, fehlte der Anreiz, sich plötzlich ernsthaft anzustrengen und Ehrgeiz zu entwickeln. Er sprach zwar weiterhin davon, sich selbstlos für die Monarchie und das Haus Habsburg einzusetzen, überließ die Taten aber dem Bürgertum. In seinem tatsächlichen Macht- und Funktionsverlust fühlte sich der Adel nicht in seiner bevorzugten Stellung bedroht, weil er sich auf die gottgewollte ständische Ordnung und die Autorität des Monarchen verließ. Einen Beruf zu ergreifen kam ihm nicht in den Sinn, denn alle Mitglieder einer Adelsfamilie waren durch das fideikommissarische Vermögen abgesichert. Es hatte sich somit nie die Notwendigkeit ergeben, Spezialkenntnisse zu erwerben und einen standesgemäßen oder gar bürgerlichen Beruf zu ergreifen. Seine Qualifikation war seine adelige Geburt, und seine Erziehung war darauf ausgerichtet, von allem ein bißchen zu wissen und sich im besten Fall im Sport und bei der Jagd hervorzutun.

Im Gegensatz dazu war es in Ungarn für den Adel zu dieser Zeit durchaus üblich, einen Beruf auszuüben. Ladislaus Batthyány etwa studierte Medizin und war sich nicht zu gut, seinen Beruf als Arzt auszuüben, ungeachtet der Herkunft seiner Patienten. Einige Jahre nach seinem Tod beantragte man sogar die Seligsprechung dieses ausgesprochen religiösen Fürsten. In der Diözese Szombathely wird er noch heute verehrt. Insgesamt betrachtet blieb der ungarische Adel nach der Revolution von 1848 integriert in der Bevölkerung und lebte nicht exklusiv.

Beinahe prophetisch klingt die 1913 verfaßte Mahnung des anonymen adeligen Schreibers an seine Standesgenossen: „Wenn der österreichische Adel nicht bald mit dem Aufgebot seiner ganzen intellektuellen und sozialen Macht eine auserlesene Kerntruppe wahrhaft großer Charaktere dem Ansturm allgemeiner Verderbnis und Zersetzung entgegenstellt, so sind seine Tage wohl gezählt und die erste größere Springflut, die über die zerrüttete Welt hereinbricht, schwemmt die unterwaschenen, untergrabenen Burgen mit sich fort."[7] – Nur fünf Jahre später war es so weit!

Umsturz und Identitätskrise

Der Umsturz nach dem verlorenen Ersten Weltkrieg, die Abdankung Kaiser Karls und seine Verbannung lösten beim heimischen Adel einen schweren Schock aus. Der Kaiser, der ihm eine Funktion als zuverlässige Stütze seines Thrones gegeben hatte – die sich, als es darauf ankam, als höchst geschwächt erwies – floh ins Exil und ließ seine Getreuen völlig desorientiert zurück. Das Gottesgnadentum der Monarchie und die gottgewollte ständische Ordnung waren von einem Tag zum anderen zu einer Ordnung „von Volkes Gnaden" umgekehrt. In der Republik war der Adel naturgemäß völlig funktionslos geworden, auf die Ausübung seiner realen Macht hatte er aber schon zuvor aus freien Stücken verzichtet.

Von den neuen Machthabern wurde der Adel durch seine Machtlosigkeit und sein passives Verhalten beim Umsturz als relativ ungefährlich eingeschätzt. Man beschränkte sich darauf, ihm seine gesellschaftliche Führungsrolle abzusprechen und ihm das Führen seiner Adelstitel und -prädikate zu verbieten. Diese Maßnahme traf vor allem den kleinen Beamtenadel ins Mark, nicht aber die alten Familien. Die gemäßigte sozialdemokratische Regierung begnügte sich damit, den Adel zu demütigen, vernichtete ihn aber nicht. Das Adelsverbot und die Gründung der Republik lösten in diesen Familien zwar eine Identitätskrise, aber keine Existenzkrise aus, denn ihre Vermögen blieben trotz einiger Absichtserklärungen, sie zu enteignen, unangetastet.

Diese Identitätskrise rief beim österreichischen Adel, wie erwähnt, unterschiedliche Reaktionen und Haltungen hervor. Ein Teil hoffte auf eine baldige Rückkehr der Habsburger und zu den Zuständen vor dem Ersten Weltkrieg. Der andere, weitaus kleinere Teil der ehemaligen Spitze der Gesellschaft suchte nach einer neuen Identität. Unverändert war allerdings ihr Bewußtsein, einem gemeinsamen Stand anzugehören und sich durch ihre adelige Abstammung grundlegend von anderen Menschen zu unterscheiden. An der Identitätssuche beteiligte sich auch Graf Richard Coudenhove-Kalergi, der spätere Gründer der Paneuropa-Bewegung. Er meinte in einer 1923 erschienen Schrift: „Der alte aristokratische Typus ist im Aussterben; der neue noch nicht konstituiert. [...] Dennoch braucht die Zeit an der Idee des Adels, an der Zukunft des Adels nicht zu verzweifeln. Will die Menschheit vorwärtsschreiten, braucht sie Führer, Lehrer, Wegweiser; Erfüllungen dessen, was sie werden will [...] Ohne Adel keine Evolution."[8] Die zukünftige Aufgabe des Adels in der Demokratie sah er in der Politik, wo der Adel im Laufe der Jahrhunderte eine „Erbmasse an politischer Begabung" aufgespeichert hatte. In den Wissenschaften und den schönen Künsten wäre das Bürgertum dem Adel überlegen, aber die Außenpolitik vertrauten viele Demokratien Europas den Abkömmlingen ihres Hochadels an.[9]

Allerdings brachten sie ihre politische Begabung in der Ersten Republik kaum ein. Als Stand trat der Adel in dieser Zeit überhaupt nur durch die „Vereinigung katholischer Edelleute" in Erscheinung. „Gibt es einen deutlicheren Hinweis für die Auflösung eines historischen Standes als sein Absinken auf das bürgerliche Niveau eines behördlich genehmigten Vereines?", fragte sich Johann Christoph Allmayer-Beck angesichts dieser Entwicklungen.[10] Ein politisches oder anderes klares gemeinsames Ziel verfolgte man nicht, vielmehr veranschaulichen die Beiträge in den Jahrbüchern der Vereinigung, wie orientierungslos der österreichische Adel in dieser Phase war.

In einem grundlegenden Aufsatz „Adel und neue Zeit" fragte Fanny Starhemberg, die als einziges Mitglied des Hochadels in der Ersten Republik ein politisches Mandat in der Nationalversammlung innehatte: „Hat der Adel auch heute noch eine Aufgabe zu erfüllen? [...] Was haben wir heute hier noch zu suchen? Es gibt viele unter uns, die gleich nach dem Umsturz und seither diese Frage kurzerhand damit beantwortet haben, daß sie sich kampf- und widerstandslos aus dem öffentlichen Leben und aus allen Berufen zurückgezogen haben, um in stiller Beschaulichkeit den Erinnerungen einer schöneren Vergangenheit und der Wahrung ihrer persönlichen Interessen und ihres Besitzes zu leben."[11] Fanny Starhemberg mahnte ihre Standesgenossen, am öffentlichen Leben aktiv teilzunehmen und in allen Berufen, nicht nur in den standesgemäßen, selbstlos mitzuarbeiten, „wenn auch in untergeordneten Stellungen".[12] Nur so könnte der Adel ihres Erachtens den ihm zukommenden Platz wieder erkämpfen und das Vertrauen des Bürgertums gewinnen. Jedes Amt, jeder Beruf könnte „geadelt werden durch die hohe Auffassung und die Pflichttreue, mit der man ihn erfüllt".[13] In der Realität dürften die leidenschaftlichen Aufrufe dieser tatkräftigen Frau ziemlich ungehört verklungen sein. Solange die finanzielle Basis vorhanden war, zeigte man weiterhin wenig Interesse, in einer „untergeordneten Stellung" mitzuarbeiten. Die dominierende Ausbildung blieb das Jusstudium, das früher als die ideale Vorbereitung auf eine Karriere im Staatsdienst galt. Weitere Berufe waren Gutsbesitzer und Privatier, manche betätigten sich auch wissenschaftlich oder künstlerisch als Schriftsteller oder Musiker.

*

Für diejenigen, die schon während der Monarchie den Beruf eines Beamten oder Offiziers ausgeübt hatten, war der Bruch der Jahre 1918 und 1919 nicht so radikal. Eine Untersuchung der Beamtenschaft der Ersten Republik zeigte, daß von insgesamt 304 Sektionschefs erstaunliche 115 adeliger Abstammung waren, wenn auch vorrangig aus dem niederen Adel. Die Beamten der Ersten Republik dienten dem neuen Staat ebenso korrekt, wie sie dem Kaiser gedient hatten. Es wurden keine Fälle der Auflehnung oder Agitation gegen die Republik bekannt. Völliges Vertrauen brachte die Regierung der Republik dieser, in ihren Augen monarchistisch gesinnten, Beamtenschaft dennoch nicht entgegen. „Den republikanischen Beamten hat es (Anm.: somit) nicht gegeben."[14] Erst das Jahr 1938 beendete abrupt die k.u.k. Tradition des österreichischen Beamtentums: Von 77 Sektionschefs wurden 50 zwangspensioniert, 14 kamen in Haft oder ins KZ; insgesamt wurden 52 politisch verfolgt.

Ähnlich entwickelte sich die ehemals zweite Stütze des Staates, das Militär. Viele Offiziere wurden pensioniert oder außer Dienst gestellt, weil im neuen kleinen und nicht mehr kriegführenden Österreich weite Teile der Armee nicht mehr gebraucht wurden. Dennoch waren im Jahr 1931 von fünfundzwanzig Generälen immerhin neun adeliger Herkunft, alle hatten ihre militärische Ausbildung an der k.u.k. Militärakademie absolviert. Das Bundesheer eignete sich somit ebenfalls nicht als Stütze des Staates für die neue sozialdemokratische, republikanische Regierung. Es haftete ihm noch zu sehr der Geruch der k.u.k. Monarchie an, und man mißtraute ihm deshalb.

*

In den zwanziger und dreißiger Jahren lautete beim Adel die häufigste Berufsbezeichnung „a.D." – außer Dienst. Es gab unzählige Leutnante a.D., General-Majore a.D., Legationssekretäre a.D., Gesandte a.D.[15] Außerhalb der für den Adel klassischen Berufe gab es in dieser Phase jedoch bereits einzelne, die sich kreativen Berufen widmeten. Etwa im Bereich der gerade entstehenden Filmindustrie, ein neues Medium, das die Massen faszinierte. Der erfolgreichste in dieser Branche in Österreich war der Gründer der „Sascha"-Filme, Graf Alexander „Sascha" Kolowrat. Er war der wichtigste Produzent und Filmpionier sowie Präsident der österreichischen Filmindustrie. Manche Standesgenossen folgten seinem Beispiel, wenn auch mit wesentlich weniger Erfolg. Im Jahre 1924 wurde vom Inhaber der H.K.B. Filmgesellschaft – Regisseur so bekannter Filme wie „Die freudlose Gasse" mit den Schauspielerinnen Asta Nielsen und Greta Garbo – Hans Karl Breslauer, der zuvor schon erfolgreich für Sascha Kolowrat gearbeitet hatte, ein Sensationsfilm herausgebracht: Die Verfilmung des Romans „Die Stadt ohne Juden" vom Schriftsteller Hugo Bettauer. Schon während der Dreharbeiten herrschte großes Interesse an diesem Film. Als Produzent fungierte ein Neuling im Filmgeschäft, ein gewisser Louis Walterskirchen. Er hatte viel Geld in das Projekt, in die aufwendigen und vielgelobten Bauten des Filmarchitekten Julius Borsody, eines Adeligen, investiert. Inhaltlich bot der Film größten politischen Sprengstoff: Aus einer modernen Großstadt werden auf Antrag der reaktionären Partei gewaltsam alle Juden ausgewiesen. Die Folgen machen sich bald bemerkbar. Um ihre geschäftstüchtigen Bürger gebracht, gehen Industrieunternehmen zugrunde, und die Stadt verbauert, weil ihre Träger der Kultur fehlen. Es folgen Teuerung und Arbeitslosigkeit, worauf Neuwahlen ausgeschrieben werden und ein Gesetz zur Rückkehr der ausgewiesenen Juden verabschiedet wird. – Hans Moser, in seiner ersten dokumentierten Rolle, verkörperte darin einen glühenden Antisemiten und Trinker. Die Geschichte mutet heute geradezu prophetisch an, nahm sie doch am Beginn der zwanziger Jahre die späteren schrecklichen Vorgänge vorweg. Inhaltlich war der Film umstritten, in der „Arbeiterzeitung" etwa ernteten er und die reißerische Romanvorlage vernichtende Kritiken. Von anderen Medien, wie dem „Filmboten", wurde er hochgelobt. Der Film „erzielte gelegentlich seiner Erstaufführung einen geradezu einzig dastehenden Erfolg. Sämtliche Vorstellungen waren viele Stunden vorher schon ausverkauft".[16] Dennoch wurde der Film zum wirtschaftlichen Fiasko. Nach nur ein bis zwei Vorstellungen setzten die Kinobetreiber „Die Stadt ohne Juden" wieder ab, weil es zu Krawallen durch Nationalsozialisten kam. Der Autor, Hugo Bettauer, fiel 1925 einem Mordanschlag der Nazis zum Opfer. Der Produzent Louis Walterskirchen verlor sein Geld, das teilweise geborgt war, und drohte in seiner Verzweiflung seiner Familie mit Selbstmord. Seine Eltern verkauften daraufhin ihren gesamten Besitz, das Schloß und den Gutsbetrieb, und zogen in ein Hotel. „Die Stadt ohne Juden" galt jahrzehntelang als verschollen, bis der Film 1990 in Holland auftauchte und im Anschluß daran vom Österreichischen Filmarchiv restauriert wurde.

*

Von einer echten Neuorientierung des österreichischen Adels kann man in der Zeit der Ersten Republik nicht sprechen. Einige machten sich Gedanken über die künftige Funktion des Adels in einer republikanischen Gesellschaft und einer möglichen Führungsrolle. Zur Tat schritt man nicht, sondern wartete, daß sich die Situation zugunsten des Adels wenden würde. Der Anpassungsdruck an die demokratische Gesellschaft blieb gering. Scheinbar gaben die weiteren Entwicklungen dieser Abwartungs- und Erwartungshaltung recht, denn im Ständestaat kam mit Ernst Rüdiger Fürst Starhemberg einer der ihren in eine einflußreiche politische Position. Man glaubte die alte Ordnung wiederhergestellt, obwohl der Ständestaat auf der berufsständischen Ordnung und nicht auf dem geburtsständischen Prinzip beruhte. Diese Tatsache nahm man allerdings kaum zur Kenntnis und besetzte wie selbstverständlich die hohen politischen und militärischen Positionen. Die autoritäre Führung dieser Politik tat alles, um die Grenzen zur Monarchie zu verwischen, indem sie der Hocharistokratie wieder eine Führungsrolle übertrug und mit dem im Exil lebenden Otto von Habsburg Verhandlungen über eine Restauration führte. Der Adel betätigte sich in seinen gewohnten Metiers, als hoher Politiker, Militär und Beamter, ohne diese Ämter durch mühsames Hinaufarbeiten erreicht haben zu müssen.

Dadurch in seiner Annahme bestätigt, die Republik sei bloß ein kurzes Zwischenspiel und würde von selbst scheitern, ergab sich weiterhin kein ideeller oder finanzieller Anpassungsdruck. Im Gegenteil: Als Adeliger und Großgrundbesitzer, der mit seinem Vermögen Privatarmeen errichtete, war er eine wichtige finanzielle und politische Stütze des Ständestaates und schien seine gewohnte Rolle zurückerhalten zu haben. – Zurückerobert hatte er sie allerdings nicht.

Ruin und Neuanfang

Die Schockwellen des Nationalsozialismus und des Zweiten Weltkrieges holten den Adel endgültig in die Wirklichkeit zurück. Sie vollendeten eine Entwicklung, die in der zweiten Hälfte des 19. Jahrhunderts begonnen und die man durch die tatkräftige Unterstützung des Ständestaates aufzuhalten versucht hatte: Die völlige Auflösung des Adelsstandes und seiner privilegierten Stellung.

Viele Angehörige des österreichischen Adels wurden als Gegner des NS-Regimes verhaftet und interniert, andere mußten Kriegsdienst leisten oder emigrierten. Der rechte Terror und später der linke durch die Kommunisten in den östlichen Nachbarstaaten veränderten das politische und gesellschaftliche Weltbild des Adels. Man betrachtete die Republik Österreich, Zufluchtsstätte für viele adelige Gutsbesitzer, nicht länger als Feind, sondern entwickelte nach und nach Patriotismus für dieses Land, das von allen Seiten bedroht wurde. Das Experiment des Ständestaates war gescheitert, die Hoffnung auf eine Wiedererrichtung der Monarchie verblaßte.

Wesentlich nachhaltiger und stärker als alle politischen Entwicklungen in den dreißiger und vierziger Jahren rüttelte den Adel sein finanzieller Zusammenbruch wach. Zuerst hob Hitler im Jahr 1939 die Fideikommisse auf, danach wurden durch die Kämpfe viele Schlösser zerstört oder später durch die sowjetische Besatzung verwüstet. Die kommunistischen Regierungen in den osteuropäischen Ländern enteigneten und vertrieben die adeligen Grundbesitzer als Klassenfeinde und Hitlerfreunde.

Ein besonders tragisches Schicksal erlitt zu dieser Zeit der Diplomat Emmerich Csáky. Er entstammte einer der ältesten ungarischen Magnatenfamilien, die ein Gut im Komitat Zips – das heute zur Slowakei gehört – besaß. Sein Vater, Graf Albin Csáky, war Unterrichts- und Kultusminister und zwei Jahre lang Präsident des Oberhauses des ungarischen Reichsrates. Politisch sehr interessiert, bekleidete Emerich Csáky unter Ministerpräsident Paul Teleki das Amt eines Außenministers und nahm 1920 an den Friedensverhandlungen von Paris teil. Bei der ersten Bodenreform in der Tschechoslowakei wurde er enteignet und ließ sich daraufhin in Ungarn nieder. Dort fiel am Ende des Zweiten Weltkrieges fast sein gesamter Besitz Plünderungen und Beschlagnahmungen zum Opfer. Aber es kam noch schlimmer! Nach der Machtübernahme der Kommunisten 1948 ächtete man ihn als Klassenfeind und verhaftete ihn bei einem Fluchtversuch. Vier Jahre verbrachte Emmerich Csáky im Gefängnis, bis man ihn einer Fabrik als Zwangsarbeiter zuwies und im Jahr 1957 endlich ausreisen ließ. Mittellos, gesundheitlich schwer gezeichnet, mußte er die Hilfe von Verwandten und Freunden in Anspruch nehmen. Auf der Reise nach Venezuela, wo seine Frau seit 1947 lebte, starb er – ohne sie noch einmal wiedergesehen zu haben.

Die früher sehr reichen Großgrundbesitzer aus Osteuropa mußten sich als Flüchtlinge in Westeuropa und als Emigranten in aller Welt verstreut eine neue Existenz aufbauen. Meist hatten sie nichts gelernt. Sie lebten bei Verwandten und mußten jede Arbeit annehmen, die sich ihnen bot – auch in „untergeordneten Stellungen", wie Fanny Starhemberg bereits 1928 so treffend gefordert hatte. Allerdings taten sie dies nicht, um adelige Gesinnung in die Gesellschaft zu tragen und Klassengegensätze zu überbrücken, wie noch Starhemberg meinte, sondern weil der Verlust ihres Vermögens sie dazu zwang. Wer würde sonst auch freiwillig eine schlecht bezahlte und anstrengende Arbeit annehmen?

Im Lauf seiner Tätigkeit als Wirtschaftstreuhänder in Prag lernte Martin Pálffy einen alten Herrn aus dem böhmisch-deutschen Adel kennen, der gleich zweimal, 1945 und 1948, enteignet worden war und daraufhin ins Ausland floh, wo er sich dreißig Jahre lang als einfacher Schafhirte verdingte. Nicht ganz so schlimm erging es einem ehemaligen Gutsbesitzer aus der Slowakei, der nach 1948 nach Wien übersiedeln und dort seine Familie als Chauffeur durchbringen mußte. Ein anderer wurde Hotelportier.

Den vertriebenen und um ihr Vermögen gekommenen Adeligen wurde zum Verhängnis, daß sie für einen bürgerlichen Beruf keine brauchbare Ausbildung und kaum einsetzbare Kenntnisse erworben hatten. Sie waren ihren Mitbewerbern hoffnungslos unterlegen. In dieser schwierigen Situation erwiesen sich die alten Verbindungen, das alte Zusammengehörigkeitsgefühl als äußerst nützlich. Verwandte und Standesgenossen boten den Flüchtlingen nicht nur Quartier, sie ließen ihre Verbindungen spielen und verhalfen einander zu guten Stellungen. Dabei zählte nicht, ob man den Betreffenden persönlich kannte und seine Fähigkeiten einschätzen konnte, sondern daß er gleicher Herkunft war.

Die Erkenntnis, nichts mehr zu besitzen, nichts gelernt zu haben und damit ihren Mitbürgern unterlegen zu sein, prägte das Bewußtsein dieser Generation tief. Sie schickten, selbst wenn die finanziellen Mittel bescheiden waren, ihre Kinder in gute Schulen und hielten sie zu einem Hochschulstudium an. Sie erkannten, daß in dem neuen politischen System nur eine gute und umfassende Ausbildung den Zugang zu einem qualifizierten Beruf ermöglicht. War vor dem Zweiten Weltkrieg ein akademischer Grad neben dem Adelstitel noch die Ausnahme, so stieg die Akademikerrate in der Nachkriegsgeneration sprunghaft an. Der Verlust des Vermögens und in vielen Fällen der Heimat erzeugte den notwendigen Anpassungsdruck, der vor dem Zweiten Weltkrieg fehlte. Jenem Teil des österreichischen Adels, der seine Besitzungen in Österreich – nicht unbeschadet, aber doch – retten konnte, wurde ebenfalls klar, daß man sich mit den gegebenen Verhältnissen abfinden mußte. Die leise Hoffnung auf eine Rückkehr der Habsburger wollten aber einige immer noch nicht völlig aufgeben. Endgültig Abschied nehmen mußten sie aber von dem Gedanken, der Adel als Stand könnte eine Funktion in traditioneller Weise wiedererlangen. Zwangsläufig freundete man sich mit dem Leistungsgedanken an und widmete seine Energien dem Erhalt des materiellen und immateriellen Erbes.

Besonders schmerzvoll vollzog sich für Angehörige dieser Generation, die in Schlössern in eine scheinbar sorgenfreie Zukunft geboren und als Herren ihrer kleinen Reiche erzogen worden waren, der tiefe Fall zu Habenichtsen und Nichtskönnern. Das Bewußtsein, eigentlich Teil einer elitären Gesellschaftsschicht zu sein, klaffte weit mit der Wirklichkeit auseinander, in welcher man in krassen Fällen sogar als Portier, Chauffeur oder eben als Schafhirte diente. Unter diesen Umständen, als Flüchtling und ohne Berufskenntnisse, konnten es sich die Adeligen nicht mehr leisten, auf die Standesgemäßheit einer Tätigkeit Rücksicht zu nehmen. Endlich begriffen sie, daß der Weg nach oben in einer leistungsorientierten, durchlässigen und demokratischen Gesellschaft über eine gute Ausbildung und den Willen zum Erfolg führt – und sie wollten wieder zur Elite gehören. Hilfreich erwiesen sich dabei Standesgenossen in leitenden Positionen und einflußreiche Persönlichkeiten, die Sympathien für den Adel hegten und bewußt junge Leute aus diesen Familien protegierten. Manche Firmenchefs vermeinten, durch die Einstellung von Mitarbeitern adeliger Abstammung das Image ihrer Firma aufzupolieren.

*

Ähnlich wie nach dem Umsturz 1918 machte sich der Adel Gedanken, welche Rolle er in Zukunft spielen würde und wie man wieder zum „ersten Stand“ werden könnte. 1945 war man sich allerdings im klaren darüber, daß sich mittlerweile eine andere Art von Elite gebildet hatte, und daß der Weg hinauf neu beschritten werden mußte – und mühevoll sein würde. In der modernen Gesellschaft würde es Anstrengungen jeder Generation bedürfen, die Spitze zu halten. Diese neue Führungsschicht, die nach allen Seiten offen ist – also weder eine Kaste noch einen Stand wie den alten Adel darstellt –, nannte Allmayer-Beck eine „geistige Gemeinschaft“ und er warf die Frage auf: „Ob der alte Adel – natürlich nicht mehr als Stand – aber doch in seinen bedeutendsten Vertretern dieser Führungsgeneration angehören wird oder nicht. [...] Will dieser also sein Erbe erfolgreich verteidigen, dann muß er leistungsmäßig an der Spitze marschieren."[17] Man ging in weiten Kreisen des Adels und des Bürgertums davon aus, daß sein Engagement in Beruf und Gesellschaft für diese Bereiche gewinnbringend wäre. Man war bereit, ihm eine Führungsrolle zuzuerkennen. Allerdings nicht mehr dem Adel als Stand, sondern einzelnen, herausragenden Persönlichkeiten, denen es gelungen war, die Kontinuität aufgrund ihrer besonderen Herkunft mit den neuen Anforderungen der leistungsorientierten Gesellschaft zu verbinden.

Die Notwendigkeit, Geld zu verdienen, zwang Adelige zwar zur Berufstätigkeit, die Profitmaximierung definierte man aber nicht als das einzige und erklärte Ziel. Das Prestige, die gesellschaftliche Anerkennung und der mit der Tätigkeit verbundene soziale Status wurden ebenfalls als wichtige Erfolgsfaktoren bewertet. Besonders betonte man die Ethik und die moralischen Werte des Adels als Beitrag und Auftrag für die moderne Gesellschaft. Die von der Familie Waldstein-Wartenberg anläßlich ihres 800jährigen Bestehens verfaßte Urkunde verpflichtete deshalb alle Familienmitglieder zu einer „umfassenden Bildung, dem Verlangen nach Wahrheit und Gerechtigkeit" und dazu, dem persönlichen Vorteil zu entsagen.[18]

*

Im Lauf der Generationen nach dem Zweiten Weltkrieg fächerte sich das berufliche Spektrum, in dem Adelige tätig sind, zunehmend auf.[19] Die Zahl der Adeligen, die den gesellschaftlich hoch bewerteten Beruf eines Rechtsanwaltes, Universitätslehrers, Unternehmers oder Architekten ergreifen, steigt kontinuierlich. Besonders auffallend ist bei der Entscheidung für eine Beamtenkarriere die Bevorzugung der Diplomatie. Fast die Hälfte der in den Ministerien tätigen Adeligen dient heute im Außenamt; von 1955 bis 1975 hat sich ihre Zahl dort verdoppelt. 1975 waren von insgesamt 105 Beamten gleich 14 aus dem Hochadel. Neben der bekannten Vorliebe Außenminister Kreiskys für Adelige in seinem Ressort strebten viele diese Laufbahn bewußt an und setzten damit eine alte Tradition fort, ja belebten diese wieder![20] Prominente Beispiele sind der ehemalige Generalsekretär im Außenamt Albert Rohan, der ehemalige Adjutant des Bundespräsidenten Hubertus Trauttenberg, Wolfgang Schallenberg, ehemaliger Spitzendiplomat und heute Präsident der Österreichischen Gesellschaft für Außenpolitik und Internationale Beziehungen, sowie Botschafter Ferdinand Trauttmansdorff. Auch in der jüngeren Generation setzt sich die Tradition fort. So fungiert Alexander Schallenberg, Sohn von Wolfgang Schallenberg, als Sprecher der Außenministerin.

Die erfolgreichen Unternehmer sind in der marktorientierten Wirtschaft flexibel, offen, kreativ und risikofreudig. Die traditionellen Erfolgskriterien des Adels bestanden in Kontinuität, Exklusivität und einer starren Gesellschaftsordnung, also dem genauen Gegenteil. Wie kommt es nun, daß die bevorzugten und erfolgversprechendsten Branchen für den Adel die Selbständigkeit, die freien Berufe und das Unternehmertum sind? Banker, Architekt, Manager, Filmproduzent, Komponist, Kunsthistoriker, Rechtsanwalt – das sind die Berufe der heutigen Adeligen. Eine besonders große Anziehungskraft übt offenbar der Journalismus aus. Prominente Vertreterin ihres Standes ist Barbara Coudenhove-Kalergi, die seit Jahrzehnten durch ihre politischen Analysen in Rundfunk und Printmedien aufmerksam macht. Monika Czernin hat sich als freie Journalistin und Autorin einen Namen gemacht. Georg Waldstein fungiert als Herausgeber des Wirtschaftsmagazins „Trend“, und Hubertus Czernin (†) leitete als Chefredakteur das Wochenmagazin „profil“, bis er wegen eines zu provokanten Titelbildes des damaligen Bundeskanzlers Vranitzky abberufen wurde und als Autor und Verleger arbeitete. Weniger bekannt ist, daß auch der langjährige ORF-Korrespondent in Budapest, Karl Stipsicz, ungarischem Adel entstammt. Karl Hohenlohe hat sich auf die „Seitenblicke-Gesellschaft“ spezialisiert und ist für den ORF und den „Kurier“ tätig, sowie Herausgeber des „Gault Millau“.

Viele Adelige haben damit die neuen Erfolgskriterien nicht nur erkannt, sondern auch erfolgreich angewandt. Aufbauend auf den Traditionen ihrer Familie in Kombination mit der nötigen Bildung haben diese Menschen den Wettbewerb mit der bürgerlichen Konkurrenz aufgenommen. Wie gelang es ihnen, in so kurzer Zeit sich nicht nur anzupassen, sondern ihre Mitbewerber in vielen Fällen sogar zu übertreffen?

Betrachtet man die Ausgangssituation genauer, so ist es gar kein so großer Schritt vom Gutsbesitzer zum modernen Unternehmer und Manager oder vom Kunstmäzen zum Kunsthistoriker und Antiquitätenhändler. Dazwischen liegt die Professionalisierung, die Betätigung zum Beruf zu machen, gekoppelt mit dem nötigen Ernst und der nötigen Ausbildung. Trotz der erforderlichen Flexibilität, Offenheit und Risikofreude wirft man alte Werte und Traditionen nicht über Bord, sondern trachtet, die besondere Identität zu bewahren. Es sei eine Gabe des Adels, seine Mitmenschen gut einschätzen zu können, meinte Ludwig Aladár Windisch-Graetz. Optimale Voraussetzungen, um im Verkauf oder als Manager erfolgreich zu sein. Solidität, Redlichkeit und Seriosität werden dem Adel zugeschrieben – ideale Eigenschaften für einen Banker. Viele Firmen operieren heute international, das bedingt Mehrsprachigkeit und sicheres Auftreten auf dem internationalen Parkett und gehörte seit jeher zu den Erziehungsprinzipien des Adels. Es sind jedoch nicht alle Adeligen, die diese Bedingungen erfüllen, zwangsläufig auch erfolgreich im Beruf.

Ein Nichtadeliger geht davon aus, was er im Leben erreicht, ein Adeliger denkt oft mehr daran, was seine Vorfahren erreicht haben. Das verführt dazu, sich zu sehr mit den Leistungen der Vorfahren zu identifizieren und damit das persönliche Unvermögen oder die eigene Bequemlichkeit zu verdecken. In manchen Fällen gelingt aber trotz ehrlicher Anstrengung nicht der Aufstieg, manche scheitern. Welchem Druck Träger berühmter Namen ausgesetzt sind, zeigt das Beispiel des erfolgreichen Künstlers und Produktionsleiters Johannes Herberstein, der sein prominentes Elternhaus als hemmend empfand, „weil jeder von dir erwartet, daß du es automatisch schaffst, in eine gute Position zu kommen“.[21] Dennoch gehen Angehörige des Adels ihre Karriere meist gelassener an, weil sie gelernt haben, sich als Individuum nicht zu wichtig zu nehmen. Ihr Familiensinn und das in ihnen lebendige Standesbewußtsein bewahrt sie davor, sich ausschließlich über ihre beruflichen Leistungen zu definieren. – Sie müssen sich keinen Namen mehr machen, sie haben schon einen!

*

Das Streben nach gesellschaftlich anerkannten Berufen und einer sozial führenden Stellung ist nicht eine bloße Übernahme des bürgerlichen Leistungsprinzips, sondern der Versuch, eine innere Spaltung zu überwinden. Unbewußt lebt der Adel heute noch in seiner Scheinwelt – in der Meinung, kraft seiner Geburt elitär zu sein, was ihm durch Erziehung, durch Familie und Tradition auch weiterhin vermittelt wird. Er muß, wenn die Zustände in der Welt, in der er tatsächlich lebt – zum Beispiel beengte Wohnverhältnisse, finanzielle Not, Abhängigkeit von Vorgesetzten – dieser inneren Prägung stark widersprechen, diese Differenz überwinden und Einschränkungen abbauen, um die Ganzheit seiner Persönlichkeit zu erhalten. Vor diesem Hintergrund ist der eigentliche Antrieb weniger ein beruflicher Ehrgeiz, sondern der Drang, seinen inneren Status und seine Identität mit dem tatsächlichen Status zusammenzuführen. Die spezielle Identität verschwindet, wenn die Zusammenführung nicht innerhalb von zwei bis drei Generationen gelingt. Sie werden vom Bürgertum assimiliert. Es kommt zu einer völligen Anpassung oder, wie viele Adelige diesen Vorgang bewerten, zu einer Nivellierung nach unten.

Entscheidend sind daher das Verhalten und die Leistungsfähigkeit der Nachkriegsgenerationen, speziell der in den sechziger Jahren geborenen Nachkommen adeliger Familien, und der heute Berufstätigen. Welch hohe Erwartungen die Familien in ihre Jugend setzen, wurde bereits angesprochen. Weitere Beispiele aus dieser Jugend sind: Ferdinand Auersperg, der sich vom Kellnerlehrling zum Hotelmanager hocharbeitete und dann in den Handel wechselte. Er möchte seinen Kunden zeigen, daß seine Firma ein fairer Partner ist. Oder: Andreas Pálffy zeichnet als Geschäftsführer eines Internet-Anbieters ein ausgesprochen junges Berufsbild für den Nachkommen einer alten Familie.

Eine gute Ausbildung, hohe Einsatzbereitschaft gepaart mit den Werten ihrer alten Familien, das ist das Erfolgsrezept dieser jungen Menschen, die selbst in innovativen, neuen Branchen aktiv sind. Die in diesem Sinne aktive Generation junger Adeliger kann mit größtem Einsatz vielleicht das zurückgewinnen, was der Adelsstand für lange Zeit verloren hatte – die Funktion als Elite, als Spitze der Gesellschaft mit Macht, Einfluß, Vermögen und fähigen Persönlichkeiten in seinen Reihen.

Teile des Adels der jungen Generation denken aber leider noch immer, daß ihre adelige Herkunft allein genügen würde, voll Verachtung auf den Rest der Menschheit herabblicken zu dürfen. Sie schließen sich in ihren Zirkeln hermetisch ab, nehmen den offenen Wettbewerb mit ihren bürgerlichen Konkurrenten nicht auf, und erwarten, geebnete Wege vorzufinden, auf denen sie bequem wandeln können. „Der Weg zur neuen Höhe wird hart, steinig und mühevoll sein, aber das Ziel, das dann vor der jungen Generation liegen wird, ist den Einsatz und den Schweiß der Besten wert", meinte im Gegensatz dazu Allmayer-Beck ...[22]

V.
Von Gutsherren und Unternehmern

Noch zu Beginn des 20. Jahrhunderts empfanden viele Mitglieder des Adels es als mit ihrer Standesehre unvereinbar, sich mit Geldgeschäften und Unternehmertum auseinanderzusetzen. Man hatte seinen Lebensunterhalt aus den Erträgnissen des Gutsbetriebes zu bestreiten. Der Wirtschaftsadel, also jene aufgrund ihrer unternehmerischen Leistungen neu Geadelten, wurde als zweit- bis drittklassig eingestuft, und man pflegte so gut wie keinen gesellschaftlichen Kontakt miteinander. Hat beziehungsweise hatte der Hochadel in Österreich nichts am Hut mit unternehmerischen Aktivitäten, Geldgeschäften, Industrie und Aufsichtsratsposten? Pflegte er nur ein Klischee oder verschrieb er sich tatsächlich immer nur der Land- und Forstwirtschaft?[1]

Die Grundentlastung und das Kapital

Unternehmerische Aktivitäten entfaltete der Adel bereits ab dem 18. Jahrhundert in Böhmen, wo er auf seinem ausgedehnten Großgrundbesitz Unternehmen gründete. Auch im Bankwesen war er vertreten, zum Beispiel in der „Oktroyierten Wiener Leih- und Wechselbank“ ab 1787. Die Adeligen kaschierten ihr Gewinnstreben und die Beteiligung an Unternehmen, weil Geldgeschäfte zu dieser Zeit als standeswidrig angesehen wurden. In der zweiten Hälfte des 19. Jahrhunderts erhielt der landbesitzende Adel durch eine scheinbar gegen ihn und seine Interessen gerichtete Aktion plötzlich sehr viel Kapital: der sogenannten Grundentlastung. Durch die Grundentlastung wurden die politischen und territorialen Vor- und Herrschaftsrechte fast völlig beseitigt; die Bauern waren nicht länger Untertanen ihrer Gutsherren. Doch mußten sie sich mit Bargeld freikaufen und dem Grundherrn den Acker ablösen. Mit einem Schlag besaß der Adel dadurch eine große Summe Bargeld. So richtig frei wurden die Bauern jedoch nicht, denn die meisten besaßen nicht genügend Bargeld, um ihren Grund freizukaufen und mußten ihn belehnen. Sie begannen ihre Freiheit mit einem Berg von Schulden.

Der Adel investierte das Geld: Gemeinsam mit dem Großbürgertum gründeten Adelige Banken, wie zum Beispiel die Central-Boden-Creditbank, und finanzierten den Ausbau der Eisenbahn. Dem Komitee, das sich für die Gründung der Creditanstalt einsetzte, gehörten beispielsweise Vincenz Carl Fürst von Auersperg, Max Egon Fürst zu Fürstenberg, Otto Graf Chotek und Johann Adolph Fürst zu Schwarzenberg an. Sie alle und vor allem Schwarzenberg zählten zum kommerziell interessierten und engagierten Teil des Hochadels und investierten ihr Kapital, das im Falle der Creditanstalt beträchtlich war – nämlich 30 Millionen Gulden; ebenso viel wie die Mitbegründer Rothschild.

Als Grundbesitzer und Produzent von landwirtschaftlichen Produkten und Rohstoffen benötigte der Adel zuverlässige und rasche Transportmittel, die in entlegene Gebiete fuhren. Das vermögende Großbürgertum profitierte genauso von den „noblen" Verwaltungsräten. Letztere brachten als Kapital weniger ihr Geld, sondern vor allem ihren guten Namen ein. Das bedeutete mehr Prestige für das Unternehmen, Vertrauenswürdigkeit und gute Kontakte zum Hof. Ein auffallend hoher Anteil an Präsidenten eines Verwaltungsrates in Banken, Bahngesellschaften und Versicherungen um 1880 entstammten dem Hochadel. Bei den Banken kamen etwa sieben Prozent der Verwaltungsräte und rund ein Viertel der Präsidenten aus dieser Gruppe.[2] Die reale Macht in den Verwaltungsräten lag beim Präsidenten und den Vizepräsidenten. Bei der Besetzung dieser Funktionen spielte die finanzielle Stärke eine geringere Rolle als das gesellschaftliche Ansehen und der direkte Einfluß in Form von persönlichen Kontakten zu den wahren Entscheidungsträgern bei Hof.

Die Tatsache, daß Persönlichkeiten aus altem Adel ihren Namen für Banken zur Verfügung stellten, wurde sowohl in den eigenen Reihen, als auch von deklarierten Skeptikern und Gegnern des Adels kritisiert. Der sozialdemokratische Abgeordnete Karl Leuthner meinte, es sei „viel einfacher, seinen Namen unter die Aufsichtsräte einer Aktiengesellschaft einzutragen oder sich, wie dies in Österreich eine fast heilige Überlieferung war, zum Gouverneur irgendeiner der k.k. privilegierten Banken ernennen zu lassen, und so das moderne kapitalistische, arbeitslose Einkommen am mühelosesten zu beziehen."[3] In der „Fackel" schrieb Karl Kraus, der ein

Bewunderer des alten Adels war: „Aristokraten, die Schlepper für Großindustrielle sind, sollten von ihren Kammerdienern geohrfeigt werden dürfen."[4] Aristokraten, die ihren Namen an Industrielle verkauften, zählten seiner Meinung nach zum „heruntergekommenen alten Adel". Interessant ist, daß Leuthner und noch mehr Kraus nicht gegen den Adel an sich wetterten, sondern daß sie dessen Streben nach Profitmaximierung als anstößig empfanden. Geldgeschäfte und Spekulation schienen ihnen als unvereinbar mit der sittlichen Verantwortung des Adels.

In den Verwaltungsräten spielten Standesunterschiede kaum eine Rolle, im Vordergrund stand das gemeinsame wirtschaftliche Interesse. Außerhalb des geschäftlichen Kontakts pflegte man wenig gesellschaftlichen Umgang und der Hochadel schottete sich weiterhin konsequent ab. Eine Zwischengruppe bildete der Neuadel, der aufgrund seiner unternehmerischen Tüchtigkeit geadelt worden und meist immens reich war. Dieser bemühte sich besonders um den gesellschaftlichen und persönlichen Kontakt zum alten Adel, und es war ein Triumph, wenn es gelang, eine Tochter mit enormer Mitgift mit einem Mitglied dieser Familien zu verheiraten. Denn erst dann war der wirkliche Aufstieg geschafft. Das Vermögen allein reichte selbst in der sich am Kapital orientierenden Gesellschaft nicht aus, um dem exklusivsten Kreis anzugehören.

Ein ähnliches Bild wie die Banken boten die sich rasch entwikkelnden Versicherungsgesellschaften. Auch hier setzte man auf das hohe gesellschaftliche Ansehen und die Vertrauenswürdigkeit der Mitglieder des alten Adels; mehr als ein Drittel der Präsidenten der diversen Versicherungsgesellschaften entstammten diesem Kreis. Mit deren Kapitaleinsatz hing das wieder nicht unmittelbar zusammen.

Es war an sich logisch und keinesfalls zufällig, wenn sich der Adel bereits im 19. Jahrhundert am Banken- und Versicherungswesen beteiligte, zählte er doch zur Seite der Vermögensbesitzer, deren Interessen er immer schon vertrat. Die Basis der adeligen Unternehmen bildete vor dem Ersten Weltkrieg allerdings weiterhin der Grundbesitz und dessen Bewirtschaftung. Aufgrund der Fideikommisse und der Skepsis, die große Teile des Adels dem Geldgeschäft entgegenbrachten, konzentrierte man sich auf die Verarbeitung dessen, was man auf den Gütern erntete oder an Bodenschätzen abbaute. Man beschränkte sich im großen und ganzen auf die Verwertung des ererbten Bodens und der Immobilien. Man betrieb Hotels und Kuranstalten, verarbeitete das geschlägerte Holz und braute Bier. Nach dem Zusammenbruch des Donaureiches blieben die Besitzungen zwar größtenteils unangetastet, doch durch die neuen Grenzen mußte der Adel seine Güter neu strukturieren; die Bewirtschaftung wurde damit komplizierter.

*

Man baute Maschinen, Automobile und Eisenbahnen für die gesamte Monarchie; die Verkehrsindustrie wurde zum wichtigsten und am schnellsten wachsenden Sektor in dieser Zeit, und der Adel war mit dabei! Die damals berühmte Motorfahrzeugfabrik Laurin & Klement Jungbunzlau führte Johann Graf Ceschi a Santa Croce als Präsident, sein Bruder Anton war Verwaltungsrat ebenso die Grafen Karl Hoyos, Alexander Kolowrat und Louis Podstatzky-Liechtenstein. Stark vertreten war der Hochadel auch in den Vorständen der Puch Fahrradfabrik und der FIAT AG.

Im Jahr 1915 war der Erste Weltkrieg in vollem Gang, und der Bedarf an Eisen, Kohle und Transportmitteln dementsprechend hoch. Über fünfzig Prozent des unternehmerisch tätigen Adels findet sich zu dieser Zeit in direkt oder indirekt kriegswichtigen Branchen und Unternehmen. Neben den Eisenbahn- und Motorfahrzeugfabriken fanden sich Beteiligungen an der Hirtenberger Munitionsfabrik, der Munitions- und Metallwerke Enzesfeld und der Armeewagenfabrik AG. Mit dem Ausbruch des Ersten Weltkrieges wurden landwirtschaftliche Produkte, Rohstoffe und die gesamte Rüstungsindustrie kriegsentscheidend. Der Adel reagierte auf diesen Umstand und beteiligte sich an für die Kriegswirtschaft wichtigen Unternehmen. Viele Mitglieder alter Adelsfamilien sahen keinen Widerspruch zu ihrer Standesehre, vom Krieg finanziell zu profitieren.

Zusammenbruch und Inflation

Die Niederlage im Ersten Weltkrieg veränderte Österreich nicht nur politisch, sondern brachte auch den Zusammenbruch des in Jahrhunderten gewachsenen Wirtschaftsraumes der Donaumonarchie. Als verhängnisvoll erwies sich die Spezialisierung der verschiedenen Provinzen auf einzelne Produktionszweige. Dadurch war das kleine Restösterreich plötzlich von wichtigen Gütern abgeschnitten. Es gab zu wenig Nahrungsmittel, denn die großen Anbaugebiete lagen außerhalb der neuen Grenzen – in Ungarn. (So wurden nur vier Prozent des Zuckers in Österreich produziert, dafür aber achtzig Prozent aller in der gesamten Monarchie abgesetzten Automobile und Lokomotiven.) Der Vertrag von St. Germain gebot Österreich die Vernichtung der Munitions- und Flugzeugindustrie. Dieser während des Krieges besonders im Wiener Neustädter Raum ausgebaute Industriezweig erwies sich damit als problematisches Erbe,[5] und das Geld, das auch der Adel in diesen Sektor investiert hatte, als größtenteils verloren.

Die vordem kriegswichtigen Industriezweige blieben aber nicht der einzige Bereich, in dem das frühere Vermögen versank. Die Inflation der zwanziger Jahre raffte unzählige Vermögen dahin. Besonders betroffen davon war das Großbürgertum, weniger der Adel, dessen Kernvermögen aus Landbesitz und Immobilien bestand. Die Hyperinflation und der Zusammenbruch der symbolträchtigen Creditanstalt im Jahr 1931 schreckten auch viele Adelige nachhaltig von weiteren Investitionen in diesem Sektor ab. Ebenso erging es dem Adel bei den Versicherungsgesellschaften, wo man sich spätestens nach dem Zusammenbruch der Phönix schlagartig aus der Branche zurückzog. Neben dem finanziellen Schaden erlitt der Adel durch diese Pleiten einen schweren Imageverlust. Reputation und Vertrauenswürdigkeit in der Öffentlichkeit waren für lange Zeit verloren.

*

Die wirtschaftlich und politisch unsicheren Zeiten bewogen den Adel zum Rückzug aus dem Geldgeschäft und großen Teilen der Industrie. Man ging lieber auf „Nummer Sicher“ und besann sich auf den Grundbesitz, der die Wirren des Krieges relativ unbeschadet überstanden hatte. In den neuen Nachbarländern Österreichs, wie Ungarn und der Tschechoslowakei, wurde der ausländische

Großgrundbesitz enteignet. Um ihren Besitz für die Familie zu erhalten, nahmen daher manche Adelige andere Staatsbürgerschaften an; wie zum Beispiel die Familie Lobkowitz, die Tschechen wurden. Außerdem wurden in Österreich dringend landwirtschaftliche Produkte gebraucht, es herrschten Mangel und Hunger. Ein weiteres Motiv für die Rückbesinnung auf die Landwirtschaft war die Debatte um die Enteignung adeligen Großgrundbesitzes, der nur Luxuszwecken wie der Jagd diente. Aus Angst, daß diese Gebiete endgültig an Bauern aufgeteilt würden, kümmerte man sich wieder um die Bestellung der Felder.

Der Wiederaufbau nach dem Zweiten Weltkrieg

Nach dem Zweiten Weltkrieg war die österreichische Wirtschaft geprägt vom Wiederaufbau. Man benötigte Rohstoffe wie Eisen, Kohle und als Lebensgrundlage Nahrungsmittel. Hier hatten wiederum jene Erfolg, die große landwirtschaftliche Güter besaßen.

Weitreichende Auswirkungen zogen die Verstaatlichtengesetze von 1946/47 nach sich, durch die wichtige große Banken und Industriebetriebe zusammengefaßt und in das Eigentum und die Verwaltung des Staates übernommen wurden. Die neu entstandenen verstaatlichten Großbanken, die Creditanstalt, das Österreichische Creditinstitut und die Länderbank brachten sukzessive Betriebe in ihren Einfluß und machten sie durch Großinvestitionen von sich abhängig. Eine Randerscheinung und Folge dieser Entwicklung war, daß keine Mitglieder des ehemaligen Hochadels in den Reihen der Aufsichtsräte mehr zu finden waren.

Manchen gelang es, aufgrund ihrer besonderen wirtschaftlichen Potenz, eigene Imperien aufzubauen wie zum Beispiel den Schwarzenbergs. Auf den über 20 000 nach diversen Enteignungen verbliebenen Hektar Land betrieben sie nicht nur Land- und Forstwirtschaft, sondern eine moderne Säge, in die besondere Hoffnungen gesetzt wurden.[6] Ein Sanatorium auf der steirischen Stolzalpe und Wohnhäuser für die Arbeiter demonstrierten das Verantwortungsgefühl und die Verbundenheit mit den Angestellten dieser traditionsbewußten Unternehmer. Es wurde sogar eine eigene Betriebszeitung herausgegeben, die „Blau-weißen-Blätter", benannt nach den Farben des Familienwappens der Schwarzenberg. Darin huldigten die Angestellten einem traditionellen und förmlichen Standesdenken, in dem der jeweilige Chef des Hauses und somit auch des Unternehmens als fürsorgliche Vaterfigur dargestellt wurde.

Abgesehen von einigen wenigen, die den Zusammenbruch der Wirtschaft nach dem Krieg und die Enteignungen in den östlichen Nachbarländern halbwegs unbeschadet überstanden hatten, war der österreichische Adel in der Nachkriegszeit auf dem wirtschaftlichen Gebiet wenig bedeutend und hatte keinen großen Einfluß auf dessen Entwicklung.

Die Lehren aus der Väter- und Großvätergeneration

Eine Generation später hatte man die Folgen des Krieges längst überwunden und die wirtschaftliche Situation in Österreich sich grundlegend gewandelt. Die Bedeutung der Landwirtschaft und die Zahl der in der Landwirtschaft Tätigen war drastisch zurückgegangen, der Markt wurde von Holz aus dem Osten überschwemmt, viele Bauern hatten ihren Betrieb aufgegeben. Durch den geringen Bedarf an Eisen und Stahl schlitterten die in diesem Bereich tätigen Staatsbetriebe in eine schwere Krise. Angesichts der Lage müßte man meinen, der bisher im Sektor der Landwirtschaft und Grundstoffe tätige Adel wäre an diesem Strukturwandel ebenfalls gescheitert. Doch die Nachkriegsgeneration dieser Familien hatte unter dem Eindruck von Enteignungen und Vertreibungen ihre Lehren gezogen. Man verließ sich nicht mehr einzig auf die Sicherheit des ererbten Besitzes, sondern strebte eine fundierte Ausbildung, möglichst mit Hochschulabschluß, an und verfolgte ein klares Berufsziel. Diese Generation hatte sich vom Schock, den ihre Väter- und Großvätergeneration durch den Zusammenbruch des alten, den Adel privilegierenden Systems erlitten hatte, längst erholt. Man hatte sich an die Konkurrenzsituation gewöhnt und bereitete sich auf den Wettbewerb möglichst gut vor. Es wurde zur Selbstverständlichkeit, daß der präsumtive Erbe eines Gutsbetriebes an der Universität für Bodenkultur studierte, um den ererbten Betrieb später nach den neuesten wissenschaftlichen Erkenntnissen führen zu können.

Je mehr die Bedeutung der Landwirtschaft zurückging, desto stärker wurde die Anziehungskraft des Tertiärsektors für junge, ehrgeizige Adelige, die ihre Bildung als zentrales Instrument für eine Karriere nutzen wollten. Diese strebten weniger das freie Unternehmertum, sondern eine Laufbahn als Angestellte an, wobei sich die Banken und Finanzunternehmen als mit Abstand attraktivste Branchen herauskristallisierten. In der verstaatlichten Creditanstalt fand sich im Jahr 1955 in der Führungsebene kein einziges Mitglied des vormaligen Hochadels, dreißig Jahre später finden sich dort gleich fünf. Zusätzlich besaß die Creditanstalt aufgrund zahlreicher Verflechtungen mit bedeutenden österreichischen Unternehmen eine Art Informationsmonopol[7], wovon Adelige bis auf einzelne Ausnahmen kaum profitieren konnten. Eine dieser Ausnahmen ist DI Carl-Anton Goëss-Saurau mit seiner besonderen Ämterkumulation: Prokurist der Mayr-Melnhof-Säge, Vizepräsident der Österreichischen Industriellenvereinigung, Kurator des Wirtschaftsforschungsinstitutes, Geschäftsführer der Mayr-Melnhofschen Industrieholding, Aufsichtsrat der Wiener Allianz Versicherung, der Creditanstalt, Perlmooser Zementwerke, Veitscher Magnesit, Steirerbrau, der Elektrizitätsgesellschaft Steweag, der Leykam Mürztaler Papier und Zellstoff AG Gratkorn und Prokurist von Mayr-Melnhof Karton.

Neben Führungspositionen in Großbanken fand man in Versicherungen zunehmend Mitglieder des Adels, etwa bei der Grazer Wechselseitigen, der Niederösterreichischen und bei der EA Generali. Zunehmende Attraktivität gewannen internationale Großkonzerne, etwa Mobil für Dr. Friedrich Chorinsky als Generaldirektor, ABB und Olivetti als Vorstand beziehungsweise als Aufsichtsrat für Dr. Bernhard Hoyos sowie Unilever für Dr. Ludwig Lónyay als Prokurist.

*

Später hat sich diese Entwicklung noch verstärkt. Es betätigt sich eine noch höhere Zahl von Adeligen im Bereich der Banken, Versicherungen und Vermögensberatung. Allein im Paradeunternehmen Creditanstalt fanden sich 1995 in der Führungsebene zwölf Adelige! Weitere Banken, in denen verstärkt Adelige eine führende Position einnehmen, sind die Crédit Lyonnais, die Oesterreichische Kontrollbank und die ehemalige Giro-Kredit. Sogar angesichts der Tatsache, daß in Österreich die Industrie von den Großbanken kontrolliert wird und nicht, wie anderswo, umgekehrt, gelang es dem Adel, eine Schlüsselposition einzunehmen. Die Oesterreichische Kontrollbank etwa, die zuständig ist für die Vergabe von Exportförderungen an heimische Betriebe, untersteht einem einflußreichen Mann, Johannes Attems. Zweiter Vorstand ist ebenfalls ein Adeliger: Rudolf Scholten. Attems übt nebenbei führende Funktionen in weiteren Unternehmen aus. Das liegt durchaus im Trend, dadurch sind immer mehr Unternehmen immer enger miteinander verflochten. Auch Adelige bauen in dieser Hinsicht ihre Positionen aus und sind in mehreren Firmen als Aufsichtsräte und Geschäftsführer aktiv. Damit noch nicht genug, drängen sie an die Spitze dieser Unternehmen, wo sie mehr Entscheidungsgewalt und Einfluß besitzen. Von neunzig adeligen Führungskräften sind knapp ein Drittel in der Funktion eines Vorstandsmitgliedes, Generaldirektors oder Aufsichtsratsvorsitzenden!

*

Das Brauen und der Ausschank von Bier galten im 18. Jahrhundert als standeswidrig und konnten, wie das Ausüben einer kaufmännischen Tätigkeit, sogar zum Verlust des Adels führen. Heute betätigen sich viele Standesgenossen als Bierbrauer. Die Familie Herberstein mit der Brauerei Gambrinus, Mag. Vinzenz Thurn-Valsassina als Geschäftsführer der Brauerei Sorgendorf in Bleiburg und vor allem Dkfm. Engelbert Wenckheim als Vorstand der großen Ottakringer Brauerei wirtschaften erfolgreich in dieser Branche. Mittlerweile hat seine Tochter Christiane Wenckheim den Betrieb übernommen und führt diesen äußerst erfolgreich weiter. Sie ist eine jener modernen jungen Adeligen, die das Familienerbe in kreativer und innovativer Weise neu definieren. Wie sich auch Maximilian Attems nicht damit begnügt, die ausgedehnten Ländereien seiner Familie im nördlichen Niederösterreich bloß traditionell zu bewirtschaften. Er setzt in Landwirtschaft und Weinbau stets die modernsten Methoden ein. Fritz Hardegg wiederum hat sich auf den Besitzungen seiner Familie im niederösterreichischen Pielachtal auf das Züchten von Hochlandrindern spezialisiert. Und der junge Johannes Trauttmansdorff war einer der ersten in Österreich, der auf die Windenergie setzte. Seine Firma WEB zählt heute zu den größten privaten Windstromproduzenten im Land.

*

Für Angestellte großer Firmen genügt weder ein Adels- noch ein Doktortitel, um an die Spitze zu kommen; es zählt einzig die persönliche Leistung. Es ist nur mehr schwer möglich, einem Standesgenossen einen Aufsichtsratsposten zukommen zu lassen, wie dies noch nach dem Ersten Weltkrieg Sitte war. Die Statistik zeigt, daß der Adel heute sehr erfolgreich ist: Im Verhältnis zu seinem Anteil an der Gesamtbevölkerung ist er bei Entscheidungsträgern in der Wirtschaft deutlich überrepräsentiert; hier liegt sein Anteil vierzehnmal höher![8] Es ist nur schwer überprüfbar, inwieweit sich persönliche Beziehungen und der Glanz eines alten Namens vorteilhaft auf eine Karriere auswirken. Persönliche Beziehungen und individuelle Vorteile nützen auch andere. Angesichts der vielen in der Wirtschaft tätigen Nachkommen adeliger Familien und deren persönlicher Erfolge hat aber der bloße „Renommiergraf“[9] endgültig ausgespielt.

Betrachtet man die Rolle des Adels in der wirtschaftlichen Entwicklung Österreichs, so hat er es nachweislich geschafft, sich immer wieder einer Wachstumsbranche zuzuwenden. Wirtschaftskrisen, politische Umwälzungen, Inflationen und Zusammenbrüche überstanden einzelne Familien und deren Vermögen nicht unbeschadet. Insgesamt ging man aber gestärkt aus den Krisen hervor und erschloß neue Branchen für sich. Vom Verkehrsmonopol durch die Dominanz des Eisenbahn- und Automobilbaues vor dem Ersten Weltkrieg, über die Rückbesinnung auf die Landwirtschaft und die Rohstoffe in der Mangelwirtschaft der Zwischenkriegszeit, bis zur Spezialisierung auf das Kapital und dessen Veranlagung. Der scheinbar so traditionell denkende und reaktionäre Adel erkannte, worauf man in der Zukunft setzen mußte, um finanziell erfolgreich zu agieren.

VI.
Vom Reichtum des Adels

Mit dem Stichwort Adel oder gar Hochadel verbinden wir automatisch den Begriff Reichtum. In bunt bebilderten Magazinen wird uns der europäische Hochadel, juwelengeschmückt, in herrlichen Schlössern prächtige Feste feiernd regelmäßig gezeigt. Geld scheint somit in diesen Kreisen keine Rolle zu spielen – man hat es!

Auch in Österreich strahlen schillernde Namen wie Karl Schwarzenberg oder Melinda Esterházy, „Fürstin des Burgenlandes", schier unermeßlichen Reichtum aus. Weniger glanzvolle Namen besitzen, wenn man der Boulevardpresse Glauben schenkt, zumindest ein leicht desolates Schloß und führen, von Geldnöten unbefleckt, ein exklusives und illustres Leben. An so schnöde Dinge wie die Notwendigkeit, Geld zu verdienen oder Kreditschulden, mag in diesem Zusammenhang niemand denken. Das würde unsere märchenhafte Vorstellung von der Welt des Adels grausam zerstören. Doch wie sieht die finanzielle Situation des Adels tatsächlich aus?

Um dies zu ergründen, muß man einige Jahrhunderte in der Geschichte zurückgehen, in die Zeit des Feudalismus. Der Grundbesitz, das Gut, bildete über Jahrhunderte die finanzielle Grundlage adeligen Lebensstils. Man besaß ein Palais in der Stadt, ein Landschloß für den Sommer, huldigte neuen Modeströmungen und der Jagd, gab Bälle und Gesellschaften, reiste, hielt sich eine Schar Diener – kurz, man lebte standesgemäß. Der Großteil des österreichischen Adels, besonders der Hochadel, konnte sich einen großzügigen Lebensstil leisten. Doch mit seinem Besitz und seiner Stellung waren nicht nur Luxus und Vergnügungen aller Art verbunden, sondern auch zahlreiche Verpflichtungen. So hatte etwa der Grundherr die Patronanz über die auf seinem Grundbesitz befindlichen Pfarren, finanzierte diverse Stiftungen, glänzte durch Wohltätigkeit, politische Aktivitäten und Repräsentation.

*

Positiv auf die kulturelle Vielfalt wirkte sich das Mäzenatentum des vermögenden Adels aus. Man förderte junge Künstler, Maler oder Musiker, bot ihnen Kost und Quartier, ermöglichte Auftritte vor ausgewähltem Publikum und somit den Beginn mancher Karriere. In Zeiten, als es noch keine staatlichen Stipendien gab, förderten ausschließlich Privatleute, unter ihnen viele Adelige, die Wissenschaft. Die berühmte Nordpolexpedition von Karl Weyprecht und Julius Payer im Jahr 1872 wurde möglich durch die großzügige finanzielle Unterstützung des Mäzens Graf Hans Wilczek. Nach ihm wurde sogar eine Insel im Polarmeer getauft. Auf dem nach dem Kaiser benannten Franz-Josephs-Land gibt es auch einen nach Graf Moritz Pálffy bezeichneten Landstrich, der ebenfalls eine Expedition mitfinanzierte. Noch heute ist es Familientradition, daß regelmäßig ein Mitglied der Familie Pálffy diese Gegend bereist und „ihren" Graben besucht.

Weiters stattete man eigene Truppen aus, die im Kriegsfall den Besitz verteidigten oder dem Souverän zur Verfügung gestellt wurden. Viele Adelige bekleideten hohe Ämter im Staatsdienst, sei es als Botschafter, als Beamter oder als Offizier, die so schlecht bezahlt wurden, daß man nur dank des eigenen Vermögens überleben konnte. Eine Bedingung, damit ein junger Mann die Offizierslaufbahn einschlagen konnte, war, daß seine Familie ihm eine regelmäßige Apanage garantierte, damit er halbwegs angemessen leben konnte. Erst die Privatvermögen verliehen dem Offizierskorps seinen Glanz.

Der Besitz, den der Adel verwaltete, diente also nie einzig der Steigerung des Privatvermögens, sondern es waren mit ihm immer eine Reihe von Verpflichtungen gegenüber der Bevölkerung und dem Souverän verbunden. So schrieb Ludwig Aladár Windisch-Graetz, dessen Familie eine Reihe von Feldherren und Offizieren hervorgebracht hat, in den sechziger Jahren rückblickend: „Es wird heute oft vergessen, daß das so beträchtliche Vermögen des hohen Adels durch Jahrhunderte im Dienste des Staates ausgegeben wurde."[1] Diese Tatsache wird nur zu leicht verdrängt, wenn man vom Reichtum des Adels während der Monarchie spricht.

Grundherren und Grundbesitzer

Der Umgang des Adels mit seinem Vermögen und sein damit verbundener Lebensstil gaben häufig Anlaß zu heftiger Kritik. Denn der grundbesitzende und nicht mehr grundherrschaftliche Adel nach 1848 zog sich aus dem öffentlichen Leben und der damit verbundenen Verantwortung zurück. Obwohl die Verfassung von 1867 – bezeichnenderweise – die größten Grundbesitzer zu meist erblichen Mitgliedern des Herrenhauses machte, nutzte der Adel diesen politischen Vorteil kaum. Der Grundbesitz und die adelige Abstammung reichten als Kriterien für die Erlangung eines Mandates in diesem Haus. Das mangelnde politische Engagement der politisch Privilegierten wurde, wie bereits erwähnt, selbst von Kronprinz Rudolf heftig kritisiert. Er warf dem Adel vor, sich lieber seinen Vergnügungen, der Jagd und den Bällen zu widmen und sich aus Bequemlichkeit und mangelhafter Bildung von Politik und Militär fernzuhalten.[2] Und in der Tat neigte der Adel eher bei ausreichendem finanziellen Rückhalt dazu, sich nicht anzustrengen und privaten Interessen zu frönen, als eine Karriere anzustreben.

Das Kernstück und Fundament adeligen Besitzes bildete sein Wald- und Grundbesitz, der land- und forstwirtschaftlich genutzt oder als Brache belassen wurde. Von den Erträgen des Grundbesitzes baute man Schlösser auf dem Land und Palais in der Stadt oder kaufte Realitäten, die in Größe und Ausstattung die Höhe der Erträge widerspiegelten. Die dritte Säule des Reichtums adeliger Familien bildeten seine Kunstschätze, wertvolle Dinge des täglichen Gebrauches und sein Barvermögen. Das wichtigste Attribut für den Großteil des österreichischen Adels bildete – entgegen allen romantischen Vorstellungen – sein materieller Besitz. An diesem wurde der Aufstieg eines Hauses gemessen, nicht am Alter der Familie oder an ihren Verdiensten.[3]

Obwohl die Vermögen des österreichischen Hochadels, vor allem des böhmischen und des ungarischen, beträchtlich waren, traf man Vorsichtsmaßnahmen, um einer Verarmung vorzubeugen. Denn die große Kinderzahl des Adels hätte bei einer fortdauernden Aufteilung des Erbes rasch das Familienvermögen zerstückelt, was für den Grundbesitz verheerende Auswirkungen gehabt hätte. Daher schuf man eine Institution, die die Unteilbarkeit des Familienvermögens und damit dessen Bewahrung garantierte.

Das Fideikommiß

Ursprünglich kam die Institution des Fideikommiß aus Spanien und wurde in Österreich erst ab dem Ende des 16. Jahrhunderts angewandt. Das Familien-Fideikommiß war ein gebundenes, unveräußerliches und einer bestimmten Erbfolge unterworfenes Vermögen. Es bestand entweder als Majorat, als Seniorat oder als Minorat*. Je nach dem Willen des Stifters sollte es der Älteste oder der Jüngste verwalten; ab dem Ende des 19. Jahrhunderts wurden vereinzelt Frauen mit der Verwaltung betraut. Der Stifter legte fest, wie das Fideikommiß verwaltet werden sollte, inwieweit es belastet werden und wer Nutznießer der Erträge sein durfte. Diese Willenserklärung, die in der Regel nur Angehörigen des Hochadels vorbehalten war, mußte vom Souverän bewilligt werden und wurde dann erst rechtsgültig. Meist wurde der Besitz in Primogenitur*, also dem Erstgeborenen, vererbt, der eine, bereits erwähnte, Ahnenprobe abgeben mußte: Sechzehn Ahnen, acht väterlicher- und acht mütterlicherseits, mußten adelig sein. Dieser Umstand verdeutlicht die Bedeutung des Fideikommiß als Privileg des Hochadels. Der Erbe des Fideikommiß besaß dieses aber nicht, er verwaltete es für seine Familie. Seine Geschwister und Verwandten bezogen aus den Erträgen eine angemessene finanzielle Unterstützung, und verwaltete der Fideikommiß-Inhaber das Erbe schlecht, konnten sie Einspruch erheben oder bei grober Mißwirtschaft sogar seine Absetzung beantragen. Der älteste Sohn des Inhabers, der Fideikommiß-Anwärter, besaß ebenfalls Kontroll- und Mitspracherechte; vor allem bei geplanten Krediten, damit sein Erbe nicht bedroht würde. Veräußerungen, etwa von Grundstücken, aus dem Fideikommiß waren nicht oder nur in Ausnahmefällen mit Zustimmung des Monarchen möglich. Dieses Verbot, Teile des Fideikommisses zu veräußern, hatte mehrere Konsequenzen: Zum einen garantierte es die Einheit des Besitzes als Existenzgrundlage der Familie über mehrere Generationen. Nur als Ganzes, als zusammenhängender Grundbesitz mit landwirtschaftlicher Nutzung, Forst und diversen Betrieben war das Gut langfristig lebensfähig und rentabel genug, um das dazugehörige Schloß zu erhalten.

Der Nachteil dieser unbeweglichen Institution zeigte sich, wenn wirtschaftliche oder finanzielle Veränderungen eine flexible Organisation notwendig gemacht hätten. Sollten etwa aufgrund einer Neuorientierung in der landwirtschaftlichen Produktion Felder getauscht oder verkauft werden, so war dem Fideikommiß-Verwalter dies nur nach gerichtlicher Genehmigung erlaubt. Ein rasches und flexibles Handeln wurde dadurch unmöglich. Ein Fideikommiß-Besitz durfte nur bis zu einem Drittel mit Krediten belastet werden. Der Aufbau einer industriellen Produktion wurde somit beinahe unmöglich. Viele fideikommissarisch verwaltete Betriebe verloren den Anschluß an moderne Entwicklungen, weil sie zuwenig rasch und entschlossen reagierten. Zusätzlich machten Grundsteuern, Versicherungsbeiträge für die Landarbeiter, Preisschwankungen der erzeugten Produkte und politische Veränderungen den Besitzungen zu schaffen. Die Grenzziehungen nach dem Ersten Weltkrieg trennten große Teile der adeligen Güter beziehungsweise brachten deren Enteignung.

Die Fideikommiß-Institution hatte aber auch viele Vorteile. Alle Nutznießer verfügten über eine gesicherte Existenz für Generationen, konnten Familien gründen und mußten keinem Broterwerb nachgehen. Der Fideikommiß-Verwalter genoß gesellschaftliches Ansehen und eine Reihe politischer Privilegien, wie etwa den erblichen Sitz im Herrenhaus oder hohe Regierungsfunktionen.

*

Wie hoch der Anteil des fideikommissarisch gebundenen Barvermögens war, läßt sich heute nicht mehr beziffern. Den Grundbesitz betreffend gibt es aber genaue Zahlen: Auf dem Gebiet des heutigen Österreich gab es Ende des 19. Jahrhunderts 137 Fideikommiß-Besitzungen. Die meisten Fideikommisse bestanden im Großgrundbesitz, wenn sie auch der Fläche nach fallweise relativ klein waren; allein von der Betriebsstruktur her fallen sie unter diese Kategorie.

Wie wenig das Ende der Monarchie, die Abschaffung des Adels und die Gründung der Ersten Republik an den Besitzverhältnissen der in Österreich begüterten adeligen Großgrundbesitzer änderten, zeigt die Aufstellung der größten Grundbesitzer in den zwanziger Jahren: An erster Stelle lagen Paul und Nikolaus Esterházy, Friedrich Habsburg-Lothringen, Graf Batthyány, Paul Draskovich und Graf Erdödy. Noch 1930 war der Anteil an Grund und Boden beachtlich. Der höchste Anteil an Fideikommiß-Besitz an der gesamten landwirtschaftlich genutzten Fläche bestand im Burgenland (9,2 Prozent), danach folgten Niederösterreich (2,9 Prozent), Oberösterreich, Steiermark und Kärnten (zwischen 0,5 und 1,1 Prozent).[4] Insgesamt waren 281 085 Hektar Land, immerhin 3,35 Prozent des heutigen österreichischen Staatsgebietes, in Fideikommissen gebunden. Die Institution des Fideikommiß überlebte das Ende der Monarchie; mit Ausnahme von Salzburg, wo es bereits 1808 abgeschafft wurde. Erst die Nationalsozialisten hoben 1939 endgültig alle Fideikommisse in Österreich auf.

Enteignung und Bodenreform

Die riesigen Besitzungen bewirtschafteten die Fideikommiß-Verwalter nur zu einem Teil selbst, im Jahr 1930 nur zu 38 Prozent, den Rest verpachteten sie an Bauern. Ständig aber lebten sie in der Angst, diese Flächen wie bereits in Ungarn und in der Tschechoslowakischen Republik zu verlieren. Denn nach dem Zusammenbruch der Monarchie führte man sogenannte Bodenreformen durch; am radikalsten in der Tschechoslowakei.

Mit dem „Beschlagnahme-Gesetz" von 1919 wurde der gesamte Großgrundbesitz über 150 Hektar gegen eine geringe Entschädigung enteignet und an Kleinbauern verteilt. Zu diesem Zeitpunkt besaßen etwa zweitausend Großgrundbesitzer, die vornehmlich dem österreichischen – in diesem Sinne deutschen – und dem ungarischen Adel angehörten, fast ein Drittel des gesamten Territoriums der Tschechoslowakei! Die bedeutendsten dieser Großgrundbesitzer waren die Familien Liechtenstein, Schwarzenberg und Andrássy. Von den Besitzungen der Schwarzenbergs vor 1912, insgesamt 134 514 Hektar, befanden sich 110 417 Hektar in der Tschechoslowakei. Die Aufteilung des beschlagnahmten Besitzes erfolgte jedoch nicht ausschließlich an arme Kleinbauern. Vielmehr gelangte er durch Korruption und Protektion wiederum in den Besitz einiger weniger Familien, die keineswegs alle Landwirte waren. Der riesige beschlagnahmte Waldbesitz wurde verstaatlicht.

*

Auch in Österreich rief man nach dem Ersten Weltkrieg nach einer Bodenreform, wenn auch nicht nach einer so radikalen wie in der Tschechoslowakei; denn hier gab es kaum einen vergleichbaren Großgrundbesitz. Außerdem war die Versorgung mit Grundnahrungsmitteln so schlecht, daß man auf die Lieferungen aus den Besitzungen der Adeligen nicht verzichten konnte. Man beschränkte sich daher darauf, Bauerngüter, die in die Hände von Nichtlandwirten gelangt waren, wieder an Bauern zu vergeben. Das „Gesetz über die Wiederbesiedlung gelegter Bauerngüter" von 1919 bestimmte, daß Bauerngüter und Häusleranwesen, wenn sie nur Jagd- oder Luxuszwecken oder der Spekulation dienten oder Teil eines forstwirtschaftlichen Gutes waren, wieder selbständig werden sollten. Manche adelige Großgrundbesitzer gaben auch aus Furcht, in größerem Ausmaß enteignet zu werden, freiwillig Grundstücke an Bauern ab.

Insgesamt führte man auf dem heutigen Gebiet der Republik Österreich die Bodenreform sehr inkonsequent und nur in Ansätzen durch. Vor allem die Christlich-soziale Partei setzte sich für den unbedingten Schutz des Privateigentums ein. Und von einer Bodenreform wären nicht nur die adeligen und bürgerlichen Großgrundbesitzer, sondern auch die katholische Kirche in hohem Ausmaß betroffen gewesen. Im Mittelpunkt der Auseinandersetzungen zwischen den Großgrundbesitzern und der restlichen Landbevölkerung standen deshalb neben der wenig erfolgreichen Bodenreform die Höhe der Grundsteuer und die Entlohnung der Landarbeiter.

In der Zeit des Ständestaates beklagte der „Freie Bauer", das Organ der werktätigen Bauern Österreichs, die steigenden Preise bei den Produkten des Großgrundbesitzes, wie etwa dem Weizen, und die progressive Grundsteuer, die kleine Bauern benachteiligte.[5] Der Verfassungsrechtler und Adelige Hans-Karl Zeßner-Spitzenberg stellte damals fest, daß die österreichische Bodenreform auf „die Neuschaffung und Stärkung bäuerlich selbständigen Besitzes auf Kosten des Großgrundbesitzes ziele".[6]

*

Das Kapitel Enteignung von Großgrundbesitz war nach dem Zweiten Weltkrieg längst nicht abgeschlossen. Verblieben nach der ersten Bodenreform in der Tschechoslowakei noch Flächen bis 150 Hektar landwirtschaftlich genutzten Bodens und 250 Hektar Wald den ursprünglichen Besitzern, so ging man nach dem Zweiten Weltkrieg weiter und konfiszierte entschädigungslos den gesamten Besitz mit Hilfe des Dekretes vom 12. Juni 1947 über die

„Beschlagnahme und Aufteilung des Grundbesitzes der Deutschen, der Ungarn und der Verräter“. Das waren alle diejenigen, die, nach Ansicht der Tschechen, mit Hitler und den Okkupanten sympathisiert hatten und die Tschechen vertreiben und ausrotten hatten wollen. Dem widerspricht allerdings die Tatsache, daß viele der Beschuldigten selbst von den Nationalsozialisten verfolgt wurden, denn gerade zu diesem Zeitpunkt war die Verlockung, sich die reichen Besitzungen anzueignen, groß.

Das Dekret betraf vor allem die Sudetendeutschen, die allesamt „ausgesiedelt“ wurden, die Ungarn und die meist adeligen deutsch- und ungarischstämmigen Großgrundbesitzer. Die auf den konfiszierten Besitzungen befindlichen Schlösser wurden verstaatlicht und für öffentliche Einrichtungen genutzt. Einige wenige kulturell besonders erhaltenswürdige Objekte bewahrte man als Kulturdenkmäler. Man rechtfertigte diese Konfiskationen damit, daß diese Objekte zwar im Mittelalter und in der Neuzeit vom deutschen Adel erbaut wurden, „aber mit dem Blut und den Schwielen des versklavten Bauernvolkes in der Zeit der Unfreiheit, des Frondienstes und der Leibeigenschaft“.[7]

Die Schwarzenbergs und ihr riesiger Besitz gerieten bei der Besetzung des Sudetenlandes 1938 zwischen die Fronten. Etwa zwei Drittel des Bodens lagen im Sudetenland, ein Drittel in der Tschechoslowakischen Republik. Der Erbe, Fürst Adolph Schwarzenberg, wurde von den Tschechen als Staatsfeind eingestuft und emigrierte in die USA. Seinem Nachfolger Heinrich Schwarzenberg erging es noch schlimmer. Als er von einer Auslandsreise zurückkehren wollte, verwehrte man ihm die Einreise. Die Gestapo verhaftete ihn und deportierte ihn ins KZ Buchenwald. Zum Feind beider Systeme erklärt, stritt man sich sogleich um die fette Beute. Die Schwarzenbergschen Besitzungen wurden schließlich unter die Verwaltung des Gaues Oberdonau gestellt, bis im Jahr 1945 der Besitz wiederum an Böhmen fiel. 1947 wurden dem angeblich mit Hitler sympathisierenden, tatsächlich aber nur knapp das KZ überlebenden Heinrich Schwarzenberg endgültig seine Besitzungen entschädigungslos weggenommen.

Im Zuge der Verhandlungen Österreichs um den Staatsvertrag kam es zu heftigen Debatten um den enteigneten Auslandsbesitz von Österreichern in den damaligen Volksdemokratien. Ein Nationalratsabgeordneter, der aus dem oberschlesischen Uradel stammende Diplomingenieur Hans Kottulinsky, engagierte sich besonders in dieser Frage, wobei seiner Ansicht nach „die höchsten materiellen Werte, die Österreich zu verteidigen hat“ in der Tschechoslowakei gelegen wären.[8]

*

In der Slowakei, dem ehemaligen Nordungarn, kam es 1948 zu einer radikalen Bodenreform mit der Enteignung des Großgrundbesitzes. Man betrachtete eine Bodenreform als dringend notwendig, da in den ehemals zu Ungarn gehörenden Gebieten besonders viel Land in den Händen einiger weniger Familien war. 1905 besaßen etwa 1000 Familien an die 95 Prozent des Bodens. Die Grundherren waren meist Ungarn, die die Slowaken unterdrückten, oft auch sehr brutal, was soziale Spannungen nach sich zog. Durch die Bodenreform wurden die tonangebenden reichen Familien von ihren Besitzungen und ihren Schlössern vertrieben und mußten sich im Ausland eine neue Existenz aufbauen. Ein dafür typisches Schicksal erlitt die Familie Pálffy, eine alte ungarische Adelsfamilie, die den Großteil ihrer riesigen Besitzungen in der Slowakei hatte. Die erste Bodenreform 1919 traf sie nicht besonders hart, denn es verblieben ihnen immerhin 80 000 Hektar Land und Forst. Erst nach der zweiten Bodenreform und der völligen Enteignung sahen sich die Pálffys gezwungen, nach Österreich zu flüchten. Ähnlich erging es einer anderen ungarisch-deutschstämmigen Adelsfamilie, die ihren Besitz unweit von Preßburg hatte. Ihr ökonomischer Abstieg fiel noch viel drastischer aus. Von einem Tag zum anderen mußten sie ihr Schloß räumen. Mitnehmen durften sie nur den persönlichen Besitz, beschränkt Bargeld, Tafelsilber und Familienbildnisse. Für ihren Besitz erhielten sie in heutigen Relationen etwa eine Million Schilling Entschädigung – nur Altösterreicher erhielten eine so hohe Entschädigungssumme! Der ehemalige Gutsbesitzer siedelte sich mit seiner Familie in Innsbruck an und versuchte, sich dort eine neue Existenz aufzubauen. Es gelang ihm jedoch nicht, eine Anstellung zu finden – er hatte ja nichts gelernt, außer den ihm durch seine Heirat zugefallenen Besitz zu verwalten. In seiner Verzweiflung schrieb er an einen ehemaligen Schulfreund, den damaligen Bundeskanzler Leopold Figl, und bat ihn um Unterstützung bei seiner Stellensuche. Lange Zeit kam keine

Antwort. Und das Ehepaar entschloß sich, nach Südamerika auszuwandern. Am Tag nach ihrer Abreise langte beim Sohn ein Brief Figls ein, in dem er mitteilte, daß ein für ihn geeigneter Posten in einem Ministerium frei sei. Es war zu spät. In Südamerika besaß ein Freund des Grafen ein Geschäft und stellte ihn als Vertreter an.

So wie diese adeligen Gutsbesitzer wanderten viele nach ihrer Enteignung aus – in Europa schien kein Platz mehr für sie zu sein. Baron Leonhardi, der ausgedehnte Besitzungen in der Slowakei besaß, erzählte zur Erheiterung seiner Schicksalsgenossen während der Emigration in Uruguay, er hätte nur ein einziges, wertvolles Ölgemälde retten können: Das war ein Akt, von dem er den Kommunisten gegenüber behauptet hatte, es sei ein Jugendbildnis seiner Großmutter.

Der Sohn des zuvor erwähnten Grafen blieb zwar in Europa, kämpfte allerdings – wie die restliche Bevölkerung – hart ums Überleben. Er gelangte mit seiner Verlobten mit einem Deportationszug nach Augsburg, wo er später eine Anstellung fand. Da er aber Österreicher war, mußte er seinen Platz für die deutschen Heimkehrer räumen und die Familie mit mittlerweile zwei Kindern zog, völlig mittellos, nach Wien. Dort mußten sie im Obdachlosenheim in der Kastanienallee im 12. Bezirk Quartier beziehen. Nach zwei Jahren gelang es ihnen, einen Onkel ausfindig zu machen, der ihnen etwas Geld borgte. So konnte er zwei Kisten mit Familiensilber, das sie aus ihrem Schloß in der Slowakei mitgebracht hatten, aus dem Depot auslösen und dieses nach und nach verkaufen. Schlußendlich konnte der Familienvater eine Stellung in einem Büro finden, wo er das Vertrauen seiner Kollegen gewann, sodaß sie ihn zum Betriebsrat wählten. Aus Hochachtung sprach ihn keiner nur mit dem Nachnamen an, sondern er blieb für sie, obwohl mittellos und ihnen gleichgestellt, der „Herr Graf". Mitte der achtziger Jahre wurde der Familie vom slowakischen Staat angeboten, ihr mittlerweile völlig desolates Schloß um eine Million Schilling zurückzukaufen – mit der Auflage, es zu renovieren. Die Familie lehnte aus finanziellen und emotionalen Gründen ab, nahm aber die Einladung des Bürgermeisters zu einer Jubiläumsfeier an. Trotz der Jahrzehnte des Kommunismus und der Hetze gegen den Adel wurde die Feier äußerst herzlich und eigentlich so, als ob nichts geschehen wäre ...

*

Enteignungen und Bodenreform waren nur zwei der Gründe, weshalb viele österreichische Adelsfamilien ihre über Jahrhunderte sorgsam für ihre Nachkommen verwalteten und vermehrten Vermögen verloren. Aus Patriotismus hatten sie während des Ersten Weltkrieges, wie viele andere Österreicher, Kriegsanleihen in beträchtlicher Höhe gezeichnet und dadurch viel Geld verloren. Außerdem hatten beide Weltkriege große Schäden in der Landwirtschaft und an den Schlössern angerichtet, deren Reparatur ein Vermögen verschlang. Vieles konnte nicht mehr restauriert werden und ging unwiederbringlich verloren: Johannes Trauttmansdorff, Besitzer des Renaissanceschlosses Pottenbrunn bei St. Pölten, erinnert sich noch gut an die Einquartierung der russischen Besatzungssoldaten und die Verwüstung, die sie hinterließen. Möbel und alte Familienporträts waren mutwillig zerstört und in den Schloßteich geworfen worden. Ein Turm des Schlosses wurde bei den letzten Kämpfen 1945 zerschossen, konnte aber wiederaufgebaut werden. Viele Erbstücke und Erinnerungen aus einer jahrhundertealten Familiengeschichte, deren Wert vorwiegend ein emotionaler war, gingen jedoch für die Nachkommen für immer verloren.

*

In Österreich flammte nach dem Zweiten Weltkrieg, speziell bei den Verhandlungen um den Staatsvertrag, erneut die öffentliche Debatte um den Auslandsbesitz von österreichischen Bürgern auf. Der Nationalratsabgeordnete Dr. Ernst Strachwitz, dessen Verwandten von Enteignungen betroffen waren, kritisierte die Staatsvertragsverhandlungen scharf, in denen der Anspruch auf enteigneten österreichischen Auslandsbesitz aufgegeben werden sollte: „Nachdem Österreich-Ungarn im Jahre 1919 zerschlagen war, hat der Friedensvertrag, den uns die Alliierten wahrlich nicht geschenkt haben, nicht die Enteignung des gesamten österreichischen Auslandsbesitzes gefordert. Jetzt wird in den Staatsvertragsverhandlungen der österreichische Auslandsbesitz, obwohl wir offiziell befreit sind, aufgehoben, er wurde nicht von uns gefordert, sondern es wurde ein Geschenk gegeben."[9] Strachwitz meldete sich immer wieder zu Wort und warf dabei vor allem den Sozialisten vor, in Österreich befindlichen Großgrundbesitz über 250 Hektar enteignen zu wollen.[10] Ebenso engagierte er sich als

Verteidiger des Starhembergschen Besitzes, den die Sozialisten und Kommunisten aus politischen Gründen beschlagnahmen wollten. Die Furcht der adeligen Großgrundbesitzer vor einer Enteignung ihrer in- und ausländischen Besitzungen war angesichts der über Jahrzehnte, vom Ende des Ersten Weltkrieges bis in die späten fünfziger Jahre, anhaltenden öffentlichen Debatte absolut berechtigt. Nach 1945 wurde beispielsweise der Esterházysche Besitz in Österreich, etwa 50 000 Hektar, auf Anordnung der russischen Besatzung zerstückelt und verteilt. Erst nach 1955 erhielt die Familie ihren Besitz zurück, nachdem sie einen Teil davon zu äußerst günstigen Konditionen verschiedenen Gemeinden überlassen mußte. Der Abgeordnete Hans Kottulinsky, selbst Gutsbesitzer, protestierte ebenfalls scharf dagegen und schlug provokant vor, daß wenn man schon von Bodenreform spreche, die Gemeinde Wien als einer der größten landwirtschaftlichen Grundbesitzer Österreichs „ihre Gedankengänge über eine Bodenreform auf ihrem landwirtschaftlichen Großbetrieb verwirklichen“[11] solle.

In den sechziger Jahren schlugen die Wellen der Empörung im Adel wiederum hoch. Der damalige Außenminister Dr. Bruno Kreisky war um eine Normalisierung der Beziehungen Österreichs zu seinen östlichen Nachbarstaaten bemüht und entwickelte eine rege Reisetätigkeit. Nur die ?CSSR besuchte er nicht, da diese sich weigerte, einen Vermögensvertrag abzuschließen und für den enteigneten Besitz der Vertriebenen nach dem Zweiten Weltkrieg Entschädigungen zu bezahlen. Die gut organisierten Verbände der Sudetendeutschen ließen nicht locker, die Anliegen des Adels blieben im Hintergrund. Schließlich konnte Kreisky die tschechoslowakische Regierung dazu bewegen,– wenn auch bescheidene – Entschädigungen zu bezahlen, womit endgültig alle Ansprüche abgegolten sein sollten. Von einigen österreichischen Aristokraten, deren Besitzungen dort lagen, bekam er daraufhin empörte Briefe: Es ginge ihnen nicht um eine Entschädigung, gleich in welcher Höhe, sondern um die Rückgabe ihres Bodens und ihrer Schlösser, deren emotionale und traditionale Bedeutung für eine Adelsfamilie niemals in Geld abzulösen wären.

*

Der Fall des Eisernen Vorhangs 1989 ließ die um ihren Besitz Gebrachten wieder Hoffnung schöpfen, doch noch zu ihrem Recht zu kommen. Die Vorgehensweise im Osten Deutschlands, wo alle Besitzungen an die ursprünglichen Eigentümer zurückgegeben wurden, machte aber in Österreichs östlichen Nachbarländern keineswegs Schule. Manchen wurde, wie der aus der Slowakei vertriebenen Adelsfamilie, ihr Eigentum, mit der Auflage, es dem Denkmalschutz entsprechend zu restaurieren, zum Kauf angeboten.

Eine große Ausnahme bildete in diesem Zusammenhang der Fall Schwarzenberg: Karl Schwarzenberg unterstützte in der Zeit, als die Kommunisten in der Tschechoslowakei die Zügel noch fest in der Hand hielten, einen Dichter und Dissidenten namens Václav Hável. Als dieser nach dem Sturz der Kommunisten zum tschechischen Präsidenten gewählt wurde, machte er Karl Schwarzenberg zu seinem Kanzler und gab ihm einen Großteil der Besitzungen seiner Familie zurück. Diese befanden sich allerdings alle in einem sehr schlechten Zustand, und man erwartete nun, daß die Schwarzenbergs die Schlösser restaurieren und in ihre Betriebe investieren würden.

Viele andere Adelsfamilien befanden sich in einer weniger glücklichen Ausgangsposition als Schwarzenberg, der auch in Österreich ausgedehnten Besitz behielt und durch kluges Wirtschaften viel Kapital in seinen böhmischen Besitz einbringen konnte. Den Familien, die ihren Besitz ausschließlich außerhalb des heutigen Österreich hatten, war es unmöglich, ihr Schloß zurückzukaufen, es zu renovieren und in den Wiederaufbau des Gutsbetriebes zu investieren. Diese Familien teilen sich, emotional, in zwei Gruppen: Die einen sind voll Bitterkeit, wenn sie ihre ehemaligen Besitzungen besuchen, diese völlig verwahrlost vorfinden und sprechen wehmütig vom alten Glanz und Reichtum. Besonders verbittert zeigte sich Erik Kuehnelt-Leddihn, der die Enteignungen auf den in Österreich seiner Meinung nach besonders verbreiteten Neid zurückführte: „Wer irgendwie weiter oben war, wurde immer wieder enteignet, beraubt, beschimpft, verhöhnt, eingekerkert, exiliert, hingerichtet.“[12] Andere wiederum betrachten dieses Kapitel gefühlsmäßig als abgeschlossen, stellen keine Ansprüche mehr und sehen ihre ehemaligen Besitzungen realistisch als alte, aber heutzutage unrentable Vermögen.

Ein Lehrbeispiel für den emotionalen Wandel innerhalb einer Person gibt der Steuerberater und Wirtschaftstreuhänder Dr. Martin Pálffy. Er mußte hinsichtlich der Rückgabe seines Familienvermögens einen langwierigen Lernprozeß durchmachen. Als seine Eltern aus der Tschechoslowakei fliehen mußten, nahmen sie ein halbes Kilo Grundbuchauszüge mit, die ihren Besitz dokumentierten. Seine gesamte Jugend hindurch bereitete ihn sein Vater darauf vor, den großen Besitz zu übernehmen. Nach dem Zusammenbruch des kommunistischen Regimes stellte sich die Frage, wie er weiter vorgehen und ob er Ansprüche erheben sollte. Er gründete eine Kanzlei in Prag, um die dortige Situation besser kennenzulernen, und einen Verein für Menschen, die Besitzansprüche in der ehemaligen Tschechoslowakei geltend machen wollten. Pálffy mußte sich entscheiden, ob es besser wäre, zu kämpfen oder die Sache auf sich beruhen zu lassen. Es fanden sich in der Folge auch nur wenige, die wirklich bereit waren, um ihren Besitz zu kämpfen und für diesen Kampf finanzielle Mittel einzusetzen. Heute meint Pálffy, er sei mittlerweile durch vielerlei Erlebnisse zu der Ansicht gelangt, daß es aussichtslos wäre, zu kämpfen. Es gäbe in der Tschechischen Republik zwar eine konservative Partei, die sich zum Eigentum bekennen würde – aber nur zum alten tschechischen Eigentum, nicht zum österreichischen oder ungarischen. Die Frage der Rückgabe sei für alle Parteien ein Tabu, denn keine tschechische Partei würde es politisch überleben, wenn sie für die Rückgabe des österreichischen oder ungarischen Eigentums einträte. Dies betrifft ja nicht allein den Adel, sondern in noch größerer Anzahl ehemalige Sudetendeutsche. Millionen von Hektar und Hunderttausende Immobilien waren im Besitz von Vertriebenen und Ermordeten, und man will heute nicht mehr an diese Wunden rühren. Für tschechische adelige Familien ist es leichter, wieder an ihr Vermögen zu kommen, weil sie nicht den Makel einer ungarischen oder deutschen Herkunft haben. Manche Adelige mit tschechischem Namen begegnen ihren Standesgenossen anderer nationaler Herkunft offen mit Haß und Verachtung, um ihre Tschechenfreundlichkeit zu beweisen. Dieser Riß geht sogar quer durch Familien, wo diejenigen, die in Tschechien wieder zu Vermögen gelangen, ihre westlichen Verwandten, die sie jahrzehntelang unterstützten, nun verachten.

Die Schilderungen zeigen, wie dominant nationale Zugehörigkeit gegenüber der Standeszugehörigkeit empfunden wird. Es illustriert, wie schwer es den Nachkommen der Vertriebenen und Enteigneten über Generationen fällt, dieses Kapitel abzuschließen und sich mit dem Verlust abzufinden. Genauso schwer ist für sie offenbar aber auch, die Vergangenheit wieder aufzurollen und mit dem erlittenen Unrecht „abzurechnen“.

„Staatliche Räuberei“

In Österreich gibt es auch heute noch ausgedehnten adeligen Grundbesitz. Gutsbetriebe mit mehr als 200 Hektar Fläche und Forste über 700 Hektar gehören zu neunzig Prozent Adeligen! Zu den größten privaten Grundbesitzern Österreichs zählen die Familien:

Esterházy	50 000 Hektar Land und Forst (das ist ein Achtel des Gebietes des Burgenlandes!)
Mayr-Melnhof	27 000 Hektar Forst
Schwarzenberg	22 000 Hektar Land und Forst
Liechtenstein	20 661 Hektar Wald, 3300 Hektar Landwirtschaft, 40 Hektar Weinberge
Habsburg-Lothringen	13 000 Hektar Forst, 2000 Hektar Landwirtschaft (Gut Persenbeug)
Hoyos	11 000 Hektar Forst, 600 Hektar Landwirtschaft
Bulgarini/Hardegg	2400 Hektar Landwirtschaft, 37 Hektar Weinberge
Harrach	1000 Hektar Landwirtschaft
Metternich-Sándor	1500 Hektar Landwirtschaft, 5000 Hektar Forst

Ein Großteil des Grundbesitzes ist mit weiterverarbeitenden Industriebetrieben, wie die Mayr-Melnhof Karton GmbH, die das eigene Holz verarbeitet, gekoppelt. Doch auch ohne diese Industriebetriebe stellen die Besitzungen einen beträchtlichen Wert dar.

Den Beweis, daß diese alten Vermögen in Form von Grundbesitz nicht unbedingt unrentabel sein müssen, erbringt der Familienbesitz der Bulgarini-Hardegg. Alceo Bulgarini, verheiratet mit der Erbin des Hardeggschen Familienbesitzes, gestaltete einen modernen und rationell-industriellen landwirtschaftlichen Musterbetrieb. Sein Sohn Maximilian genoß eine landwirtschaftliche Hochschulausbildung und wurde von seinem Großvater adoptiert, um als Hardegg den Großbetrieb weiter auszubauen.

Der ehemals größte Grundbesitzer hat bis heute in Österreich nichts zurückbekommen: die Familie Habsburg-Lothringen. Einzig der Zweig, der in Persenbeug beheimatet ist, konnte seinen Besitz durch den Verzicht auf die Familienzugehörigkeit und damit auf den Herrschaftsanspruch behalten. Der Rest der Familie muß vom eigenen Erwerbseinkommen leben, denn das Vermögen der Habsburger wurde vom Staat konfisziert. In einem seiner Interviews antwortete Otto von Habsburg auf die Frage, ob er die Republik auf Rückgabe des Vermögens klagen werde: „Dies ist für mich erledigt. Mein Bruder Carl-Ludwig versucht es ja noch persönlich, aber ich habe das abgehakt. [...] Die staatliche Räuberei ist heute ja inzwischen zu einer Institution geworden.“ [13]

Die „Last“ der Schlösser und Burgen

Wenig vorteilhaft ist die Situation im Hinblick auf die früher fast ausschließlich in adeligem Besitz befindlichen Schlösser. Von über 1700 in Österreich erhaltenen Schlössern und Burgen befinden sich nur mehr 411 im Besitz adeliger Familien. 384 Schlösser gehören der Republik Österreich beziehungsweise den Gemeinden, 112 der katholischen Kirche, und 797 wurden von Bürgerlichen erworben oder geerbt. Wenn man berücksichtigt, wie stark Adelige zumeist am alten Stammsitz ihrer Familie hängen und zu welchen Opfern sie bereit sind, um diesen zu erhalten, erahnt man die persönliche Tragik der betroffenen Familien. Ein ausschließlich privat genutztes Objekt muß selbstverständlich gänzlich aus privaten Mitteln erhalten werden. Sehr viele Bauwerke stehen unter Denkmalschutz, was für den Besitzer mit erheblichen Kosten durch die Auflagen bei Renovierung und Erhaltung verbunden ist. All diese Erschwernisse schrecken finanziell gut gestellte Bürgerliche nicht davon ab, ein altes Schloß zu erwerben und schlußendlich darin zu wohnen. Obwohl der Wohnkomfort nicht zu vergleichen ist mit einem modernen Einfamilienhaus, wiegt der damit verbundene Status weit mehr.

Der Staat zwingt Inhaber denkmalgeschützter Bauten im Interesse der Allgemeinheit, ihren Besitz stilgerecht zu erhalten. Findige Schloßherren haben deshalb, sofern es die Baustruktur zuließ, ihr Haus der Öffentlichkeit zugänglich gemacht, um mehr staatliche Unterstützung beziehungsweise Profit zu erhalten. Diese Gebäude werden für Ausstellungen, als Hotel oder Restaurant genutzt. Man veranstaltet Jagden für zahlungskräftige Gäste und legt Golfplätze an. Ein Beispiel ist der Erbe des riesigen Metternichschen Besitzes in Niederösterreich, Tassilo Metternich-Sándor: Er baute sein Schloß Grafenegg zu einem touristischen und kulturellen Zentrum aus. Im Frühjahr 2007 wurde im Park des Schlosses eine riesige Freiluftbühne eröffnet, auf der alljährlich ein Festival klassischer Musik stattfindet. Für beides sowie für die Erhaltung des ausgedehnten Parks konnte er erhebliche staatliche Unterstützung lukrieren.

Trotz dieser Bemühungen gestaltet sich die Erhaltung der Burgen und Schlösser immer schwieriger, wird immer teurer und belastet den Gutsbetrieb immer mehr. Wer nicht mit genügend Grundbesitz gesegnet ist, steckt alle finanziellen Mittel in die Erhaltung der Bauwerke. Den Stammsitz für die Nachkommen zu bewahren erscheint den Familien wichtiger als Urlaubsreisen, neue Autos oder modische Kleidung. Das Image, in einem Schloß zu wohnen, täuscht Außenstehende oft über die für die Inhaber damit verbundenen Opfer hinweg. Die Frage nach der Vernunft stellen sich die Familien aus altem Adel bei dieser Lebensweise meist nicht.

Einen anderen Weg ist Martin Pálffy gegangen. Er hat das von seiner Mutter, einer geborenen Ueberacker, geerbte Schloß bei Salzburg vor einigen Jahren verkauft und ist in ein großzügiges modernes Haus umgezogen. Zum Schloß gehörte wenig Grundbesitz, und wenn er diesen strategischen Rückzug, den er schweren Herzens antreten mußte, nicht gemacht hätte, wäre er in kürzester Zeit finanziell ausgeblutet gewesen – ohne das Gebäude weitererhalten zu können. In krassem Gegensatz zur modernen Hülle ist sein Heim mit antikem Mobiliar ausgestattet; an den Wänden hängen Bilder, die seine Ahnen und die verlorenen Schlösser zeigen.

*

Wer es sich leisten kann, besitzt neben dem Schloß auf dem Land eine Stadtwohnung – eine Verkleinerungsform des früheren Palais, das die heutigen finanziellen Möglichkeiten meist übersteigt. Man wohnt durchwegs in den „besseren" Stadtteilen wie etwa in Wien im 1., 3., 4., 13. und 19. Bezirk.

Der Begriff Besitz bedeutet in diesem Zusammenhang für den Adel nicht bloß die Höhe des Kontostands oder den Schätzwert von Schlössern und Landbesitz. Wenn ein Adeliger von seinem Besitz spricht, dann meint er die über Jahrhunderte hinweg von seinen Vorfahren zusammengetragenen und für die nächste Generation erhaltenen Gegenstände, den für die Familie erbauten Stammsitz und die Liebe zu all diesen Dingen, aus der er seine Identität schöpft. Er sieht sich als Verwalter seines Familienbesitzes mit der Pflicht, diesen möglichst noch vermehrt an die nächste Generation weiterzugeben. In diesem Sinne „gehört" einem Adeligen sein Besitz auch nicht, er bewahrt und verwaltet ihn nur. Aus diesem Grund ist für die meisten Adeligen der Besitz der Familie nicht austausch- oder ersetzbar und der Verlust um so schmerzvoller. Ludwig Aladár Windisch-Graetz drückte aus, was wohl für den Adel in jedem Land gilt: „Der ungarische Aristokrat hing sehr an seinem Besitz, dessen jeder einzelne Acker für ihn Heimat war. Er hing aber nicht am Geld und gab dasselbe leicht aus."[14]

Selbst wenn einige durch individuelle Tüchtigkeit, Glück oder gute Beziehungen wieder zu Vermögen gekommen sind, bleibt der Verlust des alten Familienbesitzes für sie eine offene Wunde. Der grundbesitzende Adel lebte und lebt stark auf die Scholle bezogen, ähnlich dem Bauern, mit dem er sich seelenverwandt fühlt. Ihren Standesgenossen, die den Familienbesitz verkauften, um in moderne Firmen oder andere Vermögensgrundlagen zu investieren, stehen sie ohne Verständnis gegenüber, ja sehen sie als Verräter am Erbe der Vorfahren.

Noch heute lassen sich im Verhalten und an der Lebensweise des grundbesitzenden im Vergleich zum übrigen Adel deutliche Unterschiede feststellen. Die unterschiedliche Ausbildung und Berufswahl ist evident, da der Erbe eines Gutsbetriebes von Kindheit an auf seine vorher bestimmte Rolle festgelegt und vorbereitet wird. Adelige ohne Grundbesitz hingegen müssen in einem bürgerlichen Beruf Fuß fassen und sich ihre Existenz und ihr Domizil neu schaffen. Sie können sich nicht abgrenzen und sich wie ihre grundbesitzenden Standesgenossen einfach durch ein Schild „Privatbesitz – Betreten verboten" zurückziehen. Familienfeste finden bei den einen abgeschlossen auf ihrem Stammsitz, bei den anderen im Restaurant statt.

Der Gutsbesitzer, der auf dem Land lebt, kann davon ausgehen, daß seine Umgebung weiß, mit wem sie es zu tun hat. Der Angestellte, sei seine Familie auch noch so bedeutend gewesen, weiß, daß er aufgrund seiner individuellen Leistungen beurteilt wird. Er muß sich Hochachtung und Respekt erst erarbeiten.

Dem Geld an sich bringen viele Adelige eine gewisse Verachtung entgegen, unabhängig davon, wieviel sie besitzen. War in früheren Jahrhunderten in erster Linie das Geburtsprinzip ausschlaggebend für den gesellschaftlichen Rang, so ist es heute das Vermögensprinzip. „Bei den heutigen Prominenten ist das Geld maß- und ausschlaggebend. Es wird wahrscheinlich bei Tisch nach Einkommen und Vermögen, bestenfalls nach Macht plaziert. Ob das unbedingt viel geistvoller ist, das wollen wir dahingestellt sein lassen", meinte Windisch-Graetz.[15]

Selbst im Heiratsverhalten schlägt sich die unterschiedliche Lebensweise des grundbesitzenden und des Adels ohne Grundbesitz nieder. Untersucht man die Eheschließungen des Adels der letzten drei Generationen hinsichtlich der Herkunft der Ehefrauen, ergibt sich ein eindeutiges und interessantes Bild: Adelige Gutsbesitzer und Erben eines solchen Besitzes heiraten in weit mehr als der Hälfte der Fälle wiederum Frauen adeliger Abstammung. Viele dieser Frauen kommen aus dem ehemaligen Hochadel, ihre Familien leben ebenfalls noch von ihrem Grundbesitz. Ähnlich den Verhältnissen in bäuerlichen Familien, spielen das Erbe und die Mitgift eine große Rolle; nachbarliche Güter können vereinigt oder passend erweitert werden. Üben Adelige hingegen einen Beruf außerhalb der Landwirtschaft aus, wählen sie ihre Frauen häufig aus dem Bürgertum und dem ehemals niederen Adel.[16]

Der gutsbesitzende Adel lebt wesentlich traditioneller und abgeschlossener als der Adel, der seinen Besitz und seinen Familiensitz – aus welchen Gründen immer – verloren hat. Für den gutsbesitzenden Adel spielen die adelige Abstammung und der Grundbesitz sowohl aus ökonomischen als auch aus gesellschaftlichen Gründen nach wie vor eine große Rolle.

*

Ausgehend von der nicht immer gültigen These, daß der materielle Besitz das wichtigste Attribut und der Gradmesser für den Aufstieg und die Bedeutung einer Adelsfamilie war, müßte eigentlich mit dem Verlust dieses Attributes auch der Adel verlorengehen.

Ein Standesgenosse aus einer alten, ehemals sehr reichen Familie, meinte sehr drastisch, selbst im Adel drehe sich alles nur ums Geld, das andere sei nur Staffage. „Ich habe festgestellt, daß von dieser ‚Glorie' eigentlich nichts geblieben ist. Daß, wenn das Vermögen weg ist, wenn eine Generation dazwischen da ist und man als Hausmeister, Versicherungsvertreter, Autoverkäufer oder Steuerberater arbeitet, dann ist das zwar noch in der Familiengeschichte irgendwo drin und man hat vielleicht noch ein bißchen Silbergeschirr oder einige alte Bilder. Aber die Power, die man haben muß, um sich so etwas zu erkämpfen, die ist weg. Diese ganze Wiener Aristo-Gesellschaft, die ist im Grunde total ausgepowert, da ist nichts mehr dahinter."

Der Großteil des Adels kann, was seine finanziellen Verhältnisse anlangt, sicher nicht mehr als reich bezeichnet werden. Viele in Berufen außerhalb der Land- und Forstwirtschaft und in der Industrie tätige Adelige sind finanziell besser gestellt als so mancher Gutsbesitzer. Das Kapital des landbesitzenden, auf seinem Familiensitz beheimateten Adels ist weniger das Geld, sondern die lebendige Tradition und Geschichte, die starke räumliche und emotionale Nähe der Familie, die großzügigen Wohnverhältnisse und die feste Verankerung in der Region. Die Eigenständigkeit, das Pflegen der Individualität und die Unabhängigkeit von Arbeit- oder Auftraggebern ist für sie ein Gut, das sie für nichts in der Welt eintauschen würden. Für einen von Zeitdruck und Terminen getriebenen modernen Menschen ist es kaum vorstellbar, daß sich ein adeliger Gutsbesitzer auch an einem Wochentag ausreichend Zeit für einen Besucher nimmt, um mit diesem über seine Familiengeschichte zu plaudern ...

VII.
Die Politik – eine Domäne des Adels?

In keinem anderen Bereich zeigt sich das wechselhafte Schicksal des österreichischen Adels so markant wie in seiner Rolle in der Politik. Hier wird deutlich, ob und in welchem Ausmaß es dem Adel gelang oder eben nicht gelang, seine Stellung als Elite zu behaupten. Ein Aspekt der Definition von Elite ist, die Entscheidungsmacht über Personen, Ressourcen und Informationen. Hatte der Adel politische Entscheidungsmacht und gelang es ihm, diese im Laufe der wechselnden politischen Systeme zu behalten? War oder ist er eine politische Elite?

Entscheidungsmacht obliegt in erster Linie der Politik und deren Repräsentanten. Politiker in zentralen Positionen zählen unzweifelhaft zur Elite einer Gesellschaft. Sie prägen diese und steuern die Entwicklung. Der Anteil, den der Adel an dieser klar definierbaren Gruppe ausnimmt, ist also auch ein Kriterium für seine Führungsrolle.

Der einsame Kampf um den Thron

1918 drohte nach dem verlorenen Krieg wie in anderen Ländern Europas in Österreich-Ungarn der Thron zu stürzen. Voll Angst blickte man nach Rußland, wo mit dem Zaren und dem Adel in brutalster Weise verfahren wurde. In dieser für den Kaiser äußerst bedrohlichen Situation, so würde man vermuten, sei seine Stütze seit Jahrhunderten, der Adel, herbeigeeilt, um den Thron und die Monarchie zu retten. Jene Familien, die Titel, Würden und Privilegien den Habsburgern zu verdanken hatten, wären bereit gewesen, dem Kaiserhaus seine Treue zu beweisen ... Das Gegenteil war der Fall.

Im Gegensatz zu Ungarn verabsäumte die österreichische Aristokratie bis auf wenige Ausnahmen den Kampf um den Erhalt der Monarchie. Sie erhob weder ihre Stimme, um den Kaiser zu verteidigen oder seine Ansprüche zu unterstützen, noch kam es ihr in den Sinn, die kurz zuvor weggelegten Waffen zu ergreifen, um

Kaiser Karl und seine Familie zu beschützen. Kaiserin Zita berichtete, daß ihre Familie und sie ohne Garde völlig allein und wehrlos nach der Verzichtserklärung Kaiser Karls im Schloß Schönbrunn zurückgeblieben waren.[1] Der damalige Sektionschef im Außenministerium, Ludwig Windisch-Graetz, schilderte die Situation: „Schönbrunn lag in Finsternis gehüllt, ganz ausgestorben. Der Kaiser war allein. Er war wirklich schon allein. Die Wachen zerstoben, die Diener pflichtvergessen, die weiten Prunksäle menschenleer." Nach seinen Angaben zeigte Kaiser Karl Verständnis für die Flucht der Dienerschaft, jedoch keines für die Untätigkeit der Generalität, des Klerus und des Adels[2]. Der Adel war bestürzt über die Verzichtserklärung und de facto Abdankung Kaiser Karls, trat aber dennoch weder öffentlich noch gemeinsam für die Dynastie und den Erhalt der Monarchie ein. Erschien es ihm einfach unvorstellbar, daß es keinen Kaiser mehr geben sollte ...?

So wie der Adel nicht automatisch antidemokratisch eingestellt war, war er auch nicht automatisch dynastiefreundlich und dem monarchischen Prinzip ergeben. In der Monarchie konnte er bestenfalls den zweiten Platz einnehmen und war von der Gnade oder Ungnade des Herrschers abhängig.

Die Entfremdung zwischen Kaiser und Hochadel reicht lange zurück. Angefangen bei den Zugeständnissen und Machtverlusten der adeligen Grundbesitzer im Zuge der Revolution von 1848, bis über die zunehmende Berufung von Bürgerlichen in höchste Ämter, die zuvor nur dem Adel vorbehalten waren. Vor allem in den letzten Jahren der Monarchie kritisierte man die vielen Nobilitierungen* Kaiser Karls. Der Hochadel sah voll Verachtung auf die Neugeadelten herab. „Man hat den armen Kaiser Karl den ‚Sehadler' genannt – ein böses Wort! Wer hat dieses Wort erfunden? Der Hochadel! Dieses ‚sehadeln' war gar nicht so ungeschickt, denn er hat eine Masse Leute geadelt und hat sich dadurch eine gewisse Anhängerschaft verschafft. Es war die Methode des Hauses Habsburg, durch Titel und Orden sich kaisertreue Anhänger zu verschaffen, gar nicht so übel. Und das hat sich in einer eher schon demokratischen Weise ausgewirkt."[3] Diese angesprochene Entfremdung allein ist jedoch kein plausibler Grund, warum der Adel Kaiser Karl jegliche Unterstützung versagte. Warum ließ man ihn, bis auf einige wenige Getreue, allein nach Eckartsau und ins Exil ziehen?

Die Frage der mangelnden Loyalität des Adels beschäftigt heute noch die Gemüter. Der Autor und Journalist Rudolf Czernin meinte, der Adel sei feige gewesen und habe sich dem Kaiser gegenüber schändlich verhalten. Denn der Adel wollte in erster Linie sein Vermögen retten. Als Kaiser Karl ins Exil ging, standen nur englische Soldaten am Bahnsteig und salutierten! Der Adel, der dem Kaiser Treue geschworen hatte, ließ sich nirgends blicken.[4]

Im Gegensatz zu Teilen des Adels, die meinten, die Monarchie hätte gerettet werden können, wenn nur genügend Adelige öffentlich und mutig an die Seite des Kaisers getreten wären, argumentierten andere, daß mit der Einführung der Republik der historischen Entwicklung Rechnung getragen worden sei, was einer normalen Ablösung einer Staatsform durch eine andere im Lauf der Geschichte entspräche. Die Loyalität zum ehemaligen Kaiserhaus und die Legitimität und Wertigkeit der republikanischen Staatsform ist bis zur Stunde ein Thema, das Angehörige des Adels in gegensätzliche Lager spaltet und zu erregten Disputen führt!

Der österreichische Adel hatte im Jahr 1918 wahrlich jeden Grund, verunsichert und besorgt zu sein. Das Gemetzel in Rußland in der Folge der Oktoberrevolution von 1917 fand seinen schrecklichen Höhepunkt in der Enteignung, Verfolgung und Tötung von Aristokraten und der grausamen Ermordung der Zarenfamilie. In Österreich, in den politischen Gremien und in der Presse, wurde die Frage der Enteignung des adeligen Großgrundbesitzes heftig diskutiert. Teile der Familie Habsburg-Lothringen sagten sich von ihrer Familie los, um ihre Besitzungen zu retten und im Land bleiben zu können. Von diesen Ausnahmen abgesehen wurde der habsburgische Besitz enteignet. Die adeligen Grundbesitzer fürchteten, daß die junge Republik in ähnlicher Weise mit ihnen verfahren würde.

Der hohe Blutzoll, den der Adel im Ersten Weltkrieg bezahlt hatte, ist sicherlich einer der Gründe für den ausbleibenden Kampf um den Fortbestand der Monarchie. Man war müde. Söhne und Väter waren umgekommen. Die Familien- und Besitzverhältnisse mußten neu geordnet werden. Die Adelsfamilien waren mit ihren Problemen beschäftigt, zusätzlich fürchteten sie Enteignungen heraufzubeschwören, sobald sie öffentlich oder gar mit Waffengewalt für den Kaiser eintraten. Nicht zuletzt hegte Österreichs Hochadel wenig Sympathien für das junge Kaiserpaar. Man intrigierte gegen Kaiser Karl und besonders gegen Kaiserin Zita.[5] Schlußendlich trug die wenig entschlossene Haltung Karls, seine Krone zu retten, zur allgemeinen Untätigkeit bei.

Als Präzedenzfall für die zunehmende Distanz, ja sogar Mißtrauen zwischen Kaiser Karl und seiner engsten adeligen Umgebung gilt die Sixtus-Affäre. Kaiserin Zitas Bruder, Sixtus von Bourbon-Parma, führte im Auftrag des Kaisers Geheimverhandlungen mit Frankreich. Das Ziel war, möglichst rasch ein Waffenstillstandsabkommen abzuschließen. Der damalige Außenminister Graf Ottokar Czernin beklagte in seinen Memoiren, der Kaiser habe die Verhandlungen mit Frankreich hinter seinem Rücken betrieben und ihm nicht die Wahrheit gesagt. Aufgrund dieses Vertrauensbruchs und um die Ehre seiner Familie zu wahren, sei er zurückgetreten.[6] Der Journalist und habsburgtreue Herausgeber der „Reichspost", Friedrich Funder, hingegen bewertete die Bemühungen des jungen Kaisers positiv und bezeichnete Czernin als einen „ehrgeizigen und zu unbeherrschter Rede neigenden Mann", der der Sache des Kaisers mehr geschadet habe als ein Feind.[7] Noch Jahrzehnte später war die Affäre Anlaß zu heftigen Diskussionen: Der Habsburg-Biograph Erich Feigl geht in seinem 1977 erschienenen Buch über Kaiser Karl sogar so weit, Czernin als Hochverräter zu bezeichnen. Aufgrund dieser überspitzten Darstellung wurde Feigl vom Journalisten Hubertus Czernin harsch kritisiert und unter Zitierung des Historikers Adam Wandruszka als „Pamphletist und Fanatiker" betitelt.[8] Der Streit blieb somit aktuell. Wo immer auch die Wahrheit liegen mag, so zeigt sich doch deutlich, daß die alte Allianz zwischen Kaiserhaus und Hofadel längst brüchig geworden war. So manchem Adeligen waren seine persönliche Ehre und der ideelle und finanzielle Bestand seiner Familie wichtiger als der Fortbestand der Dynastie. Andere fanden sich mit den Gegebenheiten ab und folgten ihrem nüchternen Realitätssinn. Selbstverständlich gab es aber auch selbstlos Getreue wie zum Beispiel den Grafen Erdödy, der bei den Restaurationsversuchen in Ungarn mitwirkte; oder Graf Heinrich Degenfeld, der Kaiser Karl ins Exil begleitete, und während des Zweiten Weltkrieges mit Otto von Habsburg im Widerstand aktiv war.

Trotz aller Erklärungsversuche bleibt es eine Tatsache, daß im entscheidenden Moment, als es um den Kaiser und seinen Thron ging, ihn der Adel allein ließ. Die Neugeadelten beklagten heftig das Ende der Monarchie, denn ihr Aufstieg war unmittelbar mit der Gunst des Kaisers verbunden. Ist das vielleicht der Grund, warum noch heute in der monarchistischen Bewegung und unter den Habsburg-Treuen überwiegend Angehörige des niederen Adels zu finden sind?

Der schleichende Privilegien- und Machtverlust ab 1848

Tiefe Eingriffe in seine Machtfülle mußte sich der Adel bereits 1848 gefallen lassen, als das Feudalsystem durch den Druck der Revolution abgeschafft wurde. Von den zahlreichen politischen Vorrechten[*] blieb nur das Kurienwahlrecht erhalten. Der Adel durfte somit innerhalb seines Standes die Abgeordneten wählen, die ihn im Reichsrat vertraten. Auch Frauen waren unter bestimmten Voraussetzungen wahlberechtigt. Das Kurienwahlrecht sicherte den politischen Einfluß des Adels. Er besetzte unverändert und unbestritten die meisten Ämter in der hohen Politik, besonders in der Außenpolitik. Die Landtage waren gleichfalls Domänen des Adels. Nicht zuletzt beherrschte er die Regierungen: Im Jahr 1878 waren von neun Ministern sechs aus dem Adel. In der ungarischen Reichshälfte gehörten sogar alle Minister dem Adel an.[9] Der Großindustrielle Karl Wittgenstein charakterisierte den Typus des österreichischen Ministers dieser Zeit: „Etwas eleganter auftreten zu können, etwas klerikal angehaucht zu sein, einem alten Adelsgeschlecht anzugehören.“[10] Bis 1907 existierte eine eigene „Grafenbank“ im Abgeordnetenhaus, im Landtag sogar bis 1918. In der politischen Verwaltung verzeichnete man hingegen einen deutlichen Rückgang des adeligen Anteils. Dieser schrumpfte von 1804 bis 1878 um die Hälfte auf nur mehr 45 Prozent.[11] Mit der Abschaffung des Kurienwahlrechts fiel der Rest der politischen Privilegien des Adels.

Die Einführung des allgemeinen, gleichen und geheimen Wahlrechts für Männer 1907 bedeutete den nächsten Schritt zum Entzug der politischen Vormacht der Aristokratie. Der Adel, besonders seine konservativen Teile, traten massiv gegen die Wahlrechtsreform auf, die auf Initiative des Kaisers eingeführt wurde. Dieser hoffte, damit den Nationalitätenstreit zu beenden. Die Abgeordneten im Reichsrat sollten sich ab sofort über ihre Zugehörigkeit zu politischen Parteien und nicht über ihre Nationalität definieren.

Dieses Kalkül ging nicht auf. Und der Adel war verärgert über die seiner Meinung nach voreilige „Revolution von oben“, die seine politische Macht beschnitt.

Die Meinungen, ob der Adel tatsächlich eine „Aristokratie“, also eine Herrschaft der Besten, sei, gingen schon damals stark auseinander. Die einen meinten, der Adel habe zu Recht seinen großen Einfluß verloren, weil er zu wenig moralisch vorbildlich, einsatzbereit und politisch engagiert gewesen sei. Der Adel sei vor allem bestrebt gewesen, seine Privilegien zu erhalten und sich persönliche Vorteile zu verschaffen, darüber hinaus sei er jedoch am allgemeinen Wohl wenig interessiert. Kronprinz Rudolf etwa hatte keine besonders hohe Meinung vom Adel, was seine Einsatzbereitschaft in Militär und Politik betraf: „Aus dem Civildienste des Staates fast vollständig verdrängt, von dem Militärdienste, so weit er nicht allgemeine Bürgerpflicht ist, in unberechtigtem Grolle sich fernhaltend, in ihrer parlamentarischen Stellung ohne klares Programm und ohne Bewusstsein der Besonderheit ihrer Aufgaben, versunken in ein bedeutungsloses gesellschaftliches Treiben, erscheint sie dem Kenner ihrer ruhmvollen Vergangenheit fast wie die Ruine eines vormals stolzen Gebäudes.“ [12] Der Adel sei, trotz der durch die Verfassung gegebenen dominanten Stellung unfähig, von den neuen Machtpositionen Besitz zu ergreifen.

Ernste Kritik kam aus den eigenen Reihen, so vom Ministerpräsidenten Prinz Adolf Auersperg anläßlich einer Debatte mit Kaiser Franz Joseph über neu zu ernennende Mitglieder des Herrenhauses. Die erbliche Mitgliedschaft in der ersten Kammer, dem Herrenhaus, war ein wesentliches Privileg. Der Kaiser ernannte für das Herrenhaus vornehmlich adelige Großgrundbesitzer. Auf die Einwände des Kaisers, einige der von Auersperg vorgeschlagenen Kandidaten betreffend, meinte dieser: „... daß eben nicht viel Hervorragendes in Vorschlag gebracht werden konnte. Indeß sei dieß eben die Folge des Mangels an ausgezeichnet befähigten und gleichzeitig zu pflichttreuer Thätigkeit geneigten Persönlichkeiten in den Kreisen des höheren Adels.“ [13] Ein anderes Beispiel gibt ein böhmischer Großgrundbesitzer: Er rügte in einer anonym erschienenen Schrift seine Standesgenossen, die politische Karriere leichtsinnig und nur als Zugabe zu ihrer gesellschaftlichen Stellung aufzufassen. Als positiven Effekt der demokratischen Neuerung stellte er fest: „Heute wagen sich in das politische Leben mit wenigen Ausnahmen nur Leute hinaus, die sich dazu berufen fühlen und denen es um einen Erfolg ernstlich zu tun ist; als ein Gesellschaftsspiel wird die Politik nicht mehr betrachtet.“ [14]

Von manchen Aristokraten wurde der Vorwurf des mangelnden politischen Engagements als äußerst ungerecht empfunden. Erbgraf Trauttmansdorff-Weinsberg kritisierte, daß „die Zugehörigkeit zum Adel überhaupt für jegliche politische Betätigung nicht nur nicht gleichgültig, ja im Gegenteil geradezu nachteilig wirkt“, da der „Adel als Sündenbock für vieles herhalten“ müsse. Seiner Ansicht nach hatte man aus Pflichtgefühl gegenüber dem Kaiser eine regierungsfreundliche Politik gemacht. Nun werfe man dem Adel seine Standesauffassung vor und betrachte ihn als entbehrlich und schädlich für einen modernen Staat.[15]

Der Adel hatte seinen bestimmenden Einfluß auf die Politik des Hofes endgültig verloren. Er zeigte sich in seinem politischen Bestreben orientierungslos, da sich der Kaiser mit seiner Wahlreform nach Ansicht des Adels auf die Seite der Massen schlug. Er hatte mit der Einführung des allgemeinen Wahlrechts die politischen Vorrechte des Adels minimiert. Er zollte der sich ändernden gesellschaftlichen Situation Tribut: Das vorwärtsdrängende Bürgertum war zu einer Kraft gewachsen, zunehmend vermögend und gebildet, die nicht länger übergangen werden konnte. Und die Arbeiterschaft hatte sich formiert und forderte ihre Rechte.

Der Historiker Moritz Csáky konstatierte, der Adel habe sich im Zuge seines politischen und gesellschaftlichen Machtverlustes zunehmend in eine sogenannte zweite Wirklichkeit zurückgezogen. Er lebte, als ob er noch Macht und Einfluß besäße, in einer Scheinwelt, obwohl er in Wahrheit diese längst verloren hatte, und pochte auf Vorrechte, die er nicht mehr besaß.

Das Verschwinden des Adels aus der hohen Politik ab der zweiten Hälfte des 19. Jahrhunderts war einerseits ein eigeninitiativer Rückzug des Adels, weil ihm die politische Arbeit zu anstrengend und wenig attraktiv erschien. Ein ehemals politisch aktiver Adeliger unserer Zeit vermutet darüber hinaus, daß der Adel gekränkt war, nicht mehr im Mittelpunkt zu stehen und vom Kaiser geschätzt zu werden, der ja immer mehr Bürgerliche für bedeutende Funktionen heranzog.[16] Andererseits strebten ein gebildetes Bürgertum und eine gut organisierte Arbeiterschaft in die wichtigen Ämter und stellten ihre besten Männer zur Verfügung.

Ehemals Vertrauensleute der Krone: Das Herrenhaus

1861 wurde das Herrenhaus als Oberhaus des Reichsrates nach englischem Vorbild geschaffen. Von Beginn an lastete der Eindruck einer Parallelregierung beziehungsweise eines „verlängerten Armes des Kaisers" auf ihm, da seine Mitglieder vom Kaiser ernannt wurden. Selbst die erblichen Sitze im Herrenhaus waren von der Gnade des Kaisers abhängig; es gab keinen Rechtsanspruch.

Dem Herrenhaus haftete demzufolge auch der Ruf an, wenig eigenständige und initiative Politik zu betreiben sowie nur den Interessen des Monarchen treu zu folgen und ansonsten die Begehren des Abgeordnetenhauses tunlichst zu blockieren. Wieder wurde Kritik aus den eigenen Reihen laut. Für den Historiker Nikolaus von Preradovich war das Herrenhaus nichts anderes als ein „vornehmer Klub von Vertrauensleuten der Krone".[17]

In der realen Politik waren die Möglichkeiten des Herrenhauses äußerst eingeschränkt. Es hatte wohl das Recht, Gesetze zu beeinspruchen und zu approbieren, sein tatsächliches politisches Gewicht war aber nur gering. Ein Großteil des Adels nahm diese Realität aber nicht zur Kenntnis und verhielt sich, als ob seine Vorrechte immer noch bestünden und er die Politik dominiere. Ein zusätzliches Problem brachte die Spaltung des Herrenhauses in zwei politische Lager: den deutsch-liberal gesinnten Verfassungstreuen und den antiliberal und föderalistisch eingestellten Feudal-Konservativen.

Die eigentliche politische Arbeit und Macht lag jedoch im Abgeordnetenhaus. Nach den ersten allgemeinen Wahlen betrug dort der Anteil des größtenteils niederen Adels etwa fünf Prozent. Der Hochadel trat selten in Erscheinung; er engagierte sich weder in politischen Parteien, noch kam es ihm in den Sinn, eine Adelspartei zu gründen. Ausnahmen bildeten Wegbereiter der Christlichsozialen Partei wie die Grafen Gustav Blome, Friedrich Revertera, Egbert Belcredi, Franz Kuefstein und Prinz Alois Liechtenstein. Letzterer war allerdings der einzige, der der Partei beitrat und der später, nach dem Tod Luegers, ihre Führung übernahm. Von seinen Standesgenossen erntete er für seinen politischen Einsatz viel Kritik. Man betrachtete ihn als Verräter, als „roten" Prinzen. Denn man fand es unschicklich, daß er als Redner in Wirtshäusern auftrat und christlich-soziales Gedankengut vertrat.

Die Abgeordneten der Provisorischen und der Konstituierenden Nationalversammlung beschäftigten sich nur am Rande mit der Rolle des Herrenhauses, das quer durch alle Parteien als nicht zeitgemäß empfunden wurde. Die „Herrenhäusler" waren in ihren Augen unmittelbar mitschuldig an der katastrophalen Situation nach dem Ersten Weltkrieg, und ihre Untätigkeit wurde scharf gerügt. Besonders drastisch formulierte der sozialdemokratische Abgeordnete und Redakteur der „Arbeiter-Zeitung" Karl Leuthner seine Kritik: „Hier in diesem Herrenhaus hat es nie einen lebendigen Menschen gegeben, hier wandelten nur bemalte Schemen, Vogelscheuchen, die fürstlich und herzoglich angestrichen waren. [...] Dieser hohe Adel hat nichts vertreten, er war der Wortführer keiner Schichte, es waren keine hundert Leute außer diesem Haus da, in deren Namen er zu sprechen berechtigt gewesen wäre. Und obwohl er nichts bedeutete, [...] konnte er durch dieses Herrenhaus hier [...] einen Einfluß ausüben, der sich hemmend in allen Fällen äußerte."[18] Das Verhältnis zwischen Herren- und Abgeordnetenhaus war, wie aus dieser Aussage deutlich hervorgeht, nicht unbelastet. Oft wurden Anträge blockiert, weil sie den Interessen des Herrenhauses zuwiderliefen. Dazu kam die Arroganz der adeligen Abgeordneten gegenüber ihren bürgerlichen Kollegen, die sich dadurch herabgesetzt fühlten. Das Mordattentat Friedrich Adlers, Sohn des Gründers der Sozialdemokratie in Österreich, Viktor Adler, an Ministerpräsident Graf Stürgkh verschärfte das tiefe Mißtrauen. Der Adel fühlte sich in seiner ablehnenden Haltung gegenüber den Sozialdemokraten bestärkt. Die Tat ist jenen in manchen Kreisen des Adels bis heute nicht verziehen worden, um so mehr, als Kaiser Karl den Täter begnadigte und er später höchste politische Ämter bekleiden konnte.[19]

Über die Abdankungserklärung Kaiser Karls und die Initiative der deutschen Abgeordneten, eine Provisorische Nationalversammlung einzuberufen, zeigte sich das Herrenhaus äußerst irritiert und war verunsichert, wie es nun weitergehen sollte. Was die Zukunft des Herrenhauses betraf, legte der Abgeordnete Graf Adalbert Schönborn das kaiserliche Manifest eindeutig aus: „,Bis zur Vollendung der Umgestaltung, die auf gesetzlichem Wege erfolgen soll', so sagt das kaiserliche Manifest, ‚haben die bestehenden Einrichtungen zur Wahrung der allgemeinen Interessen aufrecht zu bleiben.' Das gilt ohne Zweifel auch vom Herrenhause. Freilich zur eigentlichen Mitarbeit [...] beim Neuaufbau sind wir nicht berufen."[20] Die Irritation und Enttäuschung ist leicht nachvollziehbar: die Mitglieder des Herrenhauses fühlten sich als treueste Anhänger der Dynastie von dieser verlassen, ja verstoßen. Graf Schönborn meinte weiter: „Ich konstatiere dies mit einer gewissen Wehmut, ohne Rekrimination. Niemand glaubt, daß die Entwicklung aufgehalten werden kann und ein jeder wünscht, daß sie ruhig und friedlich vor sich gehe zum Wohle der gemeinsamen Dynastie, der wir treu ergeben bleiben, und zum Wohle der Gesamtheit der österreichischen Völker."

Die deutschen Abgeordneten des Abgeordnetenhauses bestimmten im November 1918 das weitere politische Schicksal „Deutschösterreichs", indem sie eine Nationalversammlung einberiefen. Das Herrenhaus hingegen fühlte sich durch das kaiserliche Manifest in seiner Handlungsfähigkeit gelähmt. Zusätzlich trat die dort skizzierte Entwicklung, die Entstehung einer Föderation der Völker der ehemaligen Donaumonarchie, nicht ein. „Der einzige Punkt dieses Manifestes, der bisher wirklich in Erfüllung gegangen ist, ist der letzte. Es haben sich Nationalräte gebildet, insbesondere auf das Manifest hin der deutsche Nationalrat und diese Nationalräte übernehmen nun die Ausgestaltung", meinte Fürst Karl Auersperg lapidar.[21]

Trotz des kaiserlichen Manifestes betrachtete man die Konstituierung der Provisorischen Nationalversammlung und die dort geplanten Verfassungsänderungen als revolutionären Akt. Es war klar, daß die Nationalversammlung die neue Verfassung nicht mehr beiden Häusern des alten Reichsrates vorlegen und somit das Herrenhaus negieren würde. Dennoch zeigte man im Herrenhaus Verständnis und sogar Wohlwollen gegenüber der Initiative des Abgeordnetenhauses. Es war kein Adeliger, sondern der bürgerliche Abgeordnete Dr. Beurle, der wünschte, „daß unsere heißesten Segenswünsche jenes Werk begleiten, das am 21. Oktober in dem altehrwürdigen Saale in der Herrengasse begonnen worden ist".[22] Er erntete lebhaften Beifall für seine Rede. Und selbst Fürst Auersperg geißelte die Regierung und nicht die Nationalversammlung, trotz seiner Skepsis, was die Verfassungsmäßigkeit des Vorgehens anlangte: „Die Staatsgewalt hat vollständig versagt. Es ist daher die Verwaltung des Staates sobald als möglich, sobald nur halbwegs die Konstituierung und der Bestand der Nationalversammlungen es ermöglicht, ihnen so viel und so rasch als möglich zu überlassen und zu übergeben. Es bleibt uns nichts anderes übrig und wir wollen das Vertrauen in diese Nationalversammlungen haben, daß sie wirklich mit der Absicht arbeiten, etwas Beständiges zu schaffen."[23]

Die Abgeordneten des Herrenhauses akzeptierten die neuen Entwicklungen und wollten sich den kommenden nicht verschließen. Ihr Groll galt weniger den revolutionären Nationalräten als dem Kaiser, der diese durch sein Manifest ermöglichte, und der Regierung, die in entscheidenden Punkten versagt hatte. Der österreichische Adel zog sich in weiterer Folge aus der Politik zurück. Die vierzigste Sitzung des Herrenhauses, auf deren Tagesordnung die Vorstellung des neuen Ministeriums stand, wurde nach nur fünf Minuten vom Vorsitzenden Fürst Alfred zu Windisch-Graetz mit den Worten geschlossen: „Nachdem Seine Exzellenz der Herr Ministerpräsident nicht in der Lage ist, seine Erklärung heute abzugeben, erlaube ich mir vorzuschlagen, daß die heutige Sitzung geschlossen werde. Die nächste Sitzung wird im schriftlichen Wege bekanntgegeben werden."[24] Es kam zu keiner weiteren Sitzung des Herrenhauses. Windisch-Graetz legte „freiwillig" am 12. November 1918 seine Funktion unter Berufung auf die Verzichtserklärung des Kaisers und sein von ihm verliehenes Amt zurück.

Durch den definitiven Ausschluß des Herrenhauses als politisches Instrument des Adels aus der Nationalversammlung entstand eine Bruchlinie im politischen Engagement Adeliger, die bis heute fortwirkt. Einerseits aus Verbitterung, andererseits aus Eigennutz – der Beschäftigung mit Privatangelegenheiten – zog sich der Adel nach dem Ende der Monarchie auf seine Familiensitze zurück.

„Die Republik der Kutscher und Kellner": Rückzug und Resignation

Trotz des schwierigen und konfliktbeladenen Verhältnisses zwischen dem Adel und seinem Herrscher war der Adel nach dem Zerfall der Monarchie völlig verstört und verunsichert. Wie sollte man sich nun, da der Kaiser teils freiwillig, teils unfreiwillig, seine Macht abgetreten hatte, verhalten? Nur eines war klar: Der neuen, nach Meinung des Adels ohne rechtmäßige Grundlage ausgerufenen Republik, der „Pöbelrepublik", war man feindselig gesinnt. Dieses gestörte und mißtrauische Verhältnis zur Demokratie brachte der adelige Zeitgenosse und große Vordenker, der Gründer der Paneuropa-Bewegung, Richard Coudenhove-Kalergi, treffend zum Ausdruck: „Unser demokratisches Zeitalter ist ein klägliches Zwischenspiel zwischen zwei großen aristokratischen Epochen: der feudalen Aristokratie des Schwertes und der sozialen Aristokratie des Geistes. [...] Die Zwischenzeit nennt sich demokratisch, wird aber in Wirklichkeit beherrscht von der Pseudo-Aristokratie des Geldes."[25]

Der Hang der Österreicher zum Opportunismus sei es gewesen, vermutet Rudolf Czernin aus heutiger Perspektive, weshalb die Bevölkerung so rasch für die Republik zu gewinnen war. Man habe sich einfach auf die Seite der entschlossensten Gruppe geschlagen.[26]

Die entschlossenste Gruppe, die bereits lange an einer Demokratisierung arbeitete, war zu diesem Zeitpunkt die Sozialdemokratische Partei. Einer ihrer führenden Persönlichkeiten, Dr. Karl Renner, hielt der untergehenden Habsburgermonarchie bis ins Jahr 1918 die Treue. Von k.u.k. Ministern wurde er mehrfach als Kandidat für einen Ministerposten vorgeschlagen; Kaiser Karl bot ihm sogar die Ministerpräsidentschaft an. Karl Renner lehnte jedoch ab; es schien ihm zu spät für eine Rettung der alten Ordnung. Die Schuld am Untergang des Habsburgerreiches gab er nicht dem Kaiser, sondern dem Adel, und er bezeichnete dessen führende Politiker als „Totengräber der Monarchie". Weiters polemisierte er gegen die Kapitalisten- und Grundherrenklasse, welche auszuschalten und deren „parasitäres Einkommen" zu beseitigen sei.[27] Karl Renner hegte somit zwar Sympathien für die Familie Habsburg, aber keinesfalls für den restlichen Adel. In seiner Regierungserklärung als Staatskanzler, kaum ein halbes Jahr später, sprach er jedoch bereits als überzeugter Republikaner: „Das Volk hat die ererbte Gewalt, welche die eigene Tüchtigkeit ersetzen möchte durch vergilbte Adelstitel und mittelalterliche Herrscherrechte, die die eigene Unfähigkeit verhüllt durch den Purpur mystischer Hoheit, ein für allemal verworfen." Er warf den Verantwortlichen vor, sie hätten den Krieg, der das Reich und den Wohlstand zerstörte, nur zur eigenen Rettung angezettelt.[28]

Der Adel mißtraute Renner, hielt ihn für nicht zuverlässig und wirft ihm bis heute vor, die Monarchie als Völkerkerker denunziert und stets opportun gehandelt zu haben. Erik Kuehnelt-Leddihn verglich ihn sogar mit Helmut Qualtingers „Herrn Karl", weil er seine politischen Standpunkte ständig wechselte.[29]

„... Ehrenvorzüge deutsch-österreichischer Staatsbürger werden aufgehoben"

Vollends unbeliebt beim Adel machten sich die neuen Machthaber, als sie am 3. April 1919 gemeinsam mit den Habsburgergesetzen das „Gesetz zur Aufhebung des Adels, seiner Titel und Würden" beschlossen.

Dieses in Westeuropa einzigartige Gesetz bot nach Meinung des Adels die Gelegenheit, über ihn zu richten und mit ihm abzurechnen. Nach Ansicht der Abgeordneten jedoch war es eine notwendige Maßnahme, denn in einer Republik war der Adel überflüssig. Beredtes Zeugnis für die letztere Ansicht bieten die stenographischen Protokolle der sehr emotional geführten Debatten der Konstituierenden Nationalversammlung. Als Wortführer der Sozialdemokraten bestimmte man den Abgeordneten Karl Leuthner, der sich wieder einmal besonders scharf äußerte. Er warf dem Adel Feigheit im Krieg und Mißbrauch der Gesetzgebung zur persönlichen Bereicherung vor. Alles in allem hätten sich die Adeligen „wahrlich das Recht erworben, daß wir heute Gericht über sie halten, daß wir sie ausmerzen aus dem Buche des Lebens, wie man die Schandflecken auswischt aus dem Buche seines eigenen Lebens".[30] Lebhafter Beifall wurde im Protokoll vermerkt. Noch heftiger schalt er interessanterweise den nichthistorischen Adel, den „Verdienstadel" (im Sinne von verdienen) und den „Preßkorruptionsadel".

Der aus dem Bauernstand stammende Abgeordnete Thanner bezeichnete sich als Feind des Adels, im besonderen des Geburtsadels. Er könne nicht begreifen, „daß es einen Gott geben sollte, der zweierlei Menschen erschaffen habe".[31] Ein echter Adeliger sei für ihn jeder edle Mensch mit einem edlen Herzen! Selbst der dem Adel angehörende Berichterstatter des Ausschusses Heinrich von Clessin plädierte für die Abschaffung des Adels. Der einzige, der bei dieser Sitzung der Nationalversammlung die Stimme für den Adel erhob, war der christlich-soziale Abgeordnete und spätere Bundeskanzler Dr. Michael Mayr. Er war bemüht, die seiner Meinung nach guten Seiten des Adels darzustellen, wobei er sogar die Rettung vor den Türken 1683 durch Graf Rüdiger von Starhemberg als Beispiel anführte. Er betonte, nur deshalb für das Adelsgesetz zu stimmen, weil er „diese Institution in unserer demokratischen Zeit für vollständig überflüssig und veraltet" hielt.[32] Bei der Abstimmung verließen die Christlich-sozialen den Saal, jedoch laut „Reichspost" vom 4. April 1919 nicht, weil sie gegen das Gesetz waren. Vielmehr hatten sie gefordert, daß die Strafandrohung bei Führen des Adelstitels auf den öffentlichen und behördlichen Verkehr beschränkt werden sollte. Diese Forderung wurde aber abgelehnt. Dafür wurde in einem ausführlichen und komplizierten Anhang genau geregelt, welche Titel weiterhin geführt werden durften – unter anderen der berühmte „Hofrat".

*

Heinrich Clam-Martinic, Präsident der Vereinigung Katholischer Edelleute, meinte: „Unser Stand ist dem heutigen Gesetze nach entrechtet, aber Blut und Tradition sind geblieben und diese können durch kein Gesetz aus der Welt geschafft werden."[33]

Österreich hatte im Frühjahr 1919 mit existentiellen Problemen wie Hungersnot, Wohnungsnot und Inflation zu kämpfen. Dennoch fand die Nationalversammlung Zeit, sich ausführlich einer, aus der Sicht des Adels, so formalen und angesichts der herrschenden Not unwichtigen Frage zu widmen. Darf sich ein Graf noch offiziell „Graf" nennen oder nur inoffiziell ...

In Kreisen des Adels hegte man die Vermutung, es sei weniger um die rasche Beseitigung der Reste der Monarchie gegangen, als um den Racheakt einer ehemals unterprivilegierten Gruppe an den Privilegierten. In einem Land wie Österreich, wo Titel immer schon eine besondere Bedeutung hatten, sei das Verbot der Titelführung eine subtile Grausamkeit.

Eine Erklärung für dieses Vorgehen liegt in dem Umstand, daß der Adel als Repräsentant des alten Systems und damit als mitverantwortlich für Elend und Krieg gesehen wurde. Er durfte somit nicht auf Milde und Nachsicht hoffen. Man wollte mit dem formalen Verbot der Adelstitel den Adel an sich abschaffen. Dieser Logik folgte keine andere Demokratie beziehungsweise Republik Westeuropas. Die „Reichspost" und ihr bereits erwähnter Herausgeber Friedrich Funder fuhren in dieser Frage einen zwiespältigen Kurs. Sie kritisierten zwar heftig das Gesetz zur Landesverweisung und Enteignung der Habsburger, widmeten der Problematik aber insgesamt nur einen Absatz. Noch im Oktober 1918 schreibt der Autor des Leitartikels von „uns Monarchisten“ und von der „Stärke der Monarchie“. Im April 1919 lautet der lakonische Kommentar: „Um den Forderungen der Demokratie Genüge zu tun und alle Eitelkeiten abzuschaffen, hat die Nationalversammlung die Adelstitel gestrichen.“ [34] Über diese kurze Abhandlung hinaus wurde der Thematik kein Platz mehr eingeräumt.

Ganz im Gegensatz zur konservativ eingestuften „Reichspost“ verurteilte Karl Kraus in der „Fackel“, der man dieses Attribut keinesfalls zuordnen kann, das Gesetz:

> „Der Staat will den Adel aberkennen,
> als hätte er diesen bloss geborgt.
> Vom Titel mag er getrost sie trennen,
> die's mit dem Charakter selber besorgt.“ [35]

Kraus ergriff also Partei für den „echten“, seiner Pflichten bewußten alten Adel, den er bewunderte. Neugeadelte, die ihre Titel bloß gekauft hatten und die am lautesten deren Verlust beklagten, betrachtete er nur mit Verachtung. Sein persönliches Naheverhältnis zur Aristokratie spielte dabei sicherlich eine Rolle. Er war mit einer Baronin, Sidonie Nadherny von Borutin, liiert und suchte Zeit seines Lebens aristokratischen Umgang.

Wie beurteilte und bewertete nun der Adel selbst das Verbot, seine Titel führen zu dürfen? In dieser Frage divergieren die Meinungen im Adel. Manche, unter ihnen der Staatswissenschafter und Privatgelehrte Erik Kuehnelt-Leddihn, meinten, daß „der Hochadel mit seinen bekannten und klingenden Namen diese Titel gar nicht notwendig hat“.[36] Das Adelsgesetz traf ihres Erachtens in erster Linie die Neugeadelten. So war man aus diesem Grund in den Kreisen des Hochadels nicht besonders traurig über den Verlust des „von“ der Frischgeadelten. Der andere Teil des Adels nahm den Politikern der Republik das Adelsgesetz sehr übel. Man unterstellte ihnen, wie bereits erwähnt, Rache und Neid als Motive. Der Präsident der Vereinigung Katholischer Edelleute Steiermark, Gordian Gudenus, sah darin „die Auswirkungen menschlicher Gewalt,

Mißgunst, Ungerechtigkeit und Undankbarkeit".[37] Wieder andere nahmen die Sache so weit wie möglich mit Humor. So war auf der Visitenkarte Graf Adalbert Sternbergs zu lesen: „Geadelt von Karl dem Großen, entadelt von Karl Renner." So empört sich der österreichische Adel durch das „Pöbelgesetz" auch zeigte, so ist man untereinander doch einig, daß echter Adel niemals wirklich abgeschafft werden kann.

Parallelen zum Antisemitismus

Die Diskussion um die Abschaffung der Adelstitel im Jahre 1919 zeigt eine interessante historische Facette, der bisher wenig Beachtung geschenkt wurde – die damalige Vermischung mit dem allgemein vorhandenen Antisemitismus.

So forderte die „Reichspost" beispielsweise, daß im Fall der Abschaffung der Adelstitel die alten jüdischen Familiennamen wiederhergestellt werden müßten. Die Juden hätten sich aus Eitelkeit allerlei schöne Familiennamen zugelegt, die durch ihre Endungen auf -berg oder -thal an adelige Namen erinnerten![38]

Wesentlich schärfer, geradezu ein Schulbeispiel für die Verbindung der Feindseligkeit gegen den Adel und gegen das Judentum, verlief die Debatte in der Konstituierenden Nationalversammlung im April 1919. Abgeordnete aller Parteien zogen einhellig den Schluß, daß „es noch einen Stand gibt, der ebenso gefährlich ist wie der Adel, das ist das Judentum".[39] Die sozialdemokratische Abgeordnete Adelheid Popp wies darauf hin, daß „sehr hochgestellte Adelsgeschlechter es nicht verschmäht hätten, ihren verblaßten Glanz neu aufzurichten mit Gold durch Heiraten mit Töchtern jüdischer Familien". Dadurch sei es zu einem „Herabsinken des Adels in die Verjudung, in die Verkapitalisierung" gekommen. Laut Adelheid Popp habe sich der Adel mit dem Judentum aus rein pekuniären Gründen vermischt. Der Christlich-soziale Dr. Mayr schließlich sprach vom „Uradel aus Palästina" als einer Flut aus dem Osten, die man zu befürchten habe.[40]

Die Vermengung und Gleichsetzung der Ressentiments gegen den Adel und die Juden waren, wie diese Beispiele zeigen, keine Einzelerscheinungen und blieben auch nicht auf die Zwischenkriegszeit beschränkt. Wo liegen aber die Gründe für die Verschmelzung der sogenannten Aristophobie und des Antisemitismus?

In der Debatte des Jahres 1919 richtete sich der allgemeine Volkszorn vor allem gegen Adelige und Juden mit Besitz, Vermögen und Einfluß und somit gegen Träger der alten Macht. Über das Verhältnis des Adels zum Judentum in dieser Zeit meinte ein Standesgenosse in einer anonymen Schrift über den „Adel in der modernen Zeit" aus dem Jahre 1913: „Die faule Unkenntnis, mit der ein Teil des Adels seinen Besitz (nicht) verwaltet, hat bereits die Juden zu wirklichen, wenn auch nicht nominellen Herren des Adels gemacht. Daß der Aristokrat den Juden verachtet, hat dabei nichts zu sagen; mehr noch verachtet der Jude ihn." Der Autor wollte mit kleinlichem Antisemitismus nichts zu tun haben; der Adel setze dem Antisemitismus aber auch nichts entgegen – den Juden könne man wenigstens nicht vorwerfen, daß sie nicht arbeiten würden.[41]

In keiner Phase der Geschichte dieses Jahrhunderts war der österreichische Adel generell antisemitisch eingestellt. Im Gegenteil hatte das Haus Habsburg ein traditionell gutes Verhältnis zum Judentum. Juden zählten als erfolgreiche Geschäftsleute zur Führungsschicht der alten Monarchie. Sie wurden häufig in den Adelsstand erhoben. Als Unternehmer arbeiteten sie eng mit Adeligen zusammen. In die, besonders in der Zwischenkriegszeit, in allen politischen Lagern vernehmbare antisemitische Polemik stimmte der Adel nicht mit ein. Hing der österreichische Adel auch nicht dem rassischen Antisemitismus an, so machte sich doch bei manchen ein religiös motivierter Antisemitismus breit.

Die Vereinigung katholischer Edelleute

In der „Vereinigung katholischer Edelleute in Österreich", der einzigen Standesvereinigung des Adels, wurde man nicht müde, zu betonen, daß echter Adel niemals wirklich abgeschafft werden kann. Es käme nicht so sehr auf Titel und Würden an, so liest man in den Jahrbüchern, sondern vielmehr auf die adelige Gesinnung. Der Vorsitzende Heinrich Clam-Martinic definierte diese mit Glaube, Tradition, Treue und Pflicht zur Arbeit für die Allgemeinheit.[42] Das Überleben und Fortleben des österreichischen

Adels zu gewährleisten war eines der Hauptziele der 1914 gegründeten Vereinigung. Im Jahr 1936 zählte man stolze 2550 Mitglieder, diese stammten überwiegend aus dem ehemaligen Hochadel. Die Vereinigung betätigte sich in erster Linie karitativ. Man unterstützte mittellose Standesgenossen, schuf Studienplätze, förderte genealogisch-heraldische* Studien und selbstverständlich nach besten Kräften die katholische Gesinnung der Mitglieder. Politisch trat die Vereinigung nur indirekt in Erscheinung, und zwar 1934, als ihre Mitglieder Kurt von Schuschnigg, Fürst Alois Schönburg-Hartenstein und Graf Botho Coreth führende Funktionen im Ständestaat übernahmen.

Ebenfalls ein Mitglied war Fürstin Franziska Starhemberg. Sie war als einzige aus dem Hochadel ins Parlament, in den Bundesrat, gewählt worden. Zusätzlich bekleidete sie das Amt der Präsidentin der Katholischen Frauenorganisation. Die energische und politisch erfolgreiche Frau engagierte sich von 1920 bis 1931 vor allem in sozialen Fragen. Fanny Starhemberg verkörperte eine bestimmte Richtung des österreichischen Adels dieser Zeit – die zukunftsorientierte. „Wenn [...] gegen seinen Willen eine andere Weltordnung Platz gegriffen hat, so muß auch der Adel zu der neugeschaffenen Lage sich einstellen. Die Treue zur angestammten Dynastie, zu dem monarchischen Gedanken kann niemals fordern, daß wertvolle Elemente der Volksgemeinschaft sich dem Dienste an dieser entziehen.“ [43] Der Adel sollte ihrer Ansicht nach ins öffentliche Leben, in alle Berufe vordringen und durch seine echt adelige Gesinnung und Pflichttreue die gegen ihn bestehenden Vorurteile auslöschen. Die große Mehrheit des Adels folgte dieser Aufforderung nicht. Sie hatte sich, wie bereits erwähnt, verunsichert und vergrämt ins Privatleben zurückgezogen. Man verwaltete und modernisierte das familieneigene Gut, übernahm Ehrenämter in der Gemeinde und wartete ansonsten auf das Scheitern der „Republik der Kutscher und Kellner“. Viele unter ihnen glaubten auch, daß ohne die Führung und Unterstützung des Adels, der so lange die Geschicke des Landes gelenkt hatte, das kleine Österreich niemals wieder eine herausragende Rolle in Europa spielen würde.

Die politischen Parteien hielten weiterhin ängstlich Distanz zum Adel, keiner wollte sich mit ihm belasten und als verdächtig und reaktionär eingestuft werden. Man fürchtete, mit adeligen Kandidaten potentielle Wähler zu verschrecken. Umgekehrt stellten sich auch nur vereinzelt Kandidaten aus dem Adel für ein Amt in der Republik zur Verfügung. Es herrschte beiderseitiges Mißtrauen.

Der ehemalige k.u.k. Außenminister Graf Ottokar Czernin zog 1920 als einziger Abgeordneter der bürgerlichen Arbeiterpartei und gleichzeitig als einziger Vertreter des Hochadels in den Nationalrat ein. Er behielt sein Mandat bis 1923; seine Kollegen im Ausschuß für Äußeres schätzten seine fachliche Kompetenz. Seine politische Vergangenheit als k.u.k. Minister während des Weltkrieges wurde ihm von seinen Abgeordnetenkollegen aber immer wieder vorgehalten. So beschränkte sich Czernins politische Arbeit auf die Außenpolitik. Er fiel durch seine Unterstützung der hauchdünnen Mehrheit für die christlich-soziale und großdeutsche Koalition unter Bundeskanzler Schober im Jahr 1921 auf. Weiters durch seinen weitsichtigen Vorschlag, angesichts der horrenden Inflation eine Notenbank zu gründen. Ottokar Czernin war als einziger adeliger Politiker sowohl Mitglied des Herrenhauses als auch des Nationalrats der Republik Österreich.

Heimwehr, Vaterländische Front und Bürgerkrieg

Wenn auch der Adel während der Ersten Republik keine führenden politischen Ämter bekleidete, so bedeutet das nicht, daß er völlig inaktiv gewesen wäre. Das Jahrbuch der „Vereinigung katholischer Edelleute“ vermeldet 1928 stolz, fast alle Standesgenossen seien Mitglied des Heimatschutzes, der Heimwehr.

Viele adelige Offiziere des Ersten Weltkriegs fanden eine Funktion in dieser straff militärisch organisierten Gegenbewegung zum sozialdemokratischen Schutzbund. Johannes Eidlitz, Mitglied der Jugendorganisation der Heimwehr „Jung Vaterland“ und Augenzeuge der Kämpfe um den Karl-Marx-Hof in Wien im Februar 1934, erinnerte sich, daß eine Gruppe Schüler des Theresianums (geleitet von Herbert Fey, dem Sohn des Wiener Heimwehrführers Major Emil Fey) aus Adeligen bestand: „Schönborns, Schönfeldts, Gaupps – es gab eine Menge Barone und kleine ‚vons‘. Bürgerliche machten etwas mehr als die Hälfte aus.“ Befragt über seine Motive und die seiner Standesgenossen meinte er: „Der Faschismus hatte damals etwas sehr stark Anziehendes und auch die Ablehnung des Nazismus. Sehr stark war natürlich die Gegnerschaft zu Sozis und

Kommunisten. Ein starkes Motiv war auch der Abscheu vor der Politikergeneration mit den Vatermörderkrägen. Dazu kam bei sehr vielen, keineswegs nur Adeligen, die Frontoffiziere im Krieg gewesen waren, daß sie den Untergang der Monarchie nicht verwinden konnten und schon gar nicht den verlorenen Krieg. Manche wollten, vielleicht unbewußt, den verlorenen Krieg noch einmal durchspielen, sozusagen eine Revision erreichen. Mit Italien konnte man nicht mehr kämpfen, aber wir konnten miteinander kämpfen, wir konnten doch die ‚bösen Sozis' besiegen." Man übertrug Rachegefühle demgemäß auf das Inland, wollte den Krieg noch einmal durchexerzieren. Es war ein neuerliches „Weltkrieg spielen", allerdings mit unterschiedlichen Gegnern.[44] Es war kein Zufall, daß zu dieser Zeit die Uniformen der k.u.k. Armee wieder eingeführt wurden. Uniformen zu tragen, wie etwa bei der Heimwehr, erfreute sich allgemeiner Beliebtheit.

*

Ernst Rüdiger Fürst Starhemberg, eine der umstrittensten Persönlichkeiten der österreichischen Geschichte des 20. Jahrhunderts, war für die einen ein Held, der seine Heimat vor dem Kommunismus gerettet und mit der Heimwehr ein Schutzschild gegen die Begehrlichkeiten des deutschen Nachbarn aufgebaut hatte. Für die anderen war er ein Faschist und Nazi und gehörte „zu den meistgehaßten (Anm. Persönlichkeiten) der österreichischen Bevölkerung".[45] Seine Person und politische Bedeutung ist vielfach untersucht worden.[46] Wie aber war sein Verhältnis zu seinen Standesgenossen? Und spielte seine Herkunft für seine späteren politischen Aktivitäten eine Rolle?

Starhembergs aristokratische Herkunft und Erziehung waren sicherlich mitbestimmend für sein politisches und militärisches Engagement. In seinen Erinnerungen berichtete er von seiner sehr strengen und militärischen Erziehung, die auf Abhärtung und Disziplin abzielte. Er wuchs in einer Männerwelt mit den Idealen eines Soldaten auf. Um so härter traf ihn die Niederlage des Ersten Weltkrieges. Jahrelang galt man als Held an der Front und mußte sich dann von einem Tag zum anderen vom eigenen Volk die Offiziersabzeichen von der Uniform reißen lassen. Wie bei vielen anderen, die ähnliches erlebt hatten, sehnte er sich nach einer Revanche für seine Demütigungen.

In den ersten Jahren als Student, von Hitler fasziniert, beteiligte er sich 1923 am Putsch in München. Später änderte er seine Haltung und wurde ein entschiedener Gegner der Nazis. Als Gründe für seine Meinungsänderung gab er später seine Treue und Liebe zu Österreich und die tausendjährige Familientradition der Starhembergs an![47] Wesentlich für seine führende Rolle bei der Heimwehr waren sein Rednertalent und sein Privatvermögen, das er in den Aufbau und die Ausrüstung einer Privatarmee – so nannten sie seine Gegner– investierte. Sein guter Name und seine Beliebtheit unter der Landbevölkerung trugen zum Anwachsen der Heimwehr bei. Pflichterfüllung, Mut, Patriotismus und Einsatz für andere gehörten zu den adeligen Erziehungszielen, die Starhemberg vollkommen verinnerlicht hatte.

Dr. Vincenz Liechtenstein, ehemaliger Bundespolitiker und Landwirt, bemerkte zur damaligen Situation des Adels: „Das Problem des Adels in der Ersten Republik war, daß er noch an den Kaiser gebunden war. Sie waren gewohnt, daß sie kommen, wenn der Kaiser ruft. Ansonsten haben sie Ruhe zu geben. Wenn nicht Starhemberg, der damals noch sehr jung war, das Heft energisch in die Hand genommen hätte, wären die Adeligen niemals aktiv geworden. Immerhin hat dies Österreich vor den Kommunisten gerettet. Wenn es wirklich ernst wird, dann treten Adelige auf den Plan.“ [48] Der politische Gegner beurteilte Starhembergs Absichten naturgemäß anders. Sein Ziel sei es gewesen, „die Vorkriegsordnung wiederherzustellen, dem Adel und dem Großgrundbesitz wieder die ihm gebührende Geltung zu verschaffen und das Proletariat niederzuwerfen“.[49]

Ein Comeback im Ständestaat

Wie verhielt sich nun der Adel in einer Phase, als er erstmalig nach dem Ende der Monarchie die Chance bekam, wieder eine politisch führende Rolle zu spielen?

Der Ständestaat beruhte auf dem Prinzip der berufsständischen Ordnung, entnommen aus der Lehre der katholischen Kirche, der Enzyklika „Quadragesimo anno“ von Papst Pius XI. In Österreich kam es jedoch zu einer Vermischung von berufsständischer und geburtsständischer Ordnung. Die Land- und Forstwirtschaft war im Sinne des Berufsstandes außergewöhnlich gut in den politischen Gremien vertreten. Auffällig war außerdem, daß unter den Mitgliedern des Staatsrates und des Bundestages sehr viele Angehörige des Hochadels zu finden waren. Gleichzeitig besaßen die aus alten österreichischen Adelsfamilien stammenden Spitzenfunktionäre aber allesamt Güter und Land- und Forstwirtschaften. Beispielsweise Graf Botho Coreth, Mitglied des Staatsrates von November 1934 bis April 1936 und des Bundestages. Er erbte das Familiengut in Hochscharten, Oberösterreich und engagierte sich ab 1927 in der Heimwehr. Oder: Graf Rudolf Hoyos verwaltete die Güter im niederösterreichischen Waldviertel und war von 1934 bis 1938 im Staatsrat und Bundestag politisch aktiv. Zusätzlich betätigte er sich in der Heimwehr und in diversen Forstverbänden. Auch Graf Ferdinand Piatti, Graf Georg Thurn-Valsassina und dessen Schwager Fürst Starhemberg waren Gutsbesitzer und führende Politiker des Ständestaates. Fürst Alois Schönburg-Hartenstein und Graf Wilhelm Leiningen-Westerburg entstammten deutschen Adelsfamilien und hatten als Offizier und als Wissenschafter politische Funktionen inne. Ebenfalls Gutsbesitzer und Justiz- beziehungsweise Außenminister war Baron Egon Berger-Waldenegg. Schlußendlich hatte auch Kurt von Schuschnigg adelige Vorfahren und heiratete als Häftling des Konzentrationslagers Dachau Gräfin Vera Czernin.

Der Legitimist Kurt von Schuschnigg förderte den Adel bewußt. Gleich zu Beginn seiner Regierung hob er das Adelsverbot sowie das Habsburgergesetz auf; außerdem hielt er regelmäßigen Kontakt mit dem im Exil lebenden Otto von Habsburg. Ihr Vermögen wurde den Habsburgern teilweise zurückgegeben. Auch der restliche Adel hielt Kontakt zu Otto von Habsburg. Die Vereinigung katholischer Edelleute bat ihn etwa, die Schutzherrschaft zu übernehmen. In einem Brief an den Vorsitzenden, Generaloberst Schönburg-Hartenstein, schrieb Habsburg: „Ich baue darauf, daß der katholische Adel in Österreich mir schon auf dem Wege zum Thron und auch nach der Wiederherstellung der Monarchie eine starke Stütze sein wird.“ [50]

Eine der führenden Persönlichkeiten der Sozialdemokratie, Dr. Otto Bauer, sagte angesichts dieser Entwicklungen: „Habsburg vor den Toren: Hat der Adel die Herrschaftsstellung, die er im Jahre 1918 verloren hatte, wiedererrungen, indem er die Heimwehr in das Instrument seines Klassenkampfes verwandelt [...], so kann er diese Herrschaft dauernd nur behaupten durch die Wiederherstellung eines Hofes, in dem er den Monarchen umgibt und durch ihn die entscheidenden Führerstellungen im Heer, in der Bürokratie, in der Diplomatie monopolisiert."[51]

Trotz zahlreicher Maßnahmen im Sinne der Legitimisten wehrte Schuschnigg direkte Eingriffe Otto von Habsburgs in seine Regierungstätigkeit ab und entfernte Fürst Starhemberg aus der Regierung. Auch das Angebot Habsburgs, als die Drohungen Hitlers gegen Österreich immer heftiger wurden, ihm die Kanzlerschaft zu übertragen, lehnte Schuschnigg ab. Er bezeichnete sich als Monarchist und hätte auch im Falle einer Restauration nur Otto von Habsburg als Prätendent akzeptiert. Er förderte somit zwar die Anliegen des Adels und der Habsburger, entmachten ließ er sich von diesen allerdings nicht. Außenpolitisch gesehen vertrat er die Meinung, daß eine Wiedererrichtung der Monarchie den Bestand des Staates gefährdete. Diese Ansicht vertrat er gegenüber Mussolini, der zu diesem Zeitpunkt jedoch keine Gefährdung Österreichs darin sah.[52]

*

Österreichische Aristokraten halfen wesentlich mit, Putschversuche von links und rechts, von Kommunisten und Nationalsozialisten zu vereiteln. Ihr starkes Engagement in der Heimwehr machte sie aber zu Gegnern der Sozialdemokraten. Sie verteidigten ihre Heimat, was seit Jahrhunderten zu den Pflichten des Adels zählte, und ihre persönlichen Ideale. Sich für eine Demokratie einzusetzen, gehörte nicht hierzu. Graf Rudolf Hoyos, damals Präsident des Bundestages, bezeichnete die Erste Republik als „fluchbeladenes Gerümpel einer überspitzten, betrügerischen Demokratie, einer volksfeindlichen bonzenfreundlichen Parteipolitik"[53], die man durch den der christlichen Lebensauffassung entsprechenden Ständestaat ersetzte. Teile des Adels setzten sich im Ständestaat deshalb alsbald für eine Wiedererrichtung der Monarchie ein, nachdem man nichts getan hatte, den Sturz der Habsburger zu verhindern. Es entstand der Eindruck, daß der Adel mit Gewalt wiedererringen wollte, was man ihm 1918 genommen hatte.

Der Adel als politische Kraft im Ständestaat war also weniger faschistisch, eher monarchistisch und vor allem patriotisch. In diesem Sinne fühlte er sich ungerecht beurteilt und gekränkt, weil man seinen Einsatz für Österreich und gegen Hitler kaum würdigte. So meinte Gisbert Spiegelfeld, dessen Vater als Mitglied der „Vaterländischen Front“ und Anti-Nazi nach 1938 um seine Existenz gebracht wurde, daß man „die christlich-soziale Bewegung und ihre Anhänger, die den Nazismus bis zum eigenen Untergang bekämpften,‚faschistisch‘ nennt, was meist mit ‚nazistisch‘ gleichgesetzt wird, bleibt mir unverständlich und stimmt mich empört“.[54]

Das Jahr 1927 blieb in erster Linie in zutiefst schmerzlicher Erinnerung der betroffenen Arbeiterschaft. Der bewaffnete Kampf der „Heimwehraristokraten“ (dieser Ausdruck stammte von Otto Bauer) gegen die Arbeiter überdeckte deren Leistungen bei der Abwehr des Kommunismus und des Nationalsozialismus. Der Gesamteindruck, den die wieder in die Politik zurückgekehrten Adeligen in Österreich hinterließen, war in der breiten österreichischen Bevölkerung negativ.

Noch heute divergieren Selbst- und Fremdbild des Adels in bezug auf seine Rolle während des Ständestaates. Der Adel – ausgenommen der Teil, der dem Nazismus nahestand – sah und sieht sich als patriotischen und selbstlosen Retter Österreichs vor Kommunismus und Nationalsozialismus in einer Zeit, als kaum jemand an Österreich glaubte. Die österreichische Bevölkerung behielt vielmehr in Erinnerung, daß der Adel den autoritären Ständestaat und seine adelsfreundliche Grundhaltung dazu nützte, die Macht an sich zu reißen und an einer Wiedereinführung der Monarchie zu arbeiten. Diese Erlebnisse machten viele, vor allem Linke, noch skeptischer gegenüber dem Adel als nach 1918.

Täter und Opfer: Der Adel im Nationalsozialismus

Mit dem Einmarsch Hitlers in Österreich änderte sich das öffentliche Bild über den Adel abermals schlagartig. Denn die Funktionäre des Ständestaates wurden entmachtet und ins Konzentrationslager deportiert. Ebenso erging es allen anderen deklarierten Gegnern Hitlers. Nur die Flucht konnte eine Rettung vor diesem Schicksal sein. Hitler entfernte den Adel, sofern er nicht eindeutig mit den Nazis sympathisierte, aus allen politischen Gremien, aus der Wissenschaft und aus der Beamtenschaft. Immerhin war 1938 ein Drittel der Sektionschefs adelig. In den ersten Transporten nach Dachau war ein erheblicher Anteil adelig: Bundeskanzler

Schuschnigg, der Professor für Bodenkultur Hans Karl Zeßner-Spitzenberg, Max und Ernst Hohenberg, Alois Schönburg-Hartenstein und viele andere.

Der Schlüssel zum Verhalten des österreichischen Adels in der NS-Zeit liegt in seiner Einstellung und Beziehung zu Hitler. Dieses war geprägt von gegenseitiger Verachtung. Man betrachtete ihn als kleinbürgerlichen Emporkömmling ohne Manieren. Baronin Maria Trapp berichtete, daß sie und ihr Gatte anläßlich eines Museumsbesuchs Hitlers ausgesprochen vulgäres und schlechtes Benehmen aus der Nähe beobachten konnten. Umgekehrt verachtete Hitler die österreichischen Adeligen, die er als „degeneriert und unfähig“ bezeichnete. Er mißtraute dem Adel, selbst den ihm vorerst dienenden Offizieren, und wollte sich nicht auf ihn verlassen. Wie die Putschversuche, etwa der Gruppe um den deutschen Grafen Stauffenberg im Jahr 1944, gegen ihn zeigten, bestanden seine Vorbehalte und sein Mißtrauen zu Recht.

In Deutschland sympathisierten große Teile des Adels mehr oder weniger offen mit dem Nationalsozialismus. Die offizielle Organisation des deutschen Adels, die „Adelsgenossenschaft“, war deklariert antisemitisch eingestellt; Hitler nahm diese Organisation sogar unter seinen Schutz. Jene Mitglieder, die den verschärften rassischen Bedingungen nicht entsprachen, wurden aus der „Adelsgenossenschaft“ ausgeschlossen. Die von Hitler versprochene politische Rolle gestand man dem Adel jedoch nicht zu. Im Unterschied zu Deutschland verbot Hitler in Österreich die Adelstitel sogar und hob die bis dahin von den Sozialdemokraten noch unangetasteten Fideikommisse auf.

Abgesehen von der emotionalen Ablehnung Hitlers als Person: Was waren für den österreichischen Adel die wesentlichen Gründe, den Nationalsozialismus mehrheitlich abzulehnen? „Sehr im Gegensatz zum Adel im sogenannten ‚Altreich‘, wo es nicht wenige Standesgenossen gab, die in der nationalsozialistischen Machtergreifung zunächst ein Wiedererstarken vaterländischen Bewußtseins und einen Sieg über die proletarische Revolution begrüßt hatten, stand man in österreichischen Adelskreisen der braunen Bewegung im allgemeinen sehr ablehnend gegenüber,“ [55] schätzte ein Adeliger die Situation ein. Vorerst sah der Adel, wie viele andere, in Hitler eine Möglichkeit der Revanche für die Niederlage im Ersten Weltkrieg und die schmerzlichen Friedensbedingungen. Doch widersprach der Anschluß Österreichs an das Deutsche Reich entschieden dem Österreich-Patriotismus des österreichischen Adels. Er hatte selbst nach dem Ersten Weltkrieg, als alle politischen Gruppen im Parlament den Anschluß wollten, an der Eigenständigkeit Österreichs festgehalten. In diesem Sinne schlossen sie sich auch der Hitler-Gegnerschaft des im Exil lebenden Erzherzogs Otto an, gleichgültig, ob sie sich zum Legitimismus bekannten oder nicht. Außerdem hatten sich viele Aristokraten im Ständestaat engagiert und wurden nun vom NS-Regime verfolgt. In Deutschland wurde Hitler als Retter vor dem Kommunismus betrachtet, in Österreich hingegen erfüllte bereits der Ständestaat diese Aufgabe. Schlußendlich war dem zum Großteil erzkatholischen österreichischen Adel der Kirchenfeind Hitler aus religiösen Gründen zuwider. Seinen primitiven Judenhaß teilte man nicht, denn einige waren ja durch Heiraten mit großbürgerlichen jüdischen Familien verbunden. „Außerdem war den vorwiegend christlich [...] eingestellten Adeligen der primitive Antisemitismus und Rassenwahn des Nationalsozialismus ebenso wesensfremd wie die Forschung nach einer ‚artgemäßen germanischen Religion'".[56]

Angesichts dieser Tatsachen wundert es nicht, daß viele Adelige im In- und Ausland gegen Hitler und sein System arbeiteten, sondern vielmehr, daß trotzdem etliche NS-Sympathisanten aus adeligem Haus stammten. Auf der Proponentenliste des „Deutschnationalen Volksbundes", einer NS-nahen Organisation, die in der Zeit des Ständestaates gegründet wurde, finden sich neben Industriellen und politischen Funktionären auch die Namen adeliger Großgrundbesitzer.

*

Die Demarkationslinien zwischen Gegnern und Sympathisanten der Nationalsozialisten gingen quer durch die traditionell auf Zusammenhalt Wert legenden Adelsfamilien. Mitglieder der Familie Czernin-Chudenic emigrierten nach dem Anschluß in die USA, wo sie für die Unabhängigkeit Österreichs arbeiteten, während ein anderer Czernin, Bruder des Widerstandskämpfers und Exilanten Ferdinand Czernin, als Mitglied des Nazi-Vereines „Neues Österreich" aufschien und von einem Standesgenossen noch heute als

„Super-Nazi" bezeichnet wird. Unrühmlich waren die Aktivitäten des Universitätsprofessors Wenzel Gleispach, der als Erfinder des Volksgerichtshofes gilt und der Hitler als „größten Sohn unserer Heimat" apostrophierte.[57] Ebenso gespalten wie die Familie Czernin waren die Grafen Khuen: Alois Khuen, Kriminalbeamter, war Mitgefangener des Widerstandskämpfers Heinrich Schwarzenberg, der im KZ Buchenwald interniert wurde. Carl Khuen, Großgrundbesitzer, schien 1937 auf einer Mitgliederliste des NS-nahen „Deutschen Clubs" auf.

Unter dem österreichischen Hochadel gab es einzelne, die sogar Nutznießer enteigneter Juden wurden, weil sie sich bei NS-Behörden um die Übernahme und damit Rückgabe ihrer einstigen, verlorenen Betriebe bewarben. Dennoch blieben Fälle, die offen mit den Nazis sympathisierten oder für sie aktiv wurden, deutlich in der Minderheit. Eine Auswertung der Akten des Dokumentationsarchivs des Österreichischen Widerstands zeigt, daß 84 Prozent der dort aufscheinenden Grafen oder Fürsten politisch verfolgt oder inhaftiert oder aktiv im Widerstand tätig wurden. Von diesen (es handelte sich um 82 Personen) kamen neunzehn in Konzentrationslager oder wurden sofort ermordet. Nur fünfzehn Adelige hatten eine tatsächliche Nähe zum nationalsozialistischen Regime, drei von ihnen waren NSDAP-Mitglieder. Bedenkt man, wie wenig aktiven Widerstand es unter dem Druck der nationalsozialistischen Herrschaft in Österreich gab und wie klein die Gruppe der Hocharistokraten war, so ist ihr Anteil an Widerstandskämpfern und Inhaftierten enorm.

Der Widerstand im Inland formierte sich gleich nach dem Anschluß. Er war in unterschiedliche, organisatorisch und weltanschaulich oft völlig getrennte Gruppen zersplittert. Eine dieser Gruppen war der vom Studenten Johannes Eidlitz gegründete „Österreichische Kampfbund", der sich mit vielen anderen Gruppen im Laufe des Jahres 1944 zu der unter der Bezeichnung „O5" bekannt gewordenen Widerstandsbewegung vereinigte. Zu den engsten Mitarbeitern der von Hans von Becker organisierten Bewegung gehörten, neben Sozialdemokraten, katholische und konservative Gruppen, in denen meist auch junge Adelige aktiv waren. Zum Beispiel Willi Thurn und Taxis, der Führer der seit 1941 bestehenden Widerstandsgruppe „Prinz Eugen"; der bereits erwähnte Johannes Eidlitz, der den auf Sabotage und Propaganda spezialisierten „Österreichischen Kampfbund" anführte, und der aus bayrischem Adel stammende Rudolf Marogna-Redwitz.

Oswald Trapp, Landeskonservator von Tirol, zählte zur Innsbrucker Organisation der „O5". Er überlebte, im Gegensatz zum Rechtsanwalt Georg Thun-Hohenstein, dem Hauptverbindungsmann der „Österreichischen Legion" zur „O5". Seine Hauptaufgabe war der Kontakt zu den jugoslawischen Partisanen, weshalb er im Februar 1945 von Ustaša-Leuten bei Schloß Visell ermordet wurde.

Die Eltern des führenden Widerstandskämpfers und späteren Verlegers Fritz Molden wurden ebenfalls entdeckt und von der Gestapo verhaftet: Ernst Molden und die Schriftstellerin Paula von Preradović. Auch Monarchisten zählten zur „O5", wie etwa Dr. Josef Ezdorf: „Die österreichischen Monarchisten, zweifellos der Tradition eines selbständigen österreichischen Staates und der besonderen Aufgabe des österreichischen Menschen im Donauraum verbunden, gehörten vom ersten Tag des Einmarsches der deutschen Truppen an zu den erbittertsten Gegnern des nationalsozialistischen Dritten Reiches."[59]

Katastrophal endete eine eigenständige, im Raum St. Pölten operierende Gruppe. Sie wurde verraten. Ihre Mitglieder wurden am 13. April 1945, wenige Tage vor der Ankunft der sowjetischen Armee, hingerichtet – unter ihnen das Ehepaar Ellie und Josef Trauttmansdorff. Ihr Schloß Pottenbrunn in der Nähe St. Pöltens diente als Treffpunkt der Widerstandsgruppe. Ihr hochgestecktes Ziel bestand darin, beim Herannahen der Roten Armee die führenden Köpfe der NSDAP und der Gestapo zu inhaftieren und die Stadt durch die Entwaffnung der SS-Verbände vor Zerstörungen zu schützen. In dieser, wie in jeder, Widerstandsbewegung verschwanden alte Standesgrenzen und Gegensätze angesichts der Bedrohung der gemeinsamen Heimat. So waren die Schicksalsgenossen der Trauttmansdorffs, die mit ihnen für Österreich in den Tod gingen, der Arbeiter und Kommunist Anton Klarl und der Katholik und stellvertretende Polizeichef von St. Pölten, Dr. Otto Kirchl, beide mitsamt ihren Ehefrauen. Eine Schrift, herausgegeben von der Bezirksorganisation der KPÖ, beschrieb die Zusammensetzung der Gruppe: „In ihr arbeiteten österreichische Patrioten der verschiedenen politischen Richtungen zusammen, Katholiken, Kommunisten und alte Sozialdemokraten."[58]

Vom Adel angeführt wurde die Widerstandsgruppe „Helfenberg", die von Peter Revertera, Herr auf Schloß Helfenberg, gegründet wurde. Die Gruppe umfaßte seine Frau Ida, eine geborene Schwarzenberg, seine Kinder Hippolyt und Josefine, Ferdinand und Anna Piatti, Josef Huyn und dreißig weitere, vorwiegend aus der Umgebung von Helfenberg stammende Mitglieder. Peter Revertera, als ehemaliger Landesrat und Sicherheitsdirektor ohnehin für die Gestapo verdächtig, wurde entdeckt und von 1938 bis 1945 im Konzentrationslager interniert.

Ebenfalls im KZ Dachau in Haft waren die „Kärntner Grafen": Dr. Georg Thurn-Valsassina, der Schwager Ernst Rüdiger Starhembergs, Bundesjugendführer im Ständestaat, und sein Cousin Otto sowie Alois Lodron. Alle wurden im Zusammenhang mit dem Attentat auf Hitler im Juli 1944 verhaftet. Anton Goëss zählte ebenfalls zu dieser Gruppe; er war zwischen 1938 und 1944 insgesamt dreimal in Haft. Ein ehemaliger Mithäftling in Dachau, Hermann Knorr, der „mit Aristokraten persönlich noch nicht viel zu tun gehabt hatte", berichtete in einem Zeitungsartikel von seinen Erlebnissen – unter anderem von dem Verhalten der vier: „In allen Lagern aber, wo ich diesen Grafen nachspüren konnte, zwangen sie mir menschliche Hochachtung ab. [...] Sie blieben Meister darin, Haltung zu bewahren, und diese Haltung konnte in Dachau nicht nur Fassade sein." [60] Georg Thurn-Valsassina beschrieb er als stolz, untadelig höflich und distinguierte Persönlichkeit.[61] Otto Thurn lebte still für sich, hatte einen Sprachfehler und übernahm gern Stubendienste. Alois Lodrons Benehmen sei stets überlegen und untadelig gewesen und seine Haltung habe verraten, was der Begriff Aristokratie an seelischen und geistigen Werten deuten wollte. An Anton Goëss hingegen fielen ihm das „exklusive Wesen" und die „menschliche Schlichtheit und Würde" auf.

Die Grafen hatten ihren Mithäftling offenbar sehr beeindruckt ...

*

Die gemeinsame KZ-Haft brachte nicht nur Sozialisten und Christlich-soziale einander näher, sondern auch die Adeligen und ihr Land. Sie lernten Solidarität mit dem kleinen Österreich zu fühlen. Angesichts des Verschwindens Österreichs von der Landkarte erwachte in ihnen ein neuer Patriotismus. Das anerkannte sogar der linke Gewerkschafter und Adelsfeind Josef Hindels: „Katholische Priester, Sozialisten, Kommunisten, Freigewerkschafter, christliche Gewerkschafter, ehemalige Würdenträger der austrofaschistischen Diktatur, Arbeiter, Bauern, Beamte, Wissenschaftler, Künstler – sie alle wurden von einem österreichischen Patriotismus erfüllt, wie es ihn weder im habsburgischen Völkerkerker noch in der Ersten Republik jemals gegeben hat."[62]

Den vielen Adeligen, die im Widerstand aktiv waren, aber auch den Monarchisten und Katholiken, wurde jedoch im Vergleich zu den Aktivitäten der Sozialdemokraten kaum Aufmerksamkeit geschenkt. Während die katholische Beteiligung nach und nach aufgearbeitet und bekannt wurde, bleiben und blieben die anderen Gruppen bis heute völlig ausgeklammert. Die monarchistische Zeitschrift „Doppeladler" vermutete: „Man schweigt die Monarchisten gerne tot, weil man sich vielleicht geniert, daß es gerade unter dieser Gruppe von Österreichern so viele gegeben hat, die für Österreich als Märtyrer gestorben sind".[63]

Der monarchistische und legitimistische Widerstand ist aber keinesfalls gleichzusetzen mit dem Adel schlechthin, der sich nach unterschiedlichen ideologischen Richtungen hin orientierte. Die Mehrheit der Legitimisten und des Widerstandes bildeten Bürger verschiedener sozialer Herkunft. Die anderen politischen Gruppierungen, besonders die linken, unterstellten den adeligen Widerstandskämpfern aber bald, nicht für die Freiheit, sondern nur für die Wiedererrichtung der Monarchie und für die Interessen der Habsburger zu kämpfen.

Diese Vorwürfe betrafen vor allem die im Ausland, in der Emigration, Agierenden.[64] In Amerika führte Ferdinand Czernin die „Austrian Action", die ihre Arbeit im März 1941 begann und nach einem Jahr Aktivität bereits acht Filialen in den USA und fünf in Lateinamerika aufgebaut hatte. Das „Austrian Office" beziehungsweise „Office Autrichien" wollte gleichzeitig in Paris und London eine Exilregierung etablieren. Es kam aber zu keiner Einigung mit den Sozialdemokraten; die Bewegung war zu stark legitimistisch geprägt. Äußerst aktiv, jedoch mit wenig langfristigem Erfolg, waren Ernst Strachwitz und Hans Huyn, die das „Austrian Office" als repräsentativ für alle früheren parlamentarischen Parteien darstellten. Eine gravierende Schwäche dieses Komitees war, daß es sich sowohl nach links zu den Kommunisten scharf abgrenzte als auch die große jüdische Emigration nicht miteinbezog. Seine Hauptaufgabe bestand in der Mobilisierung der Kräfte zur Befreiung Österreichs durch die Alliierten. Das „Austrian Office" wurde als rein monarchistische Organisation eingeschätzt und von den Sozialdemokraten und ehemaligen Volksfront-Organisationen heftig angegriffen. Die Britische und die Französische Regierung negierten die Bemühungen, besonders der Brüder Habsburg, jedoch keineswegs. Sie verweigerten aber sowohl ihnen als auch dem „Austrian Office" die offizielle Anerkennung als Repräsentanten Österreichs. Schließlich trat das „Austrian Office" dem „Free Austria Movement" bei. Diese linksdominierte Bewegung war um die Integration des konservativen Bürgerblocks bemüht. Zu seinen Gründungsmitgliedern zählten Ferdinand und Beatrix Czernin.

In Frankreich sammelte unterdessen Otto von Habsburg den vorwiegend legitimistischen Widerstand und versuchte, Kontakte zur linken Emigration zu knüpfen. Durch seine persönlichen Beziehungen gelang es ihm, bis zu höchsten Politikern in Frankreich und später in den USA vorzudringen und für ein eigenständiges Österreich zu sprechen.[65] Die Geister schieden sich allerdings daran, wie dieses selbständige Österreich in Hinkunft aussehen sollte. Habsburg propagierte ein Österreich, das an die Traditionen der Habsburgermonarchie anknüpfen sollte; wofür er Verständnis und Unterstützung von Roosevelt und Churchill erhielt. Die Sozialdemokraten, inzwischen geheilt von der Anschlußidee, wollten eine Republik Österreich. Es herrschte großes Mißtrauen unter den einzelnen Widerstandsgruppen, was ihre Ziele betraf. Das war auch der Grund, daß es letztlich nicht gelang, die Österreicher in der Emigration zu einigen und mit einer Stimme zu sprechen. Der Streit und die Uneinigkeit der ideologisch unterschiedlich orientierten Gruppen, die die innenpolitischen Konflikte der vergangenen Jahrzehnte in der Emigration nicht beilegen konnten, schadeten dem bedrängten Österreich. Die Alliierten konnten auf diese Weise nicht überzeugt werden, rasch etwas für die Befreiung Österreichs zu tun.

*

Die Rolle des Adels in der NS-Zeit und seine Aktivitäten im Widerstand sind bisher in der öffentlichen Diskussion nicht entsprechend beachtet und beurteilt worden: Dem einzelnen Gönner und Sympathisanten der Nationalsozialisten aus österreichischem Adel standen zahlreiche andere gegenüber, die ihr Leben für Österreich einsetzten und für seine Befreiung kämpften. Ob dieses Österreich dann eine Monarchie oder eine Republik sein würde, war bei ihrem Handeln nicht entscheidend.

Die Zweite Republik: Versöhnung mit der Vergangenheit

Die schrecklichen Kriegsjahre und die Erlebnisse unter dem NS-Regime hatten die Haltung der Österreicher zu ihrem Land und gegenüber politisch Andersdenkenden verändert. Als Österreich von der Landkarte verschwand, fand der Adel zum kleinen Österreich und trauerte nicht länger dem Großösterreich der Monarchie nach. Noch immer waren Besatzer im Land, die von der Bevölkerung und vom Adel als drückend empfunden wurden – nicht nur, weil sie die Schlösser verwüsteten. In einer Rede vor dem Parlament bezeichnete der Abgeordnete Ernst Strachwitz die Besatzer als „Schande" für Österreich, denn es wäre zwar befreit, aber immer noch besetzt.[66] Insgesamt war die Einstellung des Adels zur Zweiten Republik nach der Unterzeichnung des Staatsvertrages weniger feindselig als zur Ersten Republik. Dennoch war sie für Strachwitz „eine bittere und herbe Enttäuschung"[67], weil die Fehler der Ersten Republik wieder begangen wurden und kaum Vertrauen in die künftige Demokratie bestand. Manchen Adeligen fehlte noch der feste Glaube, aber sie waren insofern mit der Republik versöhnt, als sie sich ihr als demokratisch gewählte Abgeordnete zur Verfügung stellten. Man erkannte, daß ein Zurückziehen in die innere Emigration und Warten auf das Scheitern der Republik nicht eine Wiederkehr der Monarchie, sondern die Diktatur brachte!

Der Ruf nach Mitgestaltung der Demokratie Österreichs, der von Fanny Starhemberg schon drei Jahrzehnte zuvor erschollen war, wurde endlich gehört und in die Tat umgesetzt. In diesem Sinne stellten sich Vertreter der ehemaligen Hocharistokratie der demokratischen Wahl. Ein Mann der ersten Stunde war Hans Kottulinsky, der dem ersten Nationalrat von 1945 bis 1959 angehörte. Barthold Stürgkh war Abgeordneter zum Nationalrat von 1949 bis 1965, und Leopold Goëss vertrat Kärnten im Bundesrat von 1962 bis 1974. Adelige gestalteten als Politiker der Zweiten Republik bis hin zu Ministern Österreich mit. Den Spielregeln der Demokratie entsprechend, gehörten sie unterschiedlichen Parteien an. Das Gros wurde von der ÖVP gestellt, einige gehörten der FPÖ und anderen liberalen Parteien an. In den ersten Jahrzehnten der Republik gab es zwar keine eigene Adelspartei, doch fanden sich Adelige allesamt in den konservativen und rechten politischen Parteien. Der klassische adelige Politiker war Land- und Forstwirt und der ÖVP zugehörig. Der erste Organisationssekretär der ÖVP beispielsweise, Johannes Eidlitz, ist adelig. Er setzte nach dem Krieg aus Mangel an qualifiziertem Personal viele seiner Freunde aus dem Adel als Bezirksfunktionäre ein. Allerdings konnten diese sich nicht für lange Zeit behaupten. Ihre Parteikollegen wählten sie bald wieder ab, weil sie sich bevormundet und autoritär behandelt fühlten. Die Adeligen wären ihnen suspekt gewesen, und sie hätten Bürgerlichen aus ihrer Mitte den Vorzug gegeben.

*

Tief in seinem Inneren blieb der Adel auch in der Zweiten Republik legitimistisch gesinnt. Eine Restauration war aber in noch weitere Ferne gerückt und erschien völlig unrealistisch. Dementsprechend distanzierte sich der Großteil des heutigen Adels von der monarchistischen Bewegung. Er hat sich mit der Republik abgefunden. Man paßte sich an die neuen Verhältnisse aufgrund der mangelnden Alternativen an. Gänzlich mit der Republik ausgesöhnt hat sich der Adel aber nicht. Denn die Republik anerkennt seine auf Geburt beruhende Elitefunktion nicht an, sondern bildet ihre Elite auf Basis eines breiten Wettbewerbs. Während sich viele seufzend fügten, ging ein Teil in die Offensive und stellte sich dem Wettbewerb. Schon nach dem Ersten Weltkrieg kam nach der Phase des Rückzugs das Streben nach einer neuerlichen politischen Führungsrolle. Man ergriff die erste – ungünstige – Gelegenheit und folgte bereitwillig der Einladung der Spitzen des Ständestaates. Dem Image des Adels schadete sein politisches Engagement in einem autoritären Regime nachhaltig und schürte das Mißtrauen hinsichtlich seiner Absichten in der Politik. Das war einer der Gründe, weshalb die Kandidatur Adeliger nach dem Zweiten Weltkrieg und das Verhältnis der Parteien zum Adel sich oft problematisch gestaltete.

*

Die ÖVP stellte in der Zweiten Republik die meisten adeligen Abgeordneten im Nationalrat und Bundesrat. Großgrundbesitzer als Vertreter der Land- und Forstwirtschaft sollten mit ihrer Erfahrung auf diesem Gebiet und ihren klingenden Namen der Partei nützlich sein. Vor allem die Bundesländer Steiermark, Oberösterreich und Kärnten setzten auf adelige Landwirte. Dieses Faktum bedeutete aber nicht, daß die ÖVP adelsfreundlich war. Vielen ÖVP-Funktionären waren die adeligen Großgrundbesitzer wegen ihres ausgeprägten Selbstbewußtseins und ihrer Unabhängigkeit im Denken und Handeln zu autoritär. Ein Beteiligter aus dem Adel meinte zur damaligen Situation: „Die Proponenten der Partei haben nicht den Besten gewählt, auch nicht den Gescheitesten, auch nicht den Dümmsten, sondern einen möglichst Durchschnittlichen, der ihnen am meisten entsprochen hat. Das bedeutet natürlich das Ende jeder Elite! Es kommt nur noch kleinbürgerlicher Durchschnitt." Gefragt seien die „schwarzen Clothhosen" des ÖAAB gewesen, die aber mit Adeligen nichts zu tun haben wollten. Diese Bemerkung verdeutlicht die tiefe Abneigung und das gespannte Verhältnis zwischen den beiden Gruppen innerhalb der ÖVP. Neben persönlichen Gründen kam wieder das Engagement der Adeligen im Ständestaat hinzu. Sie waren verdächtig, keine Verfechter der Demokratie zu sein. Die neugegründete ÖVP wollte keinesfalls in direkter Linie mit dem Ständestaat gesehen werden und mußte jede Verbindung von vornherein vermeiden. Die Entsendung von Barthold Stürgkh und Hans Kottulinsky in den Nationalrat in den vierziger Jahren war angesichts der zeitlichen Nähe zur Schuschnigg-Ära für die ÖVP ein relativ riskantes Unterfangen.

Noch in den neunziger Jahren zeigte sich die Skepsis gegenüber adeligen Spitzenpolitikern. Als Beispiel dient die Kandidatur Karl Habsburgs bei den Wahlen zum Europaparlament. Die Meinungen in der ÖVP gingen in dieser Frage stark auseinander. Insider sprachen sowohl von Begeisterung als auch von strikter Ablehnung. Das positive Wahlergebnis ließ die Skeptiker aber vorübergehend verstummen. In der breiten Bevölkerung Österreichs existierten am Ende des zwanzigsten Jahrhunderts offenbar weit weniger Ressentiments gegenüber einem jungen Habsburger als zu dessen Beginn. Heute ist ja auch keine Restauration mehr zu befürchten. Allerdings brachten ungeschickte private Aktionen Karl Habsburg des öfteren in die Schlagzeilen; er schädigte damit sein Ansehen und politisches Gewicht. Innerhalb der Partei wurde Kritik laut und die Ablöse Habsburgs gefordert. Ein Träger eines derart bekannten und historischen Namens mußte damit rechnen, in der Öffentlichkeit mit weitaus strengeren Maßstäben gemessen zu werden als andere. Bei den öffentlichen Debatten beobachtete man, daß bei einem Adeligen besonders hohe Ansprüche an dessen Moral und Anständigkeit gestellt werden.

*

Parteien, die immer wieder Adelige in Schlüsselpositionen entsandten, sind die FPÖ und ihre Vorgängerpartei, der VdU. Einer der erfolgreichsten Politiker dieser Partei war der Botschafter Dr. Wilfried Gredler, der zuletzt in den Europarat wechselte. Seine Tochter Martina setzte die politische Familientradition fort und kandidierte für das Liberale Forum im Europaparlament. Der Unternehmer Georg Mautner Markhof ist – anders als Manfred Mautner Markhof, der bis 1999 für die ÖVP im Bundesrat saß – ein deklarierter Liberaler. Er schien sich allerdings nicht ganz sicher zu sein, wo seine Gesinnung besser zum Tragen käme, und wechselte daher von der FPÖ zum LIF und wieder zurück und trat schließlich endgültig aus. Im Gegensatz zum sachorientierten und nüchternen Geschäftsmann Mautner Markhof fiel John Gudenus, Oberst und Gutsbesitzer, durch seine provokanten Äußerungen als Bundes- und Nationalrat auf. Die Sitzungsprotokolle geben beredtes Zeugnis darüber. Peinlich in Erinnerung ist vielen noch die Szene im Nationalrat, als Gudenus den damaligen Kunstminister Dr. Erhard Busek ob seiner zahlreichen Neuerwerbungen im Bereich der bildenden Kunst, insbesondere der Sammlung Leopold, kritisierte. Darauf Busek: „Herr Abgeordneter Gudenus! Wenn die Ahnen Ihrer Familie jene Haltung zur Kultur gehabt hätten, wären wir heute noch ein Urwald." Und Gudenus: „So eine Frechheit! Das ist eine persönliche Frechheit, Herr Vizekanzler! [...] Nehmen Sie das zurück!" Wieder Busek: „Nein, das nehme ich nicht zurück! Sie sind

Ihrer Familie nicht würdig."[68] Nach einem letzten heftigen verbalen Ausbruch verließ der Abgeordnete Gudenus den Plenarsaal.

Gudenus ließ immer wieder mit radikalen Aussagen und verbalen Entgleisungen aufhorchen. Als er schließlich noch die Existenz von NS-Konzentrationslagern anzweifelte, schlugen die Wogen der öffentlichen Empörung so hoch, daß seine Partei ihn ausschloß. Der Riß aufgrund seiner extremen politischen Positionen verlief auch privat tief und zeigte sich, indem sich einige Mitglieder der Familie Gudenus genötigt sahen, sich öffentlich von John Gudenus' Haltung zu distanzieren. Ein in Adelskreisen äußerst ungewöhnliches Vorgehen.

*

Interessant ist die Entwicklung des Verhältnisses des Adels zur SPÖ. Für den Adel war die Sozialdemokratie die Kraft, die die Monarchie zerstört und Kaiser Karl aus dem Land getrieben hatte. Als Großgrundbesitzer stand man in natürlichem Gegensatz zu jenen Kräften, die die Landarbeiter gegen den Adel aufhetzten und eigenen Boden, Versicherung und Lohnerhöhung forderten. Dementsprechend groß war die Abneigung, die man dieser Partei stets entgegenbrachte.

Die Prinzipien der Aristokratie und des Sozialismus waren von jeher unvereinbar und unversöhnlich: Auf der einen Seite das Prinzip des Individualismus, des Elitären und der hohen Bewertung der Familie, der Erblichkeit von Besitz und der daraus resultierenden ungleichen Chancen. Auf der anderen Seite die Gesellschaft als Verantwortungsträger für den einzelnen, die Chancengleichheit und das Ziel der gleichen Startbedingungen für alle. Das Geburtsprinzip gegen das Leistungsprinzip. „Ich bin das, als was ich geboren wurde" im Gegensatz zu „Ich bin das, was ich aus mir gemacht habe".

Viele Adelige werfen dem Sozialismus und besonders dem Kommunismus vor, die Gesellschaft nach unten zu nivellieren, die Werte aufzulösen und keine Eliten anzuerkennen. Rudolf Czernin, ein prononcierter Gegner dieser Ideen, widmete seiner Gegenargumentation mehrere Bücher; die sprechenden Titel „Der Weg ins Nichts" und „Wahrheit und Lüge". Ein Auszug: „Die nivellierende Gleichheitsidee des Sozialismus – aber ebenso auch die spießbürgerliche Kleinkariertheit der Rechten – ist diesem Gedanken eines 'aristokratischen Elements' in der Demokratie a priori entgegengesetzt, weil sie beide die Durchschnittlichkeit zur Norm erheben."[69] Das Ziel der egalitären Massengesellschaft ist so gesehen das genaue Gegenteil des adeligen Erziehungs- und Lebensideals.

Bis in die siebziger Jahre blieben beide Seiten unversöhnlich, als mit dem Großbürger Dr. Bruno Kreisky eine neue politische Leitfigur die Sozialdemokratie prägte. Er hatte keine Probleme mit dem Adel, scharte im Gegenteil junge Adelige um sich und förderte viele unter ihnen. Diese faszinierte er durch sein Beispiel, wie soziale Einstellung, eine der adeligen Tugenden, in der modernen Zeit politisch umgesetzt werden kann. Schließlich reichte er auch Otto von Habsburg symbolisch die Hand und wurde so zur treibenden Kraft für den Friedensschluß der Republik mit dem ehemaligen Herrscherhaus. Der Weltenbürger Kreisky schien so manchem Adeligen seelenverwandter als den Kernschichten der SPÖ.

Der Sozialismus bildet aber trotz aller Nivellierung ebenso seine Eliten. Man spricht in Österreich noch heute vom „roten Parteiadel", der in den seltensten Fällen mit echtem Adel verbunden ist. Über Max Kothbauer, damals Vorstand der Postsparkasse, bemerkte das „profil": „‚Sozialdemokratischer Adel' heißt es wohl, wenn der Vater einer der roten Industrieführer der Waldbrunner-Ära war und die Familie mütterlicherseits Leodolter heißt."[70] Und eine Tageszeitung betitelte ihn aufgrund seiner Eheschließung mit Pia Maria Prinzessin von und zu Liechtenstein als „Kleinen Prinzen". Es ist für österreichische Sozialdemokraten heute kein Widerspruch mehr, trotz ihrer politischen Überzeugung selbst adelig zu sein oder eine Adelige zur Frau zu haben. In anderen europäischen Ländern wie etwa in Deutschland war die Trennlinie nie so scharf. Der Widerspruch zwischen Sozialismus und adeligen Wertvorstellungen hinderte Aristokraten nicht daran, sich zur Sozialdemokratie zu bekennen und hohe Ämter zu bekleiden. Waren Karl Lütgendorff und Bielka-Karltreu noch die Ausnahme, so trifft dies für Caspar Einem und Rudolf Scholten nicht mehr zu – wobei letztere sich innerhalb ihrer Partei recht unterschiedlich positionierten.

Wiegt nun heute die Zugehörigkeit zu verschiedenen politischen Parteien mehr als die Zugehörigkeit zum Adel oder umgekehrt? Haben es die Republik und die lange Zeitspanne, die es den Adel offiziell nicht mehr gab, geschafft, ihn zu zersplittern?

Ein dazu befragter adeliger Politiker meinte, er habe zu Adeligen in anderen politischen Parteien ein gutes Verhältnis und sei mit den meisten per du. Dies habe in seiner Partei schon oft Verwunderung ausgelöst und man vermutete, er wolle überlaufen. Außenstehende könnten somit nicht verstehen, daß Parteigrenzen weniger wichtig sind als die Tatsache, daß jemand von Adel ist. Dennoch gebe es adelige „schwarze Schafe", Politiker, die in ihren Kreisen nicht ernst genommen werden, weil sie die ungeschriebenen Gesetze ihres Standes nicht befolgen. Davon abgesehen halte der Adel noch immer zusammen und fallweise hat er zu einem Standesgenossen einer anderen Fraktion mehr Vertrauen als zu so manchem Parteikollegen.

*

Die unterschiedliche Parteizugehörigkeit darf nicht darüber hinwegtäuschen, daß Adelige von einer relativ einheitlichen Erziehung und einem bestimmten Wertekanon geprägt sind. Die vorherrschende adelige Gesinnung ist auf der politischen Skala die konservative, selbst wenn sie in unterschiedlichen Parteien umgesetzt wird.

Große Anhängerschaft hingegen findet der sogenannte „Neo-Konservativismus". Dieser hat Abschied genommen von alt-konservativen Illusionen, Restaurationsversuchen und dem Wunsch nach der Rückkehr zu längst vergangenen Zuständen. Man will neue Modelle schaffen, gleichzeitig aber Werte und Überlieferungswürdiges bewahren, und einen, wie Vincenz Liechtenstein es nannte, „wertebewußten Fortschrittskonservativismus" pflegen. In seinem in dieser Frage grundlegenden Buch „Werte statt Worte" definierte er den modernen Konservativismus als „Überschreibung eines unveränderlich notwendigen Wertekanons in eine lebenswerte Gegenwart und erlebenswerte Zukunft".[71] Das Fundament des Neo-Konservativismus ist das Streben nach Bewahrung und das Festhalten an verbindlichen Grundwerten. Darin verbirgt sich eine Kritik an der ÖVP, für die Liechtenstein früher im Bundes- und Nationalrat saß, denn seiner Meinung nach war es „ein entscheidender Fehler einer auf christlich-sozialen Werten begründeten bürgerlichen Partei, diese Werte sehr bewußt unterwegs wegzulegen“.[72] Ihm geht es um die persönliche Verantwortung, die christlichen Grundwerte, das Recht auf Privateigentum, die Familie als Tragepfeiler der Gesellschaft und die Besinnung auf moralisches Handeln. Kaum ein Adeliger, auch wenn er sich einer anderen politischen Richtung zugehörig fühlt, würde gegen die Prinzipien der persönlichen Verantwortung und Integrität, der moralischen Grundwerte oder die zentrale Bedeutung der Familie für den einzelnen und die Gesellschaft sein Veto einlegen. Ihre gemeinsame Herkunft und Erziehung beeinflußt viele mehr, als sie selbst vielleicht wahrnehmen.

Die Skepsis der Parteien

Sehr viel differenzierter ist die Haltung der politischen Parteien zum Adel. Wie bereits anhand der Debatte in der Nationalversammlung anläßlich des Adelsgesetzes 1919 dargestellt, demonstrierten zunächst alle mehr oder weniger Distanz. Die Christlichsozialen taten sich gerade aufgrund ihrer ideologischen Nähe zum Adel schwer, sich als glaubwürdige Republikaner zu präsentieren. Ihr Verhältnis war ambivalent, ebenso jenes der Nachfolgerin ÖVP. Einerseits entsandte man in Relation zu den anderen Parteien die meisten Adeligen in die diversen politischen Gremien, andererseits wollte man nicht in den Verdacht geraten, zu viele Sympathien für die Monarchie, Habsburg oder den Ständestaat zu hegen. Gerade diese Nähe veranlaßte die ÖVP dazu, sich immer wieder abzugrenzen, dem Adel mit Vorsicht zu begegnen und sich nicht vereinnahmen zu lassen. Die SPÖ konnte in dieser Frage wesentlich unverkrampfter handeln, war sie doch völlig unverdächtig, das alte System wiederherstellen zu wollen. Ging es aber um prinzipielle Fragen und nicht um persönliche Wertschätzung, die führende Sozialdemokraten wie Kreisky oder Vranitzky Adeligen entgegenbrachten, sah die Sache anders aus. Bruno Kreisky zog sich mit seinem Vertrag mit der ČSSR über die Ablösung des dortigen österreichischen enteigneten Besitzes den Zorn der hauptsächlich betroffenen Adeligen zu. Sie fühlten sich beraubt und von Kreisky verraten.

Als Otto von Habsburg 1963 nach Österreich einreisen wollte, kam es zu scharfen politischen und medialen Auseinandersetzungen. Die linken Parteien beschuldigten die dem Ansinnen Habsburgs gegenüber positiv eingestellte ÖVP, einen Restaurationsversuch zu begünstigen. Es kam noch einmal zu einer Abrechnung der Sozialisten mit den tatsächlichen und vermeintlichen Verfehlungen der Monarchie. Die Polemik gegen Habsburg ging so weit, daß sie vom linksorientierten Journalisten Günther Nenning als „Habsburg-Kannibalismus" bezeichnet wurde.

Ähnlich kontrovers verlief die innenpolitische Debatte anläßlich der Frage der Rückerstattung des Vermögens der Familie Starhemberg Anfang der fünfziger Jahre. Die SPÖ und die Kommunisten vertraten die Ansicht, die Güter der Starhembergs müßten beschlagnahmt werden, um für die Opfer des Zweiten Weltkriegs Wiedergutmachung zu leisten. Schließlich sei Ernst Rüdiger von Starhemberg als Heimwehrführer und Funktionär des Ständestaates ein Faschist gewesen und trage dadurch Mitschuld am Leid vieler Österreicher. Die ÖVP wiederum hielt am für sie ausnahmslos gültigen Schutz des Privateigentums fest und trat gegen eine Enteignung auf. Es war wohl kein Zufall, daß ausgerechnet der adelige Abgeordnete Ernst Strachwitz in den Nationalratsdebatten die Rechte der Starhembergs verteidigte.[73]

Die politische Arbeit

Der adelige Politiker der Zweiten Republik hat trotz unterschiedlicher Parteizugehörigkeit nicht auf seine Herkunft vergessen und empfindet ein Zusammengehörigkeitsgefühl über die Parteigrenzen hinweg zu seinen Standesgenossen. Wie verhält er sich aber in seiner konkreten politischen Arbeit? Pflegt er – wie früher im Herrenhaus – Standesinteressen, oder macht er reine Parteipolitik?

Die Beantwortung dieser Frage erhält man, wenn man die politischen Aktivitäten und Aussagen adeliger National- und Bundesräte seit 1945 näher analysiert. In den ersten Jahrzehnten der Zweiten Republik widmeten sich Abgeordnete aus dem Hochadel, gleich welcher Partei, vorzugsweise außenpolitischen sowie land- und forstwirtschaftlichen Themen. In den entsprechenden parlamentarischen Ausschüssen waren sie demgemäß fast immer vertreten.

In den Debatten zu den angesprochenen Themenkreisen meldeten sie sich auffallend häufig zu Wort. Selbst im Falle von Budgetdebatten wurde von Abgeordneten wie etwa Hans Kottulinsky ein Konnex zu den traditionellen Domänen Außenpolitik und Landwirtschaft hergestellt. Ihre Forderungen lauteten: Senkung der Grundsteuer – zur Erleichterung der Großgrundbesitzer –, Ausbau der Botschaften und bessere Bezahlung der Diplomaten. Hierbei läßt sich leicht der starke Bezug zur adeligen Lebenswelt erkennen; es wirkt der „k.u.k." Politiker nach. Weiters bemühten sich adelige Abgeordnete in den fünfziger und sechziger Jahren um die Landesverteidigung – das Militär betrachtete man immer als eine Domäne des Adels! Die auffällige Orientierung nach diesen Themen hin entsprach einerseits dem Interesse und dem traditionellen Lebensbereich des Adels. Andererseits wurden jene bewußt als Fachleute zu den genannten politischen Bereichen von den Parteien geholt. Es ist naheliegend, daß beispielsweise die ÖVP die Gutsbesitzer Stürgkh und Kottulinsky für die Land- und Forstwirtschaft in politische Funktionen entsandte. Als Neuland betrat man das Feld der Wirtschaftspolitik, was seine Ursache in der verstärkten unternehmerischen Tätigkeit Adeliger hat. In die Wortmeldungen fließen oft stark die besondere Herkunft und die persönliche Lebenswelt ein. Familiäre Bezüge und adelige Abstammung werden sowohl von Adeligen als auch von Kollegen immer wieder angesprochen.

Analysiert man die individuellen Ansichten zu verschiedenen Themen, so sind diese in der fraglichen Zeitspanne relativ einhellig. Adelige Politiker sind für ein vereintes Europa, was angesichts der traditionell internationalen Verbindungen der einzelnen Familien nicht überrascht. Sie sind für eine Entlastung privaten Eigentums, ob sie nun Grundbesitz haben oder nicht. Weiters treten sie für ein starkes Heer und für rege diplomatische Beziehungen zu möglichst vielen Ländern ein. Sie sind für den Schutz und die Förderung der Ehe und der Familie, für Subsidiarität und für ein nach Leistungsfähigkeit gestaffeltes Bildungssystem. Sie sind gegen alles, was alle gleichmachen soll. Adelige Politiker der Nachkriegszeit wie Kottulinsky, Stürgkh, Ernst Grundemann-Falkenberg und Strachwitz betrieben durchaus eine Art von Standespolitik. Sie unterstützten eine Politik, die ihrem Stand nützte, und übten offen Solidarität mit anderen Adeligen. Hans Kottulinsky verteidigte etwa in einer

Rede vor dem Nationalrat die Hoyos'sche Forstverwaltung gegen den Vorwurf, diese seien Waldplünderer.[74] Barthold Stürgkh wiederum verwahrte sich gegen einen Vergleich der Habsburger mit den Nationalsozialisten, den ein Parlamentarier gezogen hatte.[75]

Ab den siebziger Jahren schlug immer mehr die Ideologie der Partei, der die adeligen Politiker angehörten, durch, und die Standpunkte und politischen Ansichten wurden weniger einheitlich als zuvor. Im Gegenzug dazu ordnete man ab diesem Zeitpunkt adelige Politiker nicht mehr nur den klassischen Themen Land- und Forstwirtschaft, Außen- und Sicherheitspolitik zu.

Heute sind die Inhalte, derer sich adelige Politiker annehmen, vielfältiger, ebenso die Standpunkte, die man zu bestimmten Themen einnimmt. Man betrachtet einander skeptischer und distanzierter, wenn auch der Vertrauensvorschuß generell noch sehr groß ist. Den klassischen adeligen Politiker der fünfziger und sechziger Jahre, der ÖVP zugehörend und Land- und Forstwirt, gibt es heute nur noch vereinzelt. Von der Bühne der Bundespolitik ist der Adel derzeit völlig verschwunden.

*

Bedeutend sind der Anteil und das Engagement des Adels hinsichtlich der Europäischen Einigung. Einer der geistigen Väter der Europäischen Einigung war ja der Begründer der Paneuropa-Bewegung Graf Richard Coudenhove-Kalergi. Als der erste Paneuropa-Kongreß 1926 das Ziel dieser Bewegung in dem Zusammenschluß aller europäischer Staaten zu einem politisch-wirtschaftlichen Staatenbund definierte, nahm diese Ideen kaum jemand ernst. In einer Zeit des üppig wuchernden Nationalismus erschien die Vision Coudenhove-Kalergis völlig absurd, ja geradezu verrückt. Er war seiner Zeit weit voraus. Er mußte vor dem Nationalsozialismus nach Amerika emigrieren, wo er für ein freies Österreich weiterkämpfte. Heute, wo seine Ideen zum großen Teil verwirklicht sind, müßte Österreich stolz auf diesen großen Vordenker sein. Sein Name fiel aber weder bei der Kampagne für den EU-Beitritt Österreichs, noch anläßlich seines 25jährigen Todestages im Oktober 1997. Einzig „Die Presse" würdigte ihn in einem Kommentar, in dem auch über die Gründe für dieses Totschweigen gemutmaßt wurde: „Weil er ein Graf war und seine Bewegung nun zu einem kleinen Monarchistenkern geschrumpft ist? Dann haben einige Leute[...] vergessen, daß selbst im politischen Kampf der Zwischenkriegszeit ein Paneuropa-Nationalkomitee möglich war, dessen Präsident Ignaz Seipel und dessen Vizepräsident Karl Renner war.“ [76]

Viele Mitglieder des ehemaligen österreichischen Adels der Donaumonarchie sahen in der Idee des Vereinten Europas die einzige Möglichkeit der Fortsetzung der großösterreichischen Idee und des Donaureiches. „Die großösterreichische Idee ist eine Wegweiserin und eine Vorbedingung für den wirksamen Zusammenschluß Europas“, meinte etwa Ludwig Aladár Windisch-Graetz.[77] Genau diese Hoffnung auf ein Fortleben des alten Donaureiches in einem neuen und größeren Europa machte die adeligen Europabefürworter den republikanisch gesinnten Anhängern des vereinten Europas suspekt. Die Befürchtung, daß der internationale Adel den künftigen Staat Europa zu einer Monarchie umkrempeln würde, ist unrealistisch, stand aber unausgesprochen im Raum. Zweifellos hat der Adel in Europa einen großen Vorteil: Er ist seit Jahrhunderten international und übernational orientiert, mehrsprachig erzogen, vielfältig miteinander versippt und durch seine Verwendung im diplomatischen Dienst sehr erfahren in der internationalen Politik. So gesehen ist das vereinte Europa das ideale Parkett für einen Adeligen.

Einer der überzeugtesten Europäer und Nachfolger Coudenhove-Kalergis als Präsident der Paneuropa-Bewegung ist Otto von Habsburg, der längstdienende Abgeordnete im Europäischen Parlament und lange Zeit dessen Alterspräsident. Allerdings war er nicht Delegierter Österreichs, sondern Bayerns, wo er auch seinen Wohnsitz hat. Er hat seine ernsten Absichten als demokratisch gewählter Politiker über Jahrzehnte bewiesen und mehrmals betont, sich nicht mit restaurativen Gedanken oder Besitzansprüchen zu tragen.

*

Seit der Adel im Vorstand großer Banken und Unternehmen Schlüsselfunktionen einnimmt und wieder Ministerämter bekleidet, hat der „Graf Bobby“, der Topos des degenerierten und dümmlichen Blaublütigen, ausgedient. Der Adel hat – ausgenommen jene, die sich ostentativ verweigern – die Spielregeln der Demokratie gelernt und es in den letzten Jahren bis an die politische

Spitze geschafft: im Gegensatz zur Monarchie aber nicht mehr aufgrund von Geburtsrechten und bekannten Namen, sondern aufgrund persönlicher Leistungen. Die Abhängigkeit der Politik von medialer Präsenz hat einen adeligen, wohlklingenden Familiennamen wieder zum Vorteil gemacht.

Niemand verdächtigt heute adelige Politiker mehr, insgeheim die Wiedereinführung der Monarchie zu betreiben. Wenn es der Adel schafft, in einer Zeit des zunehmenden Mißtrauens gegenüber Politikern die alten Werte und Grundsätze seines Standes einzubringen, so wird er erfolgreich sein. Moralisches Handeln, Integrität und Verantwortungsbewußtsein als aristokratische Tugenden, die mit Erbadel nichts mehr zu tun haben, sondern die jeder anstreben kann, sind gerade in diesem Bereich attraktiv. Der österreichische Adel kann wieder eine politische Elite werden, wenn er diese vorbildlich lebt. – Ein Politiker aus altem Adel meinte auf die Frage, was ihm seine politische Karriere bedeute: „Als Adeliger nimmt man sich selbst nicht so wichtig. Man weiß, wo sein Platz ist, wer man ist und muß nicht verkrampft einer Karriere hinterherlaufen. Vielen bleibt, wenn ihre politische Karriere zu Ende ist, nur die Rückkehr in ihre Dreizimmerwohnung. Mir ist es gleichgültig, wenn ich ausscheide, denn ich werde auch danach gut weiterleben."

Nachwort oder der Kampf ums Obenbleiben

Folgt man den Theorien der Soziologin Monique de Saint Martin, dann besteht der Adel nicht als reale Gruppe, sondern indem andere ihn als Adel erkennen und ihm bestimmte Eigenschaften zuerkennen. Sie sieht den Adel als Teilraum mit einem mehr oder weniger an sozialem Kapital[1]. Die Faktoren, die die spezifische Identität des Adels ausmachen, bestehen in der besonderen Stellung der Familie, der Vorbildwirkung der Ahnen, der Tradition und der bestimmten Werte mit einer den Wandel der Gesellschaft und der Lebensbedingungen überdauernden Kontinuität. Die aristokratische Gesinnung, Ehrlichkeit, Anstand, Höflichkeit und ein ausgeprägter Ehrbegriff werden auch heute noch dem Adel zugeschrieben und von diesem als Erziehungsideal betrachtet.

Wenngleich der Adel in Österreich diese Kodizes im Verborgenen, im privaten Kreis lebt, wird sein tatsächliches oder nur vermutetes Anderssein von seinen Mitmenschen wahrgenommen. In seiner Exklusivität wirkt er auf seine Umgebung interessant und faszinierend, obwohl oder gerade weil man nicht so genau weiß, worin diese spezielle Identität eigentlich besteht. Ein anderer Teil seiner Mitbürger begegnet dem Adel aus den gleichen Gründen mit Mißtrauen oder Ablehnung und findet es als ungehörig, daß sich eine Gruppe von Menschen als etwas Besseres fühlt. Der Adel glaubte stets an seine spezielle Identität und entwickelte daraus ein entsprechendes Selbstbewußtsein. Wenn er diese Identität nicht als Standesbewußtsein verinnerlicht hat, so zumindest als Familienbewußtsein, wobei er durch die enge Bindung an die Familie eine Bindung an seinen Stand beibehält. Die Abschaffung der Adelstitel bewirkte keinesfalls das Verschwinden des Adels. Im Gegenteil nimmt man ihn heute verstärkt wahr, mit deutlich weniger Ressentiments. In der medialen Berichterstattung wird vermehrt darauf hingewiesen, wenn jemand adeliger Abstammung ist.

Den Schein, eine gesellschaftliche Elite zu sein, versucht der Adel, in ein Sein, in die Realität überzuführen. Die individuelle Ambition Adeliger und der Druck der Familien ist meist groß, Führungspositionen einzunehmen; wieder, wenn schon nicht die Elite, so wenigstens ein Teil von ihr zu sein. Der Weg dorthin führt sie allerdings selten über die Politik oder die Allianz mit der katholischen Kirche, sondern über Banken und Konzerne – also über das Geld.

Und nun ist es Vertretern einer neuen, selbstbewußten Adelsgeneration auch noch gelungen, die staatliche Anerkennung zu erlangen. Somit ist der Adel in Österreich wieder ein Stand quasi mit amtlichem Stempel. Dachte noch vor zehn Jahren niemand ernsthaft daran, rechtlich gegen das „Adelsverbot" vorzugehen, so ist heute im Adel ein deutlicher Wandel bemerkbar: Den ersten Schritt hat er mit der Wiedererrichtung einer offiziellen Standesvertretung bereits geschafft. Mit dieser Wiederbegründung haben diese Adeligen deutlich gezeigt, daß sie sich nicht „im falschen Jahrhundert" und rückwärtsgewandt, sondern äußerst lebendig und zukunftsorientiert fühlen. Immerhin ist es ihnen gelungen, daß der Adel als „historischer" Stand von den österreichischen Behörden erstmals anerkannt worden ist. Vor kurzem noch unvorstellbar!

Und nun werden sicher einige Standesgenossen darangehen, auch die Führung der alten Titel, Standesbezeichnungen und Prädikate durchzusetzen. Dieser Kampf wird wohl nicht in Österreich, sondern vor dem Europäischen Gerichtshof für Menschenrechte entschieden werden. Der Ausgang ist offen.

Das Schicksal und die Identität des Adels werden nicht von einem Gerichtsurteil abhängen, aber es wäre ein wichtiges Signal. Zwar betonen Adelige immer wieder, das Adelsverbotsgesetz habe nichts mit ihrer Identität zu tun, viele empfinden es dennoch als Makel, als herabsetzend und diskriminierend. Das Adelsgesetz führte dazu, daß aus dem österreichischen Adel ein „verborgener Stand" wurde.

Einem Teil des Adels ist es mittlerweile allerdings ganz recht, daß er keine Titel mehr führen darf. Dies würde nur Neid und Aggression in ihrer bürgerlichen Umgebung wecken, so die Begründung. Innerhalb seiner Kreise, in denen er sich vorzugsweise bewegt, weiß man ohnehin, mit wem man es zu tun hat. Und auf dem Land sind der „Graf" und der „Baron" ebenfalls immer das geblieben, was sie einst waren.

Doch die vierte Generation nach dem Ende der Monarchie ist offenbar fest entschlossen, aus dem „verborgenen Stand“ wieder einen offiziellen zu machen!

Dank

Allen, die an der Entstehung dieses Buches Anteil hatten, sei an dieser Stelle großer Dank ausgesprochen. Dr. Vincenz Liechtenstein, Univ.-Prof. Dr. Moritz Csáky, Rudolf Czernin, Prof. Erich Feigl (†), Dr. Georg Frölichsthal, Johannes Eidlitz (†), Dr. Martin Pálffy, Prof. Ulrich v. Schulenburg, Dr. Moritz Strachwitz, Dr. Johannes Trauttmansdorff und allen anderen für ihre Bereitschaft zum Gespräch und die vielen wertvollen Anregungen. Herzlich danke ich allen, die persönliches Bildmaterial zur Verfügung gestellt haben, und stellvertretend für alle benutzten Archive und Bibliotheken, der Parlamentsbibliothek Wien.

Großer Dank gilt dem Vorstand der Vereinigung der Edelleute in Österreich, insbesondere Stephan Hohenberg. Besonders danke ich meiner Familie für Ermutigung und tatkräftige Hilfe.

Adelslexikon

Adelserwerb

Dieser konnte auf verschiedene Weise erfolgen:

1. Durch Übertragung innerhalb der Familie in Form der Eheschließung eines adeligen Mannes mit einer nichtadeligen Frau, vom adeligen Vater auf das ehelich geborene Kind oder das nachträglich durch Heirat mit der Mutter auf das unehelich geborene Kind (Legitimatio per matrimonium subsequens).
2. Durch einen Gnadenakt des Souveräns, der den erblichen oder persönlichen Adel verleihen konnte.
3. Aufgrund eines Rechtsanspruchs etwa als Amtsadel oder Ordensadel. So etwa hatten Inhaber des Maria-Theresien-Ordens, des St. Stefan-Ordens, des Leopold-Ordens oder des Ordens der Eisernen Krone das Recht, ein Ansuchen um Erhebung in den Adelsstand zu stellen.

Allgemein teilte man den Adel in fünf Stufen, nämlich den einfachen Adel, den Ritterstand (mit dem Titel „Ritter von“), den Freiherrenstand (auch „Baronie“ genannt), den Grafenstand und den Fürstenstand.

Ahnenprobe

Darunter versteht man den urkundlichen Nachweis der direkten und ehelichen Abstammung von einer bestimmten Anzahl adeliger Ahnen. Sowohl väterlicher- als auch mütterlicherseits mußte für bestimmte Ämter und Würden eine gewisse Zahl adeliger Vorfahren „probiert“ werden: für den Eintritt in die souveränen Ritterorden (Malteser etc.) und in die adeligen Damenstifte, für die Mitgliedschaft im Sternkreuz-Orden, die Erlangung der Kämmererwürde oder für die Gewährung der ➢ Hoffähigkeit.

Ahnenschwund

Ein nicht nur auf den Adel beschränktes Phänomen, bei dem die Zahl der Vorfahren, die sich potenzieren müßte, immer geringer wird. Da der Adel, vor allem der Hochadel, ein geschlossener und enger Kreis war, in dem man immer wieder untereinander heiratete, wirkte sich der Ahnenschwund besonders stark aus. Wenn sich beispielsweise Cousin und Cousine vermählten, was nicht selten vorkam, reduzierte sich für deren Kinder die Anzahl ihrer Urgroßeltern auf sechs statt acht.

Amtsadel

Erlangte man bestimmte Ämter, so war damit automatisch der Erwerb des persönlichen Adels verbunden. In der Habsburgermonarchie betraf dies etwa Kirchenfürsten und im 18. Jahrhundert die Reichshofräte. Der Amtsadel wurde nicht nur Männern, sondern auch Frauen verliehen. So erhielt die Oberin des Savoyschen Damenstiftes bei ihrem Amtsantritt den Fürstenstand.

Anerkennung des Adels

Bei Vorliegen bestimmter Voraussetzungen gab es einen Rechtsanspruch auf Adelsanerkennung, etwa bei ausländischem Adel oder einem lange Zeit nicht mehr geführten Adel.

Aufhebung des Adels

In Österreich wurde der Adel per Gesetz am 3. April 1919 aufgehoben, die Führung der Adelstitel und Prädikate untersagt und alle Vorrechte abgeschafft. Die Bezeichnungen „von", „zu", „Ritter" etc. durften im öffentlichen Verkehr nicht mehr verwendet werden, das „und" – wie bei Thurn und Taxis – blieb bestehen.

Briefadel

Darunter versteht man eine seit dem 14. Jahrhundert geübte Form der Standeserhöhung durch den souveränen Landesherrn mittels eines Diplomes oder Adelsbriefes. Bürgerliche wurden meist so in den Adelsstand erhoben; der letzte reguläre Adelsbrief wurde in Österreich noch im November 1918 gefertigt. Der Briefadel wurde im Gegensatz zum ➣ Uradel für persönliche Verdienste verliehen und war zumeist erblich.

Ebenbürtigkeit oder Standesgemäßheit

Darunter versteht man die gleichwertige adelige Abstammung beider Ehepartner. Diese war vor allem im Hochadel von großer Bedeutung. So war es Mitgliedern regierender Häuser nur erlaubt, Ehen mit Mitgliedern standesherrlicher Häuser zu schließen. Eine Ehe mit einem nicht ebenbürtigen Partner nennt man „morganatische Ehe" oder „Ehe zur linken Hand". Die Voraussetzungen für die Ebenbürtigkeit bzw. die Folgen, wenn diese nicht vorlag, waren in Hausgesetzen geregelt. Im dynastischen Hochadel gelten diese Regeln bis heute.

Feudalismus

Der Begriff bezieht sich in erster Linie auf das Lehenswesen im Mittelalter, die Anwendung über das Mittelalter hinaus ist in der Forschung umstritten. Die feudale Wirtschafts- und Gesellschaftsform war lehensrechtlich organisiert. Die aristokratische Oberschicht, die über den Grundbesitz verfügte, erhielt über diesen bestimmte Privilegien und Herrschaftsfunktionen. Der Lehensmann, der von seinem Lehensherrn ein Lehen erhielt, war von diesem abhängig und mußte gewisse Treue- und Gefolgschaftsdienste leisten.

Fideikommiß

Das Familien-Fideikommiß war ein gebundenes, unveräußerliches und einer bestimmten Erbfolge unterworfenes Vermögen. Die Errichtung eines Fideikommisses war adeligen Familien vorbehalten und mußte vom Monarchen genehmigt werden. Es durfte nicht verkauft werden, und der Inhaber mußte aus den Erträgen den Lebensunterhalt seiner Familie bestreiten. Nur in Ausnahmefällen durfte es belehnt oder Teile veräußert werden. Die Institution des Fideikommisses wurde erst 1939 aufgehoben.

Genealogie

Familien-, Ahnenforschung oder Geschlechterkunde.

Die Genealogie ist eine historische Hilfswissenschaft, die sich mit der Herkunft und Zusammensetzung von Geschlechtsverbänden befaßt, die vor allem von geschichtlicher Bedeutung sind. Allgemein versteht man darunter die Lehre von den Geschlechtern und ihrer Abstammung. Ihre Resultate werden in Form von „genealogischen Tafeln“ präsentiert. Ahnentafeln, Ahnenreihen und Stammbäume sind wesentliche Bestandteile der adeligen Familiengeschichte und des historischen Familienbewußtseins.

Gotha

Die „Gothaischen Taschenbücher" wurden nach dem Ort Gotha benannt, wo sie erstmals 1762 als eine Art Kalender erschienen. Seit 1785 brachte der Verlag Justus Perthes die „Gothaischen Taschenbücher, Hofkalender und Almanach" heraus, ab 1945 der Verlag C. A. Starke das „Genealogische Handbuch des Adels". Die Reihe ist in adelige, freiherrliche, gräfliche und fürstliche Häuser unterteilt, wobei jedem eine bestimmte Farbe zugeteilt ist. Das Handbuch bietet eine selten kontinuierliche Literatur für den Genealogen.

Heraldik

Wappenkunde. Die Heraldik ist eine historische Hilfswissenschaft und beschäftigt sich mit der Art und Bedeutung von Adels-, aber auch Staats- und anderen Wappen. Eines der umfangreichsten Werke über Adelswappen stellt „Siebmacher's Wappenbuch" dar.

Hochadel

Darunter versteht man die Geschlechter, die einst ein Land regierten oder als ➤ ebenbürtig anerkannt wurden. Allgemein und auch in Österreich zählte man dazu die Fürsten, Prinzen und Grafen. Eine juristische Unterscheidung zwischen hohem und niederem Adel war in der Realität irrelevant. Entscheidend war die strikte Trennung von Erster Gesellschaft, also den Hoffähigen, die auf eine Abstammung von mindestens vier rein adeligen Generationen zurückblicken konnten (16 adelig geborene Ururgroßeltern), und der Zweiten Gesellschaft.

Hoffähigkeit

Der Zutritt zum Hof und der regelmäßige Kontakt mit Mitgliedern der kaiserlichen Familie war nicht jedermann möglich. Vor allem zu gesellschaftlichen Ereignissen, wie Festen oder Bällen wurde nur ein bestimmter Personenkreis eingeladen, vornehmlich Mitglieder alter Adelsfamilien. Für Ämter bei Hof, wie Hofdame, Edelknabe oder ➤ Kämmerer mußten meist strenge ➤ Ahnenproben beigebracht werden.

Kämmerer

Die Kammer war im Mittelalter die den fürstlichen Haushalt führende Behörde, deren Leitung dem Kämmerer oblag. Im Lauf der Zeit wurde daraus ein Ehrenamt, das an verdiente Männer verliehen wurde. Zur Erlangung der Kämmererwürde mußte eine ➤ Ahnenprobe beigebracht werden. Die Kämmerer übernahmen beispielsweise das Geleit bei Begräbnissen innerhalb der Kaiserfamilie.

Majorat

Ein auf den jeweils ältesten Sohn übergehender ➤ fideikommissarischer Besitz.

Minorat

Ein auf den jeweils jüngsten Sohn übergehender ➤ fideikommissarischer Besitz.

Niederer Adel

In Österreich zählten dazu einfacher Adel, Ritter und Edle.

Primogenitur

Der erstgeborene Sohn nahm im Adel eine besondere Stelle ein. Er erbte alle Titel, Prädikate und den Besitz seines Vaters, dessen politische Ämter, wie etwa den Sitz im Herrenhaus, und nahm nach dessen Tod die Funktion eines Chefs der Familie ein. Bei der Sekundogenitur betrafen diese Rechte und Pflichten den Zweitgeborenen.

Stand

In der vorindustriellen Gesellschaft bezeichnete man damit eine Sozialstruktur, die nach festen Privilegien- und Herrschaftsformen organisiert war. Dieser Sozialstruktur lag die Vorstellung fundamentaler menschlicher Ungleichheit zugrunde. Es gab Geburtsstände und Berufsstände, etwa den Klerus, die Bauern und andere Stände. Auch der Adel bildete einen Stand, dem man durch Geburt bis zu seinem Tode angehörte. Eine Ausnahme dieses geburtsständischen Prinzips bildeten jene, die ihres Adels verlustig wurden (➤ Verlust des Adels).

Standeserhöhung

Die Erlangung eines höheren Adelsgrades wurde meist aufgrund hervorragender Verdienste und Leistungen gewährt.

Taxen

Für eine Standeserhöhung oder eine Nobilitierung mußte, je nach Grad, eine Taxe entrichtet werden. Diese war für jedes Familienmitglied extra auszulegen; für Frauen war nur die halbe Summe zu zahlen, Kinder wurden häufig ausgenommen oder begünstigt. Dabei handelte es sich um beträchtliche Summen von mehreren tausend Gulden. Auch für die Erneuerung und die Ausfertigung eines Adelsdiplomes mußten Taxen bezahlt werden. Als besondere Begünstigung galt es, wenn die Standeserhöhung taxfrei gewährt wurde, was in der Praxis sehr oft der Fall war, vor allem beim → Amtsadel.

Uradel

Der Uradel umfaßt die mindestens seit dem 14. Jahrhundert auftretenden adeligen und ritterbürtigen Geschlechter. Beim Uradel ist fast nie bestimmbar, wann die Nobilitierung erfolgte, meist wird die früheste Nennung in schriftlichen Dokumenten als Grundlage herangezogen. Der Begriff des Uradels war in Österreich bis ins 19. Jahrhundert unbekannt, er wurde vor allem in Deutschland verwendet.

Verlust des Adels

Im Falle, daß eine adelige Frau einen nichtadeligen Mann heiratete oder ein adeliges Kind von einem Nichtadeligen adoptiert wurde, hatte dies den Verlust des Adels zur Folge. Der persönliche Adel erlosch beim Tod des Betreffenden. Die Witwe des Verstorbenen durfte den Adel ihres Mannes weiterführen, wenn sie sich nicht mehr verheiratete.

Weitere Gründe den Adel zu verlieren, bestanden in standeswidrigem Verhalten: Bei strafrechtlicher Verurteilung oder, sehr selten, bei richterlicher Aberkennung. Bis ins 18. Jahrhundert galten noch das Ausüben eines Handwerks, kaufmännische Tätigkeit und der Ausschank von Bier und Wein als unstandesgemäß und konnten zum Verlust des Adels führen.

Vorrechte des Adels

Im Gegensatz zu anderen Ländern besaß der Adel in Österreich nur geringe Vorrechte, die nach der Revolution von 1848 fast vollständig beseitigt wurden. In einer Verordnung von 1838 wurden sie zusammengefaßt:

1. Das Recht, die verliehenen Titel, Prädikate und Wappen zu führen. Dieses Vorrecht blieb als einziges bis zum Ende der Monarchie aufrecht!
2. Ein privilegierter Gerichtsstand, zum Beispiel ein gesonderter Sitz vor Gericht.
3. Die Befreiung vom Militärdienst (Ausnahme: Tirol), die allerdings bereits 1848 aufgehoben wurde.
4. Die Möglichkeit, in den Genuß von Stiftungen zu kommen.
5. Die Erlangung bestimmter Hofwürden (zum Beispiel Kämmerer) und kaiserlicher Orden. An erster Stelle steht der Orden vom Goldenen Vließ. Das Kuriosum: Dieser Orden wurde dann auch von der Republik Österreich anerkannt, die sogar als Schutzmacht fungiert!
6. Die Befähigung, ein Inkolat zu erlangen. Damit verbunden waren Sitz und Stimme im Landtag und der Erwerb landtäflicher Güter, die steuerbegünstigt waren. Diese Bestimmungen wurden ebenfalls 1848 aufgehoben.
7. Die Errichtung von Familien-Fideikommissen. Nach 1848 waren diese zwar nicht mehr ausdrücklich dem Adel vorbehalten, in der Praxis jedoch fast ausschließlich weiter in adeligem Besitz.

Bis zum Ende der Monarchie hinüberretten konnte der Adel die erbliche Reichsratswürde, die den Oberhäuptern jener Adelsfamilien mit ausgedehntem Grundbesitz vorbehalten blieb.

Sitzungsprotokoll der 8. Sitzung der Konstituierenden Nationalversammlung für Deutschösterreich am 3. April 1919 (Auszug)

Der nächste Punkt der Tagesordnung ist der Bericht des Verfassungsausschusses über die Vorlage der Staatsregierung (84 der Beilagen), betreffend ein Gesetz über die Aufhebung des Adels, der weltlichen Ritter- und Damenorden und gewisser Titel und Würden (111 der Beilagen).

Berichterstatter ist der Herr Abgeordnete v. Clessin. Ich ersuche ihn, die Generaldebatte einzuleiten.

Berichterstatter v. Clessin: Hohes Haus! Der Verfassungsausschuß hat mit Stimmenmehrheit die von der Regierung unterbreitete Vorlage, betreffend die Aufhebung des Adels und gewisser Titel und Würden, unverändert angenommen. Er hat sich aber gleichzeitig bestimmt gefunden, dieses Gesetz noch in einem Belange zu erweitern. Es wurde nämlich ein neuer § 5 eingeschaltet, welcher die Bestimmung trifft, daß auch die in Deutschösterreich bestehenden weltlichen Ritter- und Damenorden aufgehoben werden, jedoch soll das Tragen der bisher verliehenen Orden und Ehrenzeichen gestattet sein.

Der Verfassungsausschuß ist bei seinem Beschlusse von der Erwägung ausgegangen, daß in unserem demokratischen Staatswesen für die Sondereinrichtungen der weltlichen Ritter- und Damenorden kein Platz vorhanden sei. Jedoch hat sich der Verfassungsausschuß gesagt, daß bei der Aufhebung der Orden anders vorgegangen werden muß als bei der Aufhebung des Adels und hierfür war die Erwägung maßgebend, daß die Träger des Adels meist und sogar regelmäßig nicht identisch sind mit der Person, der der Adel seinerzeit verliehen wurde, während die Orden und Ehrenzeichen ausnahmslos von ihren jetzigen Trägern erworben worden sind. Auch war für diese Beschlußfassung insbesondere die Erwägung maßgebend, daß gerade durch den Krieg und während des Krieges eine große Anzahl von Ordensbezeichnungen und Ehrenzeichen anderer Art von Soldaten im Felde für heroische Waffentaten erworben worden ist.

Es würden wohl alle ausnahmslos, die sich diese Orden und Ehrenzeichen verdient haben, es als eine Kränkung betrachten, wenn man sie ihnen jetzt einfach wegnehmen würde. Es ist ja nicht zu bestreiten, daß viele in der ihnen eingeimpft gewesenen Begeisterung für das Vaterland kämpften und daß sie die Ordensauszeichnung als ein ganz besonderes Glück angesehen haben. Viele sind zu Krüppeln geworden, viele müssen heute einen harten Kampf ums Dasein bestehen, die mit idealer Begeisterung in den Krieg gezogen sind und die Ordensauszeichnung als höchste Belohnung ihrer Verdienste angesehen haben. Allerdings muß ich der Gerechtigkeit halber an dieser Stelle auch erwähnen, daß es vielleicht viele hohe Offiziere gibt, Generale, die Orden besitzen, wofür sie allerdings nichts in die Schanze schlugen *(Sehr richtig!)*, während gerade im Gegenteil tausende und abertausende Deutscher sich verbluten mußten, damit dieser hohe General den Orden davontrug, den er heute noch tragen darf. *(Lebhafte Zustimmung.)* Das hohe Haus wird aber zugeben, daß es geradezu unmöglich wäre, mit der kritischen Sonde heute zu untersuchen, wer mit Berechtigung seine Ordensauszeichnung trägt und wer nicht.

Es ist auch ohne weiteres zuzugeben, daß auch im Hinterlande viele Personen sich während des Krieges Verdienste erworben haben, die eine Auszeichnung gewiß rechtfertigen. Ich möchte hier nur an die Ärzteschaft erinnern, an die beamteten Ärzte, die beispielsweise bei der Bekämpfung der Seuchengefahr sich gewiß große, bedeutende Verdienste um das Hinterland erworben haben. Diese Ärzte wurden vielfach nur mit dem Ehrenzeichen vom Roten Kreuze ausgezeichnet, sie tragen aber auch dieses Ehrenzeichen vielleicht mit besonderer Genugtuung für jene Verdienste, die sie sich während des Krieges in Ausübung ihres Berufes im Hinterlande erworben haben. Ferner ist dieses Ehrenzeichen vom Roten Kreuze bekanntlich auch gegen Entgelt verliehen worden zu dem Zweck, damit die hierfür eingezahlten Summen dem Roten Kreuze und seiner Fürsorgeaktion zufließen.

Es hat sich daher der Verfassungsausschuß in dieser Frage dem Vorgang der Deutschen Republik akkommodiert. Auch dort sind die Orden aufgehoben worden, jedoch ist das Tragen der Orden und aller Ehrenzeichen und Kriegserinnerungen ausdrücklich gestattet worden.

Bei diesem Anlaß möchte ich auch erwähnen, daß es im alten Österreich viele Beamte gegeben hat, denen am Ende ihrer mühsamen Laufbahn schließlich als besondere Auszeichnung ein Orden oder ein Kreuzchen verliehen worden ist, das ihnen im Vollgefühle ihres Patriotismus vielleicht lieber war als eine höhere Rangklasse. Es wäre gewiß auch unbillig, diesen Beamten die Auszeichnung zu nehmen.

Was den Adel betrifft, so hat sich der Ausschuß in seiner Mehrheit entschlossen, die Regierungsvorlage unverändert anzunehmen, also den Adel grundsätzlich abzuschaffen. Es ist ja gewiß nicht zu bestreiten, daß sich der Adel im Laufe früherer Jahrhunderte viele Verdienste erworben hat, und niemandem wird es einfallen, erworbene Verdienste irgendwie schmälern zu wollen. Es ist aber andrerseits auch eine Tatsache, daß in eine Republik, welche auf demokratischer Grundlage beruht, der Adel nicht mehr paßt, daß in einer demokratischen Republik irgendwelche Bevorzugung von Ständen, für Vorzüge der Geburt kein Platz mehr sein kann. Wenn eingewendet wurde, daß durch den Wegfall des Adels die Namen selbst in Mitleidenschaft gezogen werden, so möchte ich darauf hinweisen, daß unsere größten Geister, vielleicht die allergrößten des deutschen Volkes, ich nenne nur Schiller und Goethe, Adelige waren, daß jedes Kind Schiller und Goethe kennt, daß aber vielleicht die wenigsten wissen, daß Goethe eigentlich Johann Wolfgang von Goethe und Schiller Friedrich von Schiller geheißen hat. Es kann auch ein ganz einfacher bürgerlicher Name einen Klang erhalten, der durch Jahrzehnte, ja durch Jahrhunderte seine Wirkung behält, trotzdem diesen einfachen, schlichten Namen vielleicht Hunderte und Tausende anderer Menschen auch tragen. Dafür möchte ich als Beispiel einen einfachen, schlichten Tiroler Bauern erwähnen, den Tiroler Nationalhelden Andreas Hofer.

Wenn ich nun zur Besprechung der einzelnen Paragraphen übergehe, so muß ich bezüglich des § 1 ausdrücklich feststellen, daß der Ausschuß einstimmig war, daß die Verleihung von Titeln höherer Rangklassen an Staatsangestellte durch die Bestimmung des § 1 nicht getroffen wird. Bekanntlich werden ja an Beamte Titel und Charakter der nächst höheren Rangklasse verliehen. Mit dieser Verleihung ist zwar für den Betreffenden kein materieller Vorteil verbunden, wohl aber erhält dessen Witwe die Pension der nächsthöheren Rangklasse und werden seinen minderjährigen Kindern die Erziehungsbeiträge eben dieser höheren Rangklasse zugebilligt. Es ist daher auch selbstverständlich, daß die Verleihung des Titels und Charakters „Hofrat" an Universitätsprofessoren durch die Textierung des § 1 ebenfalls in keiner Weise berührt wird. Leider ist im Gehaltsschema für Universitätsprofessoren noch immer nicht die V. Rangklasse mit einem für diese Gelehrten entsprechenden Titel systematisiert und es blieb daher bis jetzt nichts anderes übrig, als Universitätsprofessoren, wenn sie in die V. Rangklasse befördert werden sollten, den für sie als Gelehrte allerdings nicht passenden Titel „Hofrat" zu geben.

Im § 2 wird die Führung der Adelsbezeichnungen untersagt und unter Strafsanktion gestellt. Die politischen Behörden haben die Aufgabe, Übertretungen der Vorschrift mit Geldstrafen bis zu 20 000 K oder Arrest bis zu sechs Monaten zu bestrafen. Über diese Bestimmung braucht aber niemand zu erschrecken, denn wer die politischen Behörden speziell in den Städten kennt, weiß, daß nach ihrer Strafpraxis stets nur Geldstrafen in sehr niederem Ausmaße verhängt werden. Um aber jeder Schikane vorzubeugen, um dem Denunziantentum und Angebertum nicht Vorschub zu leisten, wurde vom Ausschusse darauf Wert gelegt, daß im Hause vom Berichterstatter erwähnt werde, daß nicht schlechthin jede Führung des Adels schon die Bestrafung nach sich zu ziehen habe, sondern daß die Führung dieser Titel und Würden im Verkehr mit Behörden, mit öffentlichen Stellen und im öffentlichen Leben als strafbar angesehen wird.

Im übrigen glaube ich zu den einzelnen Bestimmungen dieses Gesetzes weiteres nicht ausführen zu müssen, weil ja dem Hause ohnehin der gedruckte Bericht durch 24 Stunden vorgelegen ist. Ich stelle daher namens des Verfassungsausschusses an das hohe Haus den Antrag, die Regierungsvorlage mit den vom Verfassungsausschusse vorgenommenen Ergänzungen unverändert zum Beschlusse zu erheben.

Präsident Hauser: Ich eröffne die Generaldebatte.

Zur Generaldebatte sind gemeldet: Kontra der Herr Abgeordnete Stricker, pro der Herr Abgeordnete Leuthner. Ich erteile dem Herrn Abgeordneten Stricker das Wort.

Abgeordneter Stricker: Geehrte Nationalversammlung! Der Bericht des Verfassungsausschusses schlägt sehr sanfte Töne an. Es wird den Ordens- und Adelsträgern nur sehr schüchtern an den Leib gegangen. Wenn wir bedenken, daß wir gestern etwas ganz anderes getan, daß wir gestern einen Thron umgeworfen und die Herrscherfamilie ausgewiesen haben: wie kommt es denn, daß man heute gegenüber Ordens- und Adelsträgern solche Töne findet, wie sie der Bericht und wie sie der Herr Berichterstatter gefunden haben? Ich muß feststellen, daß der Bericht eine Aufforderung ist, den Adelstitel privat weiter zu führen. Diese krampfhaften Beteuerungen: „Man wird niemandem etwas tun" und „Die Geldstrafen werden nicht allzu hoch ausfallen, wenn man den Titel weiterführt: nur öffentlich nicht!" Dabei ist gar nicht ausgesprochen, was unter „öffentlich" zu verstehen ist. Wir müssen eines bedenken: Die Republik ist heute in aller Munde, aber sie ist nicht in aller Herzen, und wenn wir schon eine Republik machen, machen wir doch eine ganze.

Ich muß daran erinnern, daß ein in der Republik neben dem Gesetz geduldeter Adel unter Umständen mehr Unheil anstiften kann als ein geförderter Adel in der Monarchie. Ich erinnere Sie an Frankreich. In Frankreich war der von der Republik geduldete Adel der Träger aller royalistischen Verschwörungen, er hat die Camelots bezahlt, er hat die royalistische Presse bezahlt und überdies sind amerikanische Milliardärinnen herüber gekommen, haben sich Herzoge und Grafen gekauft und waren dann die eifrigsten royalistischen Agitatoren. Wir können es in dieser Republik nicht dulden, daß der Adel neben dem Gesetz weiter geführt wird. Ich muß auch darauf verweisen, daß es mit der republikanischen Erziehung, nicht nur der Bevölkerung, sondern auch der Presse, nicht so weit her ist. Ich glaube, daß auch in Hinkunft im Großteil der Presse weiter über Grafen, Fürsten und Barone berichtet werden wird.

Meiner Ansicht nach fehlt in diesem § 2 noch ein Wort. Dort heißt es: „Die Führung ... ist untersagt." Es sollte aber auch heißen „und die Vorschubleistung“. Man kann nicht jedem einzelnen Staatsbürger zumuten, daß er selbst im privaten Leben gegen den Adel demonstrieren soll: durch die Aufforderung des Berichterstatters aber nötigen Sie ihn dazu. Zufolge dieser Aufforderung im Bericht werden tatsächlich alle den Adel weiterführen. Nicht nur jeder Fiakerkutscher wird ihnen diesen Adel weiter zubilligen, sondern ich höre schon, wie in unseren Ministerien, ja in diesem Hause hier weiter von Baronen und von Exzellenzen gesprochen wird und es ist nicht jedermanns Sache, sich individuell diesem Brauch zu widersetzen. *(Sehr richtig.)* Ich betone es noch einmal: Wenn man um Gottes Willen den Mut gefunden hat, mit der kaiserlichen Familie, mit dem Hofstaat aufzuräumen, warum findet man nicht den Mut, es auszusprechen, daß der Adel unbedingt nicht geführt werden darf? Ich bin nicht daran schuld, daß es zur Republik gekommen ist, ich habe einen anderen Beruf gehabt, als Throne zu stürzen *(Heiterkeit)*, aber wenn die Republik nun einmal da ist, dann soll sie eben eine ganze Republik sein.

Was die Titel betrifft, so muß ich anerkennen, daß da ein kleiner Unterschied ist. Es gibt wohl keinen erworbenen Adel, es gibt nur einen ererbten, einen erkauften oder einen erkrochenen Adel. Hingegen gibt es erworbene Auszeichnungen *(Abgeordneter Eldersch: „Kaiserlicher Rat“. – Heiterkeit.)* Lassen wir es gelten, nur muß ich doch bitten, auch im Bericht etwas deutlicher zu sein. Was heißt denn das: „der Titel der V. Rangklasse“? Genieren wir uns doch nicht und sagen wir, „der Hofratstitel“. Ich bin nicht dafür, daß verdienten Beamten, die sich diesen Titel erworben haben, derselbe, wenn es der Republik paßt, daß er weiter geführt werden soll, genommen wird, aber in Hinkunft möge man doch von der Verleihung dieses Titels absehen. Die Republik muß so viel Erfindungsgabe haben, einen anderen Titel für die V. Rangklasse aufzubringen. Es klingt lächerlich, wenn im Amtsblatt der Republik tagtäglich steht: „Zum Hofrate wurde der Herr so und so ernannt“. Aber noch mehr, er ist nicht einmal ernannt worden, aus Ersparungsrücksichten hat man ihm nur den Titel eines Hofrates verliehen.

Ich möchte damit schließen, daß ich entgegen dem Berichte des Verfassungsausschusses die Regierung auffordere, die Durchführungsbestimmungen so zu gestalten, daß nicht nur der Führung des Adelstitels, sondern auch der Vorschubleistung vorgebeugt werde.

Präsident Hauser: Zum Worte gelangt der Herr Abgeordnete Leuthner; ich erteile ihm das Wort.

Abgeordneter Leuthner: Hohes Haus! Die Gesetzesvorlage kodifiziert die Volkesstimme, die in der Revolution namentlich Gottes Stimme ist. Aber es hieße sich tatsächlich, wenn man etwa annehmen wollte, daß die Gefühlshaltung, mit der ein großer Teil der Bürgerlichen diesem Gesetze gegenübersteht, die einer herzlichen und inneren Zustimmung ist. Wir haben es ja schon im Ausschusse erfahren und wir können es auch sonst aus gelegentlichen Äußerungen entnehmen: Es folgen sehr viele nur dem Druck, den die öffentliche Meinung auf sie ausübt, dem Druck, der sich fühlbar macht in allen von der Revolution erfaßten Ländern. Wo sind die Zeiten, da das Bürgertum seinen großen grundsätzlichen Kampf mit dem Adel ausgekämpft hat, wo sind die Zeiten seines geistigen Eichmessens mit dem Prinzipe der Aristokratie? Diese Zeiten sind längst vorbei, die Vertreter des Bürgertums von heute finden und erfinden, sobald sie über den Adel und seine Titel reden, allerhand Entschuldigungsgründe, sie wissen plötzlich von ererbten Rechten auf einen ehrlichen Namen, den man nicht ändern dürfe, zu reden, sie weisen auf die Verdienste der Vorfahren hin, auf den Adel als den Bewahrer der guten Sitte, der geselligen Feinheit und was dergleichen mehr ist.

Gerade das macht es nötig, ein grundsätzliches Wort über die Sache zu sprechen. Ist es denn wirklich so, daß wir mit der Abschaffung des Adelstitels einen hohen menschlichen Wert vernichten? Ist es nicht vielmehr umgekehrt so, daß diese glorreichen Grafen- und Fürstennamen wahre Schandsäulen in der Geschichte der Ausbeutung der Menschheit bedeuten *(Zustimmung)*, daß sie Leidensstationen auf dem Passionswege des arbeitenden Volkes nennen?

Seit sechs Jahrhunderten, seit dem Zerfalle des Lehenswesens, ist die Geschichte des Adels nichts als ein ununterbrochener Raub. Das Wort Proudhons, das Eigentum sei Diebstahl, hat in der Geschichte des Adels nicht eine bildliche, es hat eine buchstäbliche Bedeutung gewonnen. Es war der Adel, der das ehemalige Gut der Markgenossenschaft an sich riß, der zunächst die hufelosen Grundholden verwandelte in kopfzinsliche Leibeigene. Im 14. Jahrhundert erhob sich der Schmerzensschrei, wie es denn Menschen geben könne in dieser Christenheit, die so geherzt sind vor Gott, daß sie zu einem anderen Menschen sagen können: Du bist mein Eigen. Und dieses: Du bist mein Eigen, ist das Motto, die Losung einer jahrhundertelangen Geschichte der Aristokratie von Europa. Alles, was auf diesem Lande lebte, zuerst die hufelosen Grundholden, dann die besitzenden Grundholden, dann selbst die freien Pächter, alles herabdrücken in das Elend, in die Knechtsform der Leibeigenschaft, das sind 4 Jahrhunderte der Geschichte der Aristokratie. Auf dem Raube des ehemaligen Gemeineigentums, auf der Abstiftung der Bauerngüter baut sich auf der Glanz und die Herrlichkeit des aristokratischen Namens! *(Beifall.)* Und als im 16. Jahrhundert die Bauern sich erhoben und ihre Klagerufe erklangen, es gebe keine Tagweide, keine Gemeindeweide mehr, die frei sei, es gebe keinen Waid mehr, der frei sei, nicht die Luft sei frei, nicht das Wild und nicht der Vogel in der Luft, da war das erst der Anfang jener schrecklichen Grausamkeiten, jener beispiellosen Unmenschlichkeit, die sich an das Jagdrecht des Adels knüpften. Nicht Erzählungen aus dem Leben der Wilden Afrikas sind es, sondern Erlebnisse, die zusammenfallen mit dem Aufsteigen unserer großen deutschen Literatur, daß den Bauern die Augen ausgestochen, die Ohren abgeschnitten, die Arme abgehackt wurden, weil sie es gewagt hatten, in das abgehegte Weiderecht des Adels einzubrechen. Und jenes berühmte Gedicht Bürgers, es ist kein Phantasiestück, es redet tiefe wirkliche Wahrheit, wie es ja merkwürdig ist, daß diejenige Literatur, die am wenigsten mit den Realitäten des gemeinen Daseins zu tun hat, die sich über den Alltag in idealistische Höhe erhebt, daß die deutsche Literatur des 18. Jahrhunderts dort wirklichkeitsnah, dort fast naturalistisch wird, wo sie das Elend der Bauern berührt. Man denke an die Gedichte des Homer-Übersetzers Voß, an die Gedichte Bürgers, an die Schriften Claudius. Dies zum Himmel schreiende schreckliche Unrecht, die zum Himmel schreiende schreckliche Grausamkeit hat selbst die Ruhe der olympischen Götter unseres Dichterhimmels aufgestört.

War aber eine Quelle des Reichtums aller dieser glänzenden und glorreichen Geschlechter der Raub an dem Landvolke, so war die andere Quelle ihres Reichtums nicht minder trübe. Es ist eine Überlieferung des Adels seit jeher gewesen, auf den bürgerlichen Erwerb mit einem Blicke der Verachtung zu sehen. Aber nur der Gewinn war dem Adel jederzeit verächtlich, der den Schweiß der Arbeit an sich trug *(Beifall)*, sonst konnte er jede andere zweifelhafte Eigenschaft an sich haben. Die Grafen und Barone waren nicht immer die ruhevoll prangenden Grundherren großer Güter. Sie waren zeitweilig geriebene Kaufleute, gewiegte Unternehmer, und der 30jährige Krieg verdankt seine 30 Jahre zu gutem Teil der Tatsache, daß die adeligen Regimentskommandanten und Feldhauptleute eigentlich Händler mit Menschenfleisch waren, für die der Krieg ein Geschäft bedeutete. Und es währte durch mehr als ein Jahrhundert, daß jeder Regimentskommandant – und es war fast stets ein Adeliger – zugleich der Geschäftsunternehmer für dieses Regiment war. Aus jedem Krieg, überall wo Blut geflossen ist, wo sich die Leichenhügel aufgehäuft haben, überall klang für den Adel der goldene Lohn heraus. *(Abgeordneter Dr. Gimpl: Heute für die Juden!)* Dieser goldene Lohn ist aber noch anders geholt worden. Jahrhunderte hindurch haben Ritter und Edle in Busch und Wald dem ehrlichen Handwerk des Wegelagerers obgelegen und traulich erfüllt, was ungefähr das Volkslied sagt: „Greift sie freislich an die Krämer, faßt sie an der Gurgel, reißt sie nieder, nehmt ihnen, was sie an Habe fahren, nehmt ihnen Wagen und Pferde". Als aber dann die öffentliche Sicherheit dieses Geschäft etwas zu beschwerlich und gefährlich machte, da änderten sich die Erwerbsgewohnheiten, die Erwerbsmittel des Adels insofern, als er nun den Hof umschwärmte, seine Töchter an das Lager der Fürsten brachte und seine Söhne an jene Stellen, wo Gnadengaben und Bestechungsgelder am reichsten flossen. Durch die ganze Geschichte des Adels und seiner Vertretung der auswärtigen Geschäfte geht die Tradition des Bestochenseins von außen, und selbst der größte Staatsmann Österreichs Fürst Metternich, hat bekanntlich russische Pensionen bezogen. Und es ist doch keine 80 Jahre her, daß dies noch möglich war.

Aber der Adel verstand es, sich mit den Zeiten zu wandeln. Als das Zentrum der Macht sich vom Hof auf das Bürgertum verschob, die Quellen des Reichtums nicht mehr so sehr am Hof als an der Börse sprangen, auch da wußte der Adel seine Annäherung zu finden, auch da fand er seine Wege. Er stellte sich nicht etwa hin und schrie: Ich geb', ich nehm'! denn dieses Geschäft erfordert wahrscheinlich zu viel Beweglichkeit, und dann ist es immerhin ein Geschäft, bei dem man vielleicht nicht ganz ästhetische Bewegungen machen könnte; es ist viel einfacher, seinen Namen unter die Aufsichtsräte einer Aktiengesellschaft einzutragen oder sich, wie dies in Österreich eine fast heilige Überlieferung war, zum Gouverneur irgendeiner der k.k. privilegierten Banken ernennen zu lassen, und so das moderne kapitalistische, arbeitslose Einkommen am mühelosesten zu beziehen. Der Adel, der sich stets so gebärdete, als sei er der Vertreter der ältesten und heiligsten Überlieferungen des Volkes, verstand es auch sonst vortrefflich, was er ererbt von seinen Vätern hatte in der raffiniertesten Weise nach den Methoden des modernen Kapitalismus auszunutzen, den Gewinstbedingungen des modernen Geschäftes sich anzupassen. Seine Rübenfelder, seine Saatäcker waren und sind bis zum heutigen Tage die Stätten der schamlosesten Ausbeutung, der elendesten Bezahlung, der brutalsten Niederknechtung der Menschen. *(Zustimmung.)*

Meine Frauen und Herren! Wie steht es denn mit dem Gerede von der Feinheit der Sitte, die angeblich im Adel ihren Hort habe? Nietzsche sagt einmal, der Stil sei die Übereinstimmung der Ausdrucksform mit dem Inhalt; wenn also der Adel in den vergangenen Tagen hätte sein wollen der Träger der feinen Sitte, so hätte er auch sein müssen der bevorzugte Träger, das Gefäß des geistigen Inhaltes der Zeit; aber mindestens von dem deutschen und deutschösterreichischen Adel darf man sagen, daß er diejenige Volksschichte war, die sich am längsten und sichersten von allem Geistigen ferne gehalten hat. *(Heiterkeit und Rufe: Sehr richtig!)* Da braucht es nicht tiefgründiger kulturgeschichtlicher Forschung. Man lese bloß einige Lebensbeschreibungen oder Romane aus den Tagen der blühendsten Adelsherrschaft, etwa den Roman „Schelmuwski“ von Christian Reuter oder den schlesischen Roman „Der Edelmann“ von Paul Winkler, und man wird staunend erfahren, wie es im 16. und 17. Jahrhundert um die feine Sitte des Adels bestellt war, in den Tagen, da der niedere Adel als Krippenreiter einherzog von Schloß zu Schloß, sich bei Verwandten Atzung (= Nahrung) holend und wie es in den obersten Rängen des Adels aussah, als die Pfalzgräfin von Hessen und bei Rhein sich in einem Briefe an Kaiser Leopold beklagte, ihr Ehegemahl habe sie in Gegenwart ihres Bruders so in das Gesicht geschlagen, daß sie vor verdrießlichem Nasenfließen die Tafel habe verlassen müssen.

So sah es beim Adel knapp vor dem Hervortreten der großen Wandlung im deutschen Geistesleben aus. Und als diese Wandlung eintrat, als die Deutschen ihre große Literatur bekamen, da mußte ein Wieland erst Dichtung und Weltweisheit durch möglichst leichte Einkleidung jenem Teile der deutschen Nation schmackhaft machen, der, wenn er überhaupt irgendeine Kultur hatte, niemals eine deutsche, sondern höchstens eine französische besaß. Gilt das aber im allgemeinen von dem deutschen Adel, daß er, weit entfernt, irgendeinen Vergleich mit dem französischen oder italienischen zu dulden, vielmehr eine durchaus im Schoße des Bürgertums und aus dem Geiste des Bürgertums geborene Literatur und Kultur erst im Nachtrabe und widerwillig aufnahm, so gilt alles dies in noch gesteigertem Maße von dem deutschösterreichischen und dem österreichischen Adel. Da bedarf es keiner sehr weit zurückschauenden Geschichtsbetrachtungen. Wir haben das alles noch in der allergegenwärtigsten Erinnerung. Dieses Hauses Genius erinnert uns ja an das segensreiche Walten des österreichischen Adels. Hier standen sie doch einer nach dem andern auf, diese Windischgraetze, Schwarzenberge, Auersperge und Schönborne und wie sie alle heißen und gaben – meist vom Zettel abgelesen – ihre Weisheit kund und stotterten oder sprachen gelegentlich auch fließend ihre Reden, die dann, mit beflissener Unterwürfigkeit bis auf das letzte Wort, auf die letzte Silbe aufgenommen und in mehrseitigen Abdrucken in den Zeitungen veröffentlicht, das aussprachen, was die erste Kammer des Staates verkündete.

Aber all dies war doch nur ein leerer Schwindel *(Sehr richtig!)*, war nur ein Aufputz ohne Inhalt. Es hat nie einen Adel gegeben, in keinem Staate Europas, der so belanglos, so bar eigener Macht und innerlich so nichtig war wie der Adel Österreichs. Man kann und muß die preußischen Junker hassen, denn sie haben in sich, in ihrem Wesen, in ihrem Auftreten das verkörpert, was dem deutschen Volke unverdienten Haß bei allen Völkern aufgeladen hat: in ihren brutalen Äußerungsformen, in ihrer scharfkantigen, herausfordernden Art, sich zu gebärden, in ihrem Übermaß des Herauslehrens des Machtbegriffes, und dennoch dürfen wir nicht verkennen, zu allen Zeiten haben diese preußischen Junker auch dann, wenn wir ihnen heißesten Haß widmen müssen, weil sie die gefährlichsten Gegner der breiten Schichten des Volkes waren, in ihren Reihen Kerle von Mark und Kraft gehabt, mit denen zu ringen eine Freude war.

Aber hier in diesem Deutschösterreich, hier in diesem Herrenhaus hat es nie einen lebendigen Menschen gegeben, hier wandelten nur bemalte Schemen, Vogelscheuchen, die fürstlich und herzoglich angestrichen waren. *(Beifall.)* Es gab keine eigene Kraft in diesem Adel. Nicht heute, nicht gestern, nicht in den Revolutionstagen, sondern schon vor 20 und 30 Jahren hätte kein Schwarzenberg, kein Liechtenstein – mit Ausnahme des Prinzen Alois, der aus der Reihe des Adels heraustrat, damit Sie mir nicht den Zwischenruf machen – *(Heiterkeit)*, kein Auersperg es wagen dürfen, vor das Volk hinauszutreten und um ein Mandat zu werben. *(Rufe: Friedrich Schwarzenberg! – Abgeordneter Stocker: Auersperg ist ein deutscher Fürst!)* Und wurde gewählt? In Gottschee, das trifft jeder. *(Zwischenrufe.)*

PRÄSIDENT: Ich bitte die Herren, vielleicht nicht mehr als drei zu reden! *(Zwischenrufe – Heiterkeit.)*

ABGEORDNETER LEUTHNER: Meine Frauen und Herren! Gewiß hat sich auch der preußische Adel auf das Herrenhaus und auf das Dreiklassenwahlrecht gestützt; dennoch konnte er seinen Kampf auch auskämpfen, wenn auch von Wahl zu Wahl mit geringerem Erfolg, auf dem Boden des allgemeinen, gleichen und direkten Wahlrechtes. Er vertrat und vertritt eine reaktionäre, aber doch eine Volkesströmung, er vertritt rückständige, aber wirkliche Interessen. Doch dieser hohe Adel Österreichs hat nichts vertreten, er war der Wortführer seiner Schichte, es waren keine hundert Leute außer diesem Haus da, in deren Namen er zu sprechen berechtigt gewesen wäre.

Und obwohl er nichts war, nichts bedeutete, nirgends im Volke wurzelte, konnte er durch dieses Herrenhaus hier, durch die Macht bei Hofe, durch die lakaienhafte Unterwürfigkeit, die ihm gegenüber breite Schichten des Bürgertums an den Tag legten, einen Einfluß ausüben, der sich hemmend in allen Fällen äußerte, sobald der Staat, sobald die Gesellschaft einen Schritt vorwärts unternehmen wollte, sobald die Gesetzgebung auf dem Gebiete der politischen Freiheit oder der Staatsfinanzen zu volkstümlichen Maßnahmen vorwärts drängte.

Traditionen hatten diese Herren! Ja, aber ihre Traditionen wechselten seltsam; sie waren heute, je nach der wachsenden Macht dieser oder jener Nation, bald mehr tschechisch, bald mehr deutsch. *(Zustimmung)*. Doch eine Tradition hat der deutschösterreichische, hat der österreichische Adel durch Jahrhunderte bewahrt: die Gesetzgebung stets als das Mittel zu benutzen, sich Vorteile, persönliche, individuelle Vorteile zu verschaffen *(Zustimmung)* und den breiten Schichten des Volkes abzupressen; was irgend abzupressen war. Von jenen Landtagen an, die nach dem Tode Josef II. zusammentraten, um den Bau niederzulegen, den Josef aufgerichtet hatte, die alles, was sich nur noch zurückholen ließ an Giebigkeiten, an Lasten, welche auf den Bauern lagen, wiederherstellen, die Steuergleichheit wieder umstürzten und die, wenn es nach ihnen gegangen wäre, die ganze Feudallast und Feudalmacht des 14. und 15. Jahrhunderts wieder aufgerichtet hätten: von jenen Landtagen an bis zu den letzten Monaten vor dem Krieg, in dem Walten dieses Herrenhauses läßt sich diese undurchbrechbare Überlieferung des österreichischen Adels verfolgen. Welches österreichische Steuergesetz Sie in die Hand nehmen, jedes trägt die Spuren an sich von dem schamlosen Eigennutz dieser Kaste *(Beifall)*, die es wagte, die Gesetzgebung als Hebel ihrer Bereicherung zu mißbrauchen. Da ist das Einkommensteuergesetz, bei dem der Widerstand des Adels fast zum Zusammenbruch des Parlamentarismus geführt hätte, da sind alle die Branntwein- und Biersteuergesetze, da ist das Totalisateurgesetz – wahrlich alles Ehrensäulen in der Geschichte der österreichischen Aristokratie, wahrlich alles Merkmale und Denkmale für den Patriotismus und für die tief in der Volkheit begründete edelmännische Art des österreichischen Adels.

Aber, meine Herren, ich weiß, Sie wagen sich nicht heraus, Sie reden nicht, was in Ihren Herzen schlummert: Es gibt hier viele, sehr viele verborgene Freunde des Adels *(Sehr richtig!)* Ich will Sie nicht wieder in die Geschichte, in die Vergangenheit zurückrufen, sondern ich will Sie auf die letzten Tage hinweisen, auf die Tage des Krieges, und ich möchte Sie fragen, wie draußen, wenn Sie hinausgehen und sich bei Ihren eigenen Wählern erkundigen, bei den Bauern, die in diesem Kriege mit ihrem Blute bezahlt haben, das Verhalten des Adels im Weltkriege beurteilt wird. Ach, es war nicht schwer, sich hier im Herrenhause aufzustellen und als die Träger der stolzen österreichischen Namen einen nach dem andern ihr Bekenntnis der Treue zu Kaiser und Reich ertönen zu lassen und mit eherner Stimme das Gefühl der Siegessicherheit zum Ausdruck zu bringen; aber natürlich hier, hier in der Sicherheit dieses Halbrunds da, in dieser recht beträchtlichen Entfernung von den Greueln des Krieges. Draußen jedoch, dort, wo es wirklich galt, für Kaiser und Reich sein Blut zu vergießen, da verdünnte sich die Menge des Adels und in den Schützengräben war der Adel bereits vollständig unauffindbar. Wenn man aber wieder den Rückweg machte von den Schützengräben in das Hinterland … *(Rufe: Wo waren denn die Juden?)* … Schritt für Schritt … *(neuerliche Rufe: Wo waren die Juden?)* … Es freut mich, meine Herren Zuhörer, daß ich Ihnen Ihre wahren Herzensgefühle aus der Seele herausgelockt habe. *(Zwischenrufe.)* Wenn man aber von den Schützengräben her den Rückweg nahm in das Hinterland, da verdichteten sich immer mehr und mehr die Reihen des Adels und sie waren nirgends dichter und die Gesellschaft war nirgends belebter als dort in der Sicherheit der Stäbe, wo Krieg und Kriegsgeschäfte sich darauf beschränkten, in der Gegenwart und bestrahlt von der Huld irgendeines höheren Kommandanten angenehm zu essen, noch angenehmer zu trinken und noch viele andere unnennbare Annehmlichkeiten des Lebens frei und frank zu genießen. Das war für Österreichs Adel der Schwertdienst, das war der letzte Dienst der Treue, den er dem sterbenden Kaiserreich dargebracht hat.

Nun stimmt doch auch dieser Ausgang zum Anfang und zum ganzen Fortlauf. Denn wenn Sie sagen, daß mit Österreichs Geschichte die Namen des österreichischen Adels unzerreißbar verwoben sind, haben Sie ja vollkommen recht. Es hat nie eine österreichische Niederlage gegeben, die nicht als Aufschrift irgendeinen Clam-Gallas oder einen Erzherzogsnamen trüge. *(Lebhafter Beifall und Händeklatschen.)* Es hat nie einen Staatsbankrott gegeben, der nicht durch einen Grafen Walis oder einen anderen Grafen eingeleitet wäre, und es hat nie ein volksschädigendes und ein volkszertretendes Gesetz gegeben, das nicht irgendein Graf Stürgkh oder sonst ein Graf geschaffen hätte. Ja, sie sind verwoben in unsere Geschicke an den Stellen, wo das Blut des Volkes stromweise fließt, an den Stellen, die vom Zusammenbruch unseres Wirtschaftslebens künden. Sie haben sich also wahrlich das Recht erworben, daß wir heute Gericht über sie halten, daß wir sie ausmerzen aus dem Buche des Lebens, wie man die Schandflecken auswischt aus dem Buch seines eigenen Lebens. *(Lebhafter Beifall und Händeklatschen.)*

Wenn wir über diesen gefährlichsten Feind des Volkes, der Jahrhunderte hindurch buchstäblich vom Blute des Volkes lebte, in tragischen Tönen Gericht hielten, so verlieren wir diese tragischen Töne in dem Augenblicke, wo wir von dem historischen Adel abgleiten zum ernannten Adel. Es gab im Ausschusse verschiedene Herren, die so etwas wie Mitleid empfanden, daß mit dem Adel auch jene Adelstitel verschwinden würden, die verliehen wurden an Beamte und an Offiziere nach einer bestimmten Anzahl von Dienstjahren, die notwendig waren, um den Adelstitel zu ersitzen. Nun darf man vor allem nicht vergessen, daß ein ganz beträchtlicher Teil des nichthistorischen Adels überhaupt nichts mit Verdiensten zu tun hat, höchstens im Sinne von Verdienen. *(Heiterkeit.)* Wir wissen ja, Wien war stets ein Mittelpunkt des Handels mit Adelstiteln. Schon zur Zeit, als Wien die Hauptstadt des Deutschen Reiches oder wenigstens Sitz des deutschen Kaisers war, war hier die Adelspatenstelle für ganz Deutschland. Und wo es einen Fürsten gab, der eine Maitresse hatte, die er adeln wollte, oder einen Bankert, den er zum Edelmann erheben wollte, machte er sein Geschäft mit Wien und ließ sich von hier den gewünschten Adelsbrief liefern. Das ist eine alte Wiener Tradition, die gleichfalls bis in die letzten Tage fortgesetzt wurde.

Nirgends in Europa ist der Handel mit Adelstiteln so schwunghaft und nirgends so schamlos wie in der letzten Zeit. Es war geradezu eine stehende Institution im Österreich der letzten Jahre, daß derjenige sicher und zweifellos, wenn schon nicht einen Sitz im Herrenhaus, so doch wenigstens das „von“ oder die Baronie bekam, der der Regierung das Geld vorschoß, mit dem sie gewisse Blätter im In- und Auslande besoldete, so daß man von einem Preßkorruptionsadel als einer besonderen Kategorie des österreichischen Adels sprechen könnte. *(Zustimmung.)* Bekannt ist ja der Mann, der Geheimrat wurde, wesentlich deshalb, weil er diese Geschäfte Jahre hindurch mit der größten Feinheit und mit dem erlesensten Takt zu betreiben wußte.

Aber bleiben wir bei dem Verdienstadel, jenem seltsamen Adel, den die Leute bekamen, wenn sie 30 oder 40 Jahre hindurch Beamte oder Offiziere gewesen. Ich weiß nicht, wenn ich der Mann wäre, der einen solchen Adelstitel bekommen hat, ich würde mich über dieses Gesetz wie ein Schneekönig freuen. Stellen Sie sich vor, ich hieße Czech und ich würde nun um den Adel eingekommen sein; was hätte aus mir die auf dem beflügelten Amtsschimmel reitende Phantasie der Wiener Bureaukraten gemacht? *(Heiterkeit.)* Irgend einen Czech von Czechenhort! *(Heiterkeit.)* Oder stellen Sie sich vor, ich würde als Jurist gewirkt haben, ich hieße nun Leuthner von Rechtenstamm oder Rechtenhort oder Rechteneck. Mir ist es unfaßbar, wie Menschen, die einen ehrlichen Namen vom Vater geerbt haben, sich durch einen derartigen Weichselzopf, den ihnen das österreichische Adelsamt angehängt hat, geehrt fühlen können, und ich glaube daher, daß die Operation, die wir jetzt an den adeligen Weichselzöpfen vornehmen, eine ebenso hygienische als ästhetische Maßnahme darstellt.

Dasselbe scheint mir nun auch von den Titeln und Würden zu gelten. Meine Herren und Frauen! Schon im Ausschusse wurde immer gesagt, Sie können tun, was Sie wollen, Sie können die Adelstitel abschaffen, im Wienertum steckt das einmal drin. Der Wiener adelt jeden. Auch wenn er nicht adelig ist, macht er aus ihm einen Baron, wofern er nur einen halbwegs anständigen Anzug hat, oder wenigstens einen Herrn von. Es sind also Titel und Würden in Wien aus dem Gebrauch gar nicht zu verbannen. Gestatten Sie mir, daß ich darauf antworte. Das ist nicht etwa eine Sitte und Gewohnheit, die im Wienertum notwendig lebt, die im Wienerblut steckt, sondern das ist der Ausdruck der Geschichte Wiens, dieses Wiens, das vor 80 Jahren noch das Wien der Aristokratie war. Wenn Sie die Schilderung aus der Kongreßzeit lesen, so war damals das eigentliche Leben hier das Leben der Liechtensteine, Schwarzenberge, der Auersperge, und das Volk der Maitressen, der Barbiere, der Diener stand rechts und links Staffage. Damals wurde der Wagentürlaufmachergeist geboren und großgezogen, damals haben sich diese Gewohnheiten herausgebildet, von denen heute noch ein Überlebsel zurückgeblieben ist. Aber wenn dieses Überlebsel tatsächlich noch unter den Wienern wirksam ist, dann gerade muß man alle die objektiven Ursachen des Lasters heute mit um so härterer Hand ausraufen, dann muß man alle Quellen der Unart zerstören, denn der Wagentürlaufmachergeist aus der Zeit des aristokratischen Wien hat kein Recht, weiter zu leben in dem Wien, das heute – merken Sie sichs – ein Wien der Arbeit und ein Wien der Arbeiter ist. *(Lebhafter Beifall und Händeklatschen.)*

Und nun, meine Herren und Frauen, noch ein Wort über die Orden. Ich sage es ganz offen, es wäre mir das liebste, wenn es möglich wäre, die Orden überhaupt abzuschaffen, auch in dem Sinne, daß ihr Tragen heute schon verboten würde. Aber man sagt, es würde die Gefühle zu vieler verletzen, es seien so viele da, die hätten sich den Orden redlich und treulich mit ihrem Blut, mit Lebensgefahr im Kriege verdient, und ich muß es wohl hören. Ich möchte mir aber doch erlauben auf eines hinzuweisen: erstens auf jene seltsame Unterscheidung zwischen den bloßen Ehrenzeichen und den Orden, die im Kriege gewaltet hat und die uns vor Augen führt, daß auch vor dem Feinde, vor dem Tode, im Augenblick, wo die gleiche Gefahr für alle und wahrlich nicht die geringere Gefahr für den sogenannten gemeinen Mann bestand, keine Gleichheit der Ehre und Anerkennung galt. Ich mache Sie weiters darauf aufmerksam, daß keineswegs ein so einheitlich zustimmendes Urteil über den Gebrauch der Ehrenzeichen und Orden in der Armee waltet. Sie hören vielmehr von den Soldaten immer wieder, daß nichts mehr Unzufriedenheit hervorgerufen hat, als diese Dekorationen jeder Art, weil nicht notwendigerweise derjenige sie bekam, der sie am meisten verdiente, sondern in der Regel derjenige, der, sei es durch Zufall, sei es durch Verbindungen, am ehesten die Aufmerksamkeit desjenigen erregte, der die Eingabe wegen des Ordens oder des Ehrenzeichens zu machen hatte. Es ist also vielfach nur ein Zufall gewesen – wie man behauptet, soll die Stellung des Pfeifendeckels eine der begünstigtesten für die Erlangung von Ehrenzeichen gewesen sein *(Heiterkeit)* –, der darüber entschieden hat, wer ein Ehrenzeichen trägt, und viel Verbitterung namentlich im ersten und zweiten Jahre ist gerade dadurch erzeugt worden. Die Verbitterung des dritten und vierten Jahres hatte freilich noch weit ernstere Quellen.

Allein das möge noch zu den geringeren Schäden gerechnet werden. Wenn wir dagegen zu den Orden übergehen, so ist das ein Punkt, wo wir wieder anfangen dürfen, den scherzhaften oder bloß darstellenden Ton zu verlassen und wo wir tragische Töne anschlagen müssen. Da ist das Kapitel des Maria Theresien-Ordens. Dieser Maria Theresien-Orden hat Tausenden unserer Brüder das Leben gekostet *(lebhafte Zustimmung)* und ihn zu beseitigen, ist eine Sühnepflicht gegenüber den von zügellosem Ehrgeiz Hingemordeten. Ist der Krieg immer ein Hasardspiel, bedeutet er immer, daß in die Hände irgendeines höhergestellten Führers das Leben von Hunderttausenden gelegt wird, daß ihm als Preis gegeben wird Ruhm und Ehre und als Einsatz das Leben der andern, so hat der Maria Theresien-Orden verschuldet, daß dieses Hasardspiel in

Österreich nicht nur von den oberen Führern gespielt wurde, sondern auch von jedem Unterführer, der durch irgendeinen Zufall in die Lage kam, eine selbständige militärische Handlung auszuführen. Jeder gierte nach der Möglichkeit, diesen Maria Theresien-Orden zu erlangen, unter die Maria Theresienritter einzutreten, vielleicht sogar um des klingenden Vorteils willen, der sich daran knüpfte. Aus dieser Gier nach dem Maria Theresien-Orden ist eine Anzahl verfehlter Unternehmungen hervorgegangen, eine Anzahl von Wagestücken ohne Sinn und ohne Ziel, eine Anzahl von Taten, bei denen freilich nichts anderes aufs Spiel gesetzt wurde, bei denen freilich nichts anderes dahingegeben wurde, als das Leben derer, für die es keinen Maria Theresien-Orden gibt. *(Zustimmung.)*

Und vom Maria Theresien-Orden geht es dann abwärts bis zu jenem Franz Joseph-Orden, der seinem Träger gewöhnlich nur ein lächelndes Mitleid oder ein Lächeln der Geringschätzung eintrug. Diesen ganzen Jahrmarkt der Eitelkeiten von der blutvergeudenden Ehrfurcht der Maria Theresien-Ordensritter bis zur Krämereitelkeit, die sich am Franz Joseph-Orden erfreute, diesem ganzen Spuk aus der monarchistischen Nacht, den wollen wir verscheuchen. Und da wir es nicht anders tun können, müssen wir die Orden mit ihren derzeitigen Trägern aussterben lassen.

Meine Damen und Herren! Der Krieg hat ja allen nun die Augen darüber eröffnet, was es mit diesem Titelwesen auf sich hat, was es auf sich hat mit dieser Hierarchie der Würden und Ehren, und darum ist es Zeit, daß wir als die Bürger eines Freistaates, als die Bürger einer Republik uns darauf besinnen, allen Titeln, allen Würden, allen Gewohnheiten der Knechtseligkeit vergangener Tage den Abschied zu geben. Wir haben keine Republik hier gegründet, die eine bürgerliche Republik wäre wie jenes Frankreich, wo sich der Gerber Faure zu bemühen hatte, mit Hilfe seines Protokollführers mit den verschiedenen Gesalbten des Herrn in gleichen Formen zu verkehren. Der Ehrgeiz unserer Vertreter wird es niemals sein, von irgendeinem Protokollführer den richtigen Schritt und Tritt sich anlernen zu lassen. Wir brauchen also auch keine Ehrenlegion, wir brauchen keine Ehrenzeichen irgendwelcher Art, wir brauchen den ganzen Krimskrams nicht, mit dem die bürgerliche französische Republik die Erinnerung daran wachruft, daß ihr eigentliches Gerüst, das sie trägt, der alte von Napoleon geschaffene Polizei- und Bureaukratenstaat ist. Wir wollen uns nicht lehnen an irgendwelche in der monarchistischen Vergangenheit ruhende Stützen. Und wenn wir heute die Dekoration des Gerüstes niederreißen, so ist es nur ein Zeichen dafür, nur die ausgesprochene Losung, daß wir nun daran gehen wollen, den ganzen Bau des monarchischen Staats- und Gesellschaftswesens völlig aus seinen Grundlagen herauszuheben und zu Boden zu legen. *(Lebhafter Beifall und Händeklatschen.)*

Präsident: Es hat sich noch der Herr Abgeordnete Thanner zum Worte gemeldet; ich erteile ihm das Wort.

Abgeordneter Thanner: Hohes Haus! Daß ich mich heute schon zum Worte melde, hätte ich mir wohl nicht träumen lassen. Aber diese Sache erscheint mir so notwendig, daß ich als ganz gewöhnlicher Arbeitsmensch und ganz ungeschulter Mann es wagen muß, einige Worte zu sprechen.

Mit dieser Adelsgeschichte war ich schon von meiner frühesten Jugend an nicht einverstanden und ich bin nicht etwa erst heute mit meinen 60 Jahren ein Feind des Adelsstandes geworden. Schon in frühester Jugend konnte ich nicht begreifen – ich gehe da von einem religiösen Standpunkt aus, obwohl ich kein besonderer Betbruder bin –, daß es einen Gott geben sollte, der zweierlei Menschen erschaffen haben sollte. Ich rede da in erster Linie von dem Geburtsadel; der ist mir vor allem verhaßt. Ich kann es nicht begreifen, daß es einen Gott geben sollte, einen gerechten Gott, wie ich in der Schule gelernt habe, der zweierlei Menschen erschaffen haben sollte, die einen zum Fraß und zur Völlerei, zur Schinderei und Plage die anderen, die jenen als Sklaven zu dienen hätten. Das sieht mein bißchen Bauernverstand nicht ein.

Man könnte diesen Herrschaften noch etwas anderes nachsagen: Zu was sie eigentlich auf der Welt waren. Aber ich bin sehr bescheiden, in diesem hohen Hause schickt es sich nicht, daß man diese herrlichen Tugenden anführt. Ich glaube, alle von euch werden wissen, wie es da zugegangen ist und was man von diesen Adelsleuten für schöne Dinge in den Kriegszeiten zu hören bekommen hat. Ich will darüber nicht weiter reden. Ja, ich ließe mir schon einen Adel gefallen, der sich diese Auszeichnung in Wirklichkeit verdient, mit dem wäre ich wohl einverstanden, da wäre ich kein Gegner. Aber da hat es wieder den einen Umstand, da brauchen wir nur in der jetzigen Kriegszeit betrachten, wie sich die Herren diesen Adel verdient haben. Denn wenn ich von Adel spreche, so glaube ich, daß das Wort Adel eigentlich von edel kommt. Der Adelige soll eigentlich ein edles Empfinden des Herzens haben, denn ich kann mir einen edlen Menschen nur so vorstellen, daß er ein edles Herz besitzt *(Zustimmung)* und nicht wie die Generale, Fürsten und Grafen, die sich an dem grausamen Tod nicht genug ergötzen konnten, wie sie uns und unsere Söhne marterten. Mit einem solchen Adel kann ich nicht einverstanden sein. Das ist ein Tyrann und nicht ein Adelsmensch, das ist mehr ein Vieh als ein Mensch. *(Lebhafte Zustimmung.)* Ja, ich wüßte da wohl, wenn heute keine Republik wäre, einen Adelsstand aufzufinden. Leider ist es heute zu spät, in einer Republik gibt es keinen Adel mehr. Verzeihen Sie, wenn ich meine Meinung kundgeben darf, so wäre, wenn es einen Adelsstand geben würde, dies vor allem der Bauer. *(Lebhafte Zustimmung.)* Der Bauer ist ein Adelsmensch, der hat ein edles Herz. Obwohl er im Kriege drangsaliert worden ist, obwohl man ihm alles genommen hat, Hab und Gut und seine Söhne, hat er es immer noch zusammengebracht, mit sehr geringen Arbeitskräften sich selbst und allen seinen Peinigern das Brot zu schaffen und sie zu ernähren. So hat es Christus gemeint: Wer seine Feinde liebt, der kann adelig sein. Ein solches Geschlecht, das es so getrieben hat wie unsere Adeligen, heute noch adelig zu nennen, das wäre ein Unsinn.

Ich will mich kurz fassen, um die Herren nicht zu langweilen. Ich möchte nur hinzufügen, wenn man schon über den Adel herfällt – und es wird kein Mensch leugnen können, daß uns der Adel durch seine Taten verhaßt sein muß und daß es auch von Natur aus keinen Adel gibt –, so bitte ich nicht zu vergessen, daß es noch einen Stand gibt, der ebenso gefährlich ist wie der Adel, das ist das Judentum. *(Lebhafte Zustimmung. – Zwischenrufe.)* Der Krieg hat es gezeigt und besonders in der letzten Zeit bei verschiedenen Anlässen, in den Zentralen usw., wo überall die Juden saßen. Da haben wir genau gesehen, was wir von ihnen zu denken haben. Ich bin ganz gewiß dafür, je schneller, je lieber, den Adel abzusetzen. Aber ich bitte nicht zu vergessen, auch den Herren Juden an den Kragen zu gehen. *(Lebhafter Beifall und Händeklatschen.)*

Präsident: Zum Worte gelangt der Herr Abgeordnete Dr. Mayr.

Abgeordneter Dr. Mayr: Hohes Haus! Ich habe mich zum Worte gemeldet, nicht zu einer weiteren Debatte über Berechtigung oder Nichtberechtigung des Adels, sondern zu einem kleinen Zusatzantrag zum § 2.

Präsident (unterbrechend): Ich bitte, Herr Professor, wollen Sie noch in der Generaldebatte sprechen oder in der Spezialdebatte? Wenn es sich um einen Spezialfall handelt ...

Abgeordneter Dr. Mayr: Ich möchte im allgemeinen sprechen. Wenn ich schon das Wort habe, möchte ich mir erlauben, gegenüber meinen temperamentvollen Vorrednern darauf aufmerksam zu machen, daß man die Geschichte des Adels – und ich bin ja Historiker – allerdings nicht immer so kraß bloß nach einer Richtung hin darstellen könnte, sondern daß man auch gute Seiten herausfinden kann. Ich bin gewiß nicht verdächtig, etwa für den Adel einzutreten, und es fiele mir gar nicht ein, nicht für die Abschaffung des Adels zu stimmen, weil ich diese Institution in unserer demokratischen Zeit für vollständig überflüssig und veraltet halte. Aber der historischen Gerechtigkeit entsprechend, könnte ich ebensowohl viele Beispiele für Guttaten des alten historischen Adels anführen, als Beispiele für seine Schlechtigkeit angeführt worden sind.

Ich bin mit dem letzten Herrn Vorredner vollständig einverstanden, wenn er erklärt, der wahre Adel ist wo anders zu finden, das ist der Bauernadel. Und ich füge hinzu, auch der Arbeiteradel *(Zustimmung)*, der mit seiner Hände Arbeit dafür sorgen muß, unsere heutige Wirtschaft aufrechtzuerhalten, um sich selbst und seine Familie zu ernähren. Ich will nicht auf die Äußerungen eingehen, die hier gefallen sind, angefangen vom 16. Jahrhundert oder von noch früherer Zeit, vom 14. Jahrhundert – ich bin ja gewiß infolge meines demokratischen Namens darüber erhaben, etwa als Verteidiger adeliger Übergriffe zu erscheinen –, ich darf aber vielleicht doch darauf hinweisen, daß zum Beispiel in der Bauernbewegung des 16. Jahrhunderts, in dem bekannten Bauernkrieg, die Führer der Bauern Adelige waren, Ulrich von Hutten, Götz von Berlichingen usw. *(Zwischenrufe.)* Man könnte also überall ein Gegenargument geltend machen; das fällt mir aber gar nicht ein.

Wenn in der neueren Zeit von der Anmaßung von Jagdrechten, von Bauernlegen die Sprache gewesen ist, ja, meine verehrten Frauen und Herren, da waren andere Leute auch dabei, in den letzten Jahrzehnten, seit der Befreiung des Judentums, in einem prozentuell vielleicht viel höherem Maßstabe als etwa die Altadeligen. Ich bitte, ich will die Adeligen da durchaus nicht verteidigen. Wenn sie auf eine schwere Zeit in früheren Perioden hinweisen, auf die Türkengefahr, von der namentlich Wien und Österreich bedroht war, da nennen wir doch und werden auch in Zukunft einen Starhemberg nennen, der uns gerettet hat, und auch andere. Und wenn ich da wieder die Gegenwart vergleiche, verehrte Anwesende – die Flut vom Osten, die wir heute zu befürchten haben, die kommt von einer ganz anderen Seite her und auch hinter den Fronten ist vielleicht am allermeisten der Uradel aus Palästina zu finden gewesen. *(Zustimmung.)*

Ich will keine weiteren Gegenanführungen machen; wir verurteilen ebenso adelige Übergriffe und Unterdrückungen, wie sie vorgekommen sind, wie nicht minder die adeligen Geldbarone, die adeligen Wucherer und dergleichen, die sich ja auch als Volksschädlinge erster Güte erwiesen haben. Merkwürdig ist nur das eine, daß alle diese Leute, wenn sie emporgekommen sind – schon bei den Führern, zum Beispiel im Dreißigjährigen Kriege ist das so gewesen – zuerst einfache, gewöhnliche Bürger gewesen sind, dann aber, wenn sie angebliche oder wirkliche Verdienste erworben haben, bis zum heutigen Tage zu allererst nach dem Adelsprivilegium gestrebt haben. Das könnte ich auch dem Herrn Kollegen Leuthner entgegenhalten.

Etwas anderes ist – und da möchte ich doch einige Worte der Verteidigung sagen – der Beamtenadel, der geradeso wie der Titel und Charakter einer Rangklasse manchen Familienvätern verliehen und von ihnen angenommen worden ist, einfach aus dem Grunde, weil dadurch für ihre zahlreichen Kinder eine Stiftung oder ein Stipendium leichter zugänglich gewesen ist.

Meine verehrten Frauen und Herren! Das alles ist eine Mitgift des verflossenen Staatswesens gewesen und die können wir doch nicht im Pauschal verurteilen. Wir sind froh, daß diese Dinge abgeschafft werden und werden sie gewiß nicht zurückwünschen, aber eine einigermaßen gerechte Beurteilung nach beiden Seiten würden wir doch erwarten.

Mein Antrag, den ich namens meiner Partei zu stellen habe, deckt sich eigentlich mit der Bemerkung des Berichtes zu § 2. § 2 lautet: „Die Führung dieser Adelsbezeichnungen, Titel und Würden ist untersagt." Im Bericht wird nun erklärt, daß dieses Verbot nur dahin auszulegen ist, daß die Führung der Adelsbezeichnungen, Titel und Würden im Verkehr mit Behörden und öffentlichen Stellen sowie im öffentlichen Leben überhaupt als verboten angesehen wird und daß eine ständige Führung dieser Bezeichnung und Titel nicht gestattet sein soll. Keineswegs soll aber dadurch tief in das Privatleben eingegriffen werden und dem Angebertum Tür und Tor geöffnet werden.

Wenn das schon im Berichte angedeutet ist und die Regierung vom Ausschusse aufgefordert wird, eine Durchführungsbestimmung in diesem Sinne zu erlassen, so wäre es, glauben wir, richtiger, daß wir diese Stelle direkt in das Gesetz hineinnehmen, und deshalb erlaube ich mir den Antrag zu stellen, daß der § 2 lauten soll:

„Die Führung dieser Adelsbezeichungen, Titel und Würden" – und nun nehme ich das aus dem Berichte wörtlich herüber – „im Verkehre mit Behörden und öffentlichen Stellen sowie sonst im öffentlichen Leben ist untersagt."

Für diesen Fall sind wir auch gern bereit, für die weiter unten angegebenen Strafbestimmungen zu stimmen.

Ich möchte zum Schlusse zu diesem Punkte noch hinzufügen: Es ist doch ein etwas starker Eingriff in erworbene Rechte, die wir ja in Zukunft nicht mehr erwerben lassen werden, wenn im Gesetze nicht klipp und klar gesagt ist, was man will. Ich möchte da auch auf die heute noch bestehenden Verhältnisse in anderen gewiß gut republikanischen Ländern wie etwa der Schweiz oder Frankreich hinweisen, wo ja der Adel offiziell und öffentlich selbstverständlich abgeschafft ist, wo aber doch jeder Schweizer zum Beispiel, der von einer uralten Adelsfamilie abstammt, heute noch mit Stolz seinen Namen führt, der ihm durch Dokumente, durch briefliche Urkunde verliehen wurde. Es hindert ihn niemand daran, aber er läßt auch nicht den geringsten Zweifel an seiner wirklich erprobten republikanischen Gesinnung übrig. Ebenso ist es in Frankreich. Ich glaube also, wir vermeiden dadurch nur eine Unklarheit, wenn wir diese Stelle in das Gesetz aufnehmen, und ich möchte daher um die Zustimmung zu diesem Antrag bitten. *(Beifall.)*

Präsident: Zum Worte hat sich Frau Adelheid Popp gemeldet; ich erteile ihr das Wort.

Abgeordnete Adelheid Popp: Geehrte Herren und Frauen! Während der Debatte ist aus den Reihen der geehrten Herren Abgeordneten wiederholt der Zwischenruf gefallen: „Juden!", als ob dieses Gesetz, das hier vorliegt und zur Abstimmung steht, nur ein Ausnahmsgesetz gegen die christlichen Adeligen wäre. Darum handelt es sich natürlich nicht. Wenn baronisierte Juden oder meinetwegen fürstliche Juden vorhanden sind, so werden sie selbstverständlich auch durch dieses Gesetz getroffen. Wenn aber die Herren meinen, den Rednern meiner Partei fortwährend die Juden entgegenhalten zu müssen, so sage ich, wir sind sehr gern bereit, alle baronisierten, alle kapitalisierten Juden zu jeder Handlung Ihnen zu überlassen, *(Rufe: Wir danken!)* so scharf ... *(Ruf: Sie lassen sich taufen und kommen ja so wie so zu Ihnen ! – Heiterkeit.)* so scharf und so revolutionär diese Handlung immer sein mag.

Gestatten mir aber die geehrten Herren und Frauen, eine kleine Erinnerung aufzufrischen. Wenn auch von den Tugenden des Adels, von seinen historischen Verdiensten, über die ich mir kein Urteil erlauben will, gesprochen wird, wenn ich auch glaube, daß das dem Volksempfinden entsprechen wird, was Herr Abgeordneter Leuthner über die historische Aufgabe des Adels hier gesagt hat, so möchte ich doch nicht unterlassen, darauf hinzuweisen, daß sehr angesehene, sehr hochgestellte Adelsgeschlechter es nicht verschmäht haben, ihren verblaßten Glanz neu aufzufrischen mit Gold durch Heiraten mit den Töchtern jüdischer Familien zu verstehen *(Zustimmung.)* Man wird da manche gute, hochgehobene Adelsfamilie feststellen können, deren Schwinden aus der Gesellschaft man nun bedauert.

In der Debatte ist auch das Wort von dem unverdienten Beamtenadel gefallen. Geehrte Herren und Frauen! Es liegt mir vollständig ferne, irgendeinem Beamten, mag er was immer für einen Namen tragen, mag er wes Standes immer sein, seinen Verdiensten nahezutreten. Es kann aber, wenn auf den verdienten Beamtenadel hingewiesen wird, nicht verschwiegen werden, daß ein großer Teil der unglückseligen Ernährungsverhältnisse Österreichs von Beginn des Krieges an zum großen Teile durch die Beamten mit verschuldet war, durch die unfähigen adeligen Statthalter, Bezirkshauptleute usw. mit denen Österreich gesegnet war und gesegnet ist. Auch darüber kommen wir nicht hinweg, daß gegenüber diesen adeligen, höher gestellten Beamten so manche kleine Bauerngemeinde, so manche kleine Industriegemeinde zurückgeschreckt ist, weil in den Herzen und Gehirnen der Bevölkerung die Ehrfurcht, die ersterbende Ehrfurcht vor allem, was den Adelsnamen trägt, großgezogen und vererbt ist durch Jahrhunderte. Und wenn wir heute hier stehen, um zu richten und zu entscheiden, ob wir prinzipiell den Adel abschaffen sollen – das glaube ich kann ich feststellen und das ist ja von niemandem bestritten worden – wenn wir also heute darüber zu entscheiden haben, so handelt es sich auch darum, daß die Abschaffung des Adels notwendig ist, weil erst dann – nicht sofort, dessen bin ich mir wohl bewußt, und ich habe ja auch früher davon gesprochen, daß diese ersterbende Hochachtung vor dem Adel durch Jahrhunderte vererbt ist – weil erst dann, wenn der Adel abgeschafft ist, wir wenigstens die eine Zuversicht und Gewißheit gewinnen, daß nicht nur durch dieses Gesetz, sondern auch durch Schaffung und Erfüllung anderer Gesetze die Schule neugestaltet, auf eine neue demokratische Grundlage gestellt werden wird und daß durch diese neue Erziehung dafür gesorgt werden wird, daß bei der heranwachsenden Jugend jenes Gefühl der Hochachtung, der Anbetung, der förmlich abergläubischen Verehrung des Adels endlich aus der Seele der Menschheit verschwinde.

Nun, meine geehrten Herren und Frauen, wenn von dem Adel gesprochen wird und wenn wir begründen sollen, warum wir dazu übergehen, eine ganze Kaste von Menschen – und weil es mir einfällt, so möchte ich da bemerken, wenn vom Stande der Juden gesprochen worden ist, so ist mir das etwas Neues, daß die Juden als Stand anzusehen sind *(Heiterkeit)*, aller ihrer ererbten Vorrechte zu entkleiden, verlustig zu machen alles dessen, was sie von ihren Vätern her ererbt hat, so möchte ich schon sagen, es steigt die Erinnerung auf, nicht nur an die Dinge, von denen ich schon gesprochen habe, an das Herabsinken des Adels in die Verjudung, in die Verkapitalisierung, in alle jene Eigenschaften, die man dem Stande der Juden nur zumuten will. Wir wollen uns der besitzenden Juden nicht annehmen, wir konstatieren nur die Ideengemeinschaft, die unter diesen beiden möglich ist.

Ich möchte aber noch darauf hinweisen, daß gerade den Kreisen des Adels jene Männer entstammt sind, die auch in diesem Kriege an hervorragender Stelle sich befunden haben. *(Sehr richtig!)* Im Kriege und vor dem Kriege waren es die Träger der Adelsnamen, die die ersten Stellen in der Generalität eingenommen haben. Es waren die Träger der Adelsnamen, die im Kriege und manchmal vor dem Kriege die Bevölkerung kennen gelernt hat – verzeihen Sie das harte Wort – kennengelernt hat als die Schinder an ihren Söhnen, an ihren Kindern, die vielleicht manchmal ausgestattet mit den Vorzügen des wirklichen Adels an Charakter, an Geist und an Herz, entwürdigt wurden in ihrer Manneswürde, mit Füßen getreten wurden durch jene Männer, die den Adel für sich ererbt und gepachtet hatten, die sich förmlich gottähnlich über der anderen Menschheit erhaben gefühlt hatten.

Wir erinnern uns daran, was die Söhne des Volkes unter jener Kaste gelitten haben; wenn wir sagen sollen, ob wir da gerecht sind, so sagen wir: Ja, und die ganze Bevölkerung, wenn sie nicht noch in irgendwelchem Vorurteile befangen ist, wird aufjubeln und aufjauchzen, nicht weil wir ihr damit eine Erlösung von dem Elend geben, sondern weil wir wenigstens endlich das von ihr nehmen, daß über das ganze Volk eine Kaste von Menschen gesetzt ist, die durch nichts berechtigt ist, erhaben, hervorgehoben über die ganze andere redliche Menschheit zu sein; denn womit würde es der Adel heute noch verdienen und heute noch rechtfertigen, über der anderen Menschheit zu stehen? Wir sehen Verdienste auf vielen Gebieten; wir wissen, was Hunderte, was Tausende, ja, was Hunderttausende gelitten und erduldet haben in dem vergangenen Kriege und dann vergleichen wir; wir gehen von Familie zu Familie – Arbeiter, Bauern, Bürger – wir gehen in alle Familien, vor allem der kleinen Leute, und suchen dann die Familien des Adels ab, ob sie uns die Waage halten können in den schweren Verlusten an Menschenleben, an Gut und wirtschaftlichen Kräften, ob sie uns die Waage halten können an Opfern, die wir bringen mußten, vielfach auch, wie man gemeint hat, nicht nur zur Verherrlichung des Thrones, sondern auch zur Verherrlichung des Adels, der in einem siegreichen Kriege den etwas verblichenen Glanz wieder neu aufgefrischt und mit neuem Nimbus umgeben hätte. Gestern haben wir beschlossen, die Dynastie abzusetzen, die Habsburger auszuweisen. Wenn der Herzog fällt, dann ist es nur natürlich, daß auch der Mantel nach muß *(Sehr gut!)* und es ist ganz gerechtfertigt, daß wir heute in diesem Hause den Beschluß fassen, den Adel und alle Vorrechte und alle Privilegien abzuschaffen. Wenn der Herr Abgeordnete Stricker gemeint hat, daß die Strafbestimmung des § 2 eine zu milde und zaghafte ist – sehr geehrte Herren und Frauen, wenn Sie das Bedürfnis haben, die Strafbestimmungen zu verschärfen, würde das unsererseits gar keiner Beschränkung unterliegen. Nur zur Todesstrafe können wir nicht greifen, denn die werden wir wohl heute einstimmig abschaffen.

Sehr geehrte Herren und Frauen! Wenn wir nun diesem Gesetze zugestimmt haben, das die Abschaffung des Adels und aller Privilegien verfügt, dann werden wir eine Tat begangen haben, die, wenn sie auch keine augenblicklichen wirtschaftlichen Vorteile bringt, doch der Bevölkerung zeigt, daß es diesem Hause, das ein Volkshaus sein soll, mit der republikanischen Gesinnung ernst ist und daß wir hier alle von dem Gefühl durchdrungen sind: in der Republik kann es keine Privilegien geben, in der Republik kann es nur Menschen geben, die gleichen Rechtes, gleichen Titels und gleichen Ranges sind, in der Republik ist kein Platz für einzelne Kasten. Die Republik muß die Grundlage schaffen für die Gleichheit aller Menschen, wie sie uns bisher als Ideal erschienen ist, nicht nur in bezug auf den Titel, sondern die Bevölkerung erwartet von diesem Hause, daß dem gestrigen Gesetz und dem heutigen Gesetze über die Abschaffung des Adels in sehr rascher Folge die Gesetze folgen werden, die auch die Privilegien des Besitzes abschaffen *(Beifall)*, daß der Abschaffung der Dynastie und der Abschaffung des Adels die Gesetze folgen werden, die es nicht nur verhindern, daß in Zukunft einzelne Kasten bestehen können, die an Ehren und an Würden über der Mehrheit der Menschheit die Möglichkeit gelassen wird, durch Erwerben von Reichtümern durch anderer Hände Arbeit sich neue Machtpositionen zu schaffen und wenn nicht mehr durch den Adel, so durch das Geld, durch das Kapital über die Waffen der Menschheit zu herrschen. Dem einen Privilegium müssen die anderen folgen!

Ich bitte, meine Herren und Frauen, diesem Gesetze zuzustimmen und die Stärke zu haben, alle anderen Gesetze, die im Interesse der Gleichheit und Gerechtigkeit notwendig sind, baldigst zu schaffen. *(Lebhafter Beifall und Händeklatschen)*.

Präsident: Die Generaldebatte ist geschlossen. Ich bitte, die Plätze einzunehmen. Wir kommen zur Abstimmung.

Ich bitte diejenigen Mitglieder, die für das Eingehen in die Spezialdebatte auf Grund der Ausschußvorlage sind, sich von den Sitzen zu erheben. *(Geschieht.)*

Das Haus hat beschlossen, in die Spezialdebatte einzutreten. Wünscht jemand das Wort? *(Niemand meldet sich.)* Es ist nicht der Fall. Wir schreiten zur Abstimmung.

§ 1 ist unbeanstandet geblieben. Ich bitte diejenigen Mitglieder, welche ihm zustimmen, sich von den Sitzen zu erheben. *(Geschieht.)* § 1 ist angenommen.

Zu § 2 ist vom Herrn Abgeordneten Dr. Mayr ein Zusatzantrag gestellt. Dieser Paragraph lautet im ersten Satze *(liest)*: „Die Führung dieser Adelsbezeichnungen, Titel und Würden ist untersagt"; Herr Dr. Mayr wünscht nun eine Einschränkung in dem Sinne, daß nach dem Worte „Würden" eingeschaltet werde *(liest)*: „im Verkehre mit Behörden und öffentlichen Stellen sowie sonst im öffentlichen Leben". Der ganze Satz würde dann lauten *(liest)*: „Die Führung dieser Adelsbezeichnungen, Titel und Würden im Verkehre mit Behörden und öffentlichen Stellen sowie sonst im öffentlichen Leben ist untersagt".

Ich werde diesen ersten Satz zuerst in der Fassung des Ausschußantrages zur Abstimmung bringen und werde dann, wenn er angenommen ist, über den einschränkenden Zusatzantrag des Herrn Abgeordneten Dr. Mayr abstimmen lassen.

Ich bitte diejenigen Mitglieder, welche dem Satz 1 des § 2 in der Fassung des Ausschußantrages zustimmen, sich von den Sitzen zu erheben. *(Geschieht.)* Er ist angenommen.

Ich bitte nun diejenigen Mitglieder, welche dem Zusatzantrage des Herrn Abgeordneten Dr. Mayr zustimmen, sich von den Sitzen zu erheben. *(Geschieht.)* Das ist die Minderheit, der Antrag ist abgelehnt. *(Beifall.)*

Ich bitte diejenigen Mitglieder, welche dem nächsten Satze des § 2 zustimmen, sich von den Sitzen zu erheben. *(Geschieht.)* Ist angenommen.

Die §§ 3, 4, 5, 6 und 7 sind unbeanstandet geblieben. Ich bitte diejenigen Mitglieder, welche diesen Paragraphen in der Fassung des Ausschusses zustimmen, sich von den Sitzen zu erheben *(Geschieht.)* Diese Paragraphen sind angenommen.

Wer für Titel und Eingang des Gesetzes ist, wolle sich von dem Sitze erheben. *(Geschieht.)* Titel und Eingang sind angenommen und damit ist das Gesetz in seiner Gänze in zweiter Lesung angenommen.

Der Herr Berichterstatter spricht die Rechtsansicht aus, daß es notwendig ist, dieses Gesetz mit der qualifizierten Mehrheit zu beschließen. Ich teile diese Auffassung nicht. Ich konstatiere aber, daß das Haus bei Anwesenheit von mehr als der Hälfte der Mitglieder einstimmig, also jedenfalls mit der erforderlichen Zweidrittelmajorität diesen Beschluß gefaßt hat.

BERICHTERSTATTER VON CLESSIN: Ich beantrage die sofortige Vornahme der dritten Lesung.

PRÄSIDENT: Der Herr Berichterstatter beantragt die sofortige Vornahme der dritten Lesung. Ich bitte die Mitglieder, welche für diesen Antrag sind, sich von den Sitzen zu erheben. *(Geschieht.)* Das hohe Haus hat mit der erforderlichen Zweidrittelmehrheit die sofortige Vornahme der dritten Lesung beschlossen.

Ich bitte nun diejenigen Mitglieder, welche dem Gesetze auch in dritter Lesung zustimmen, sich von den Sitzen zu erheben. *(Geschieht.)*

Das Haus hat das Gesetz über die Aufhebung des Adels, der weltlichen Ritter- und Damenorden und gewisser Titel und Würden *(gleichlautend mit 111 der Beilagen)* auch in dritter Lesung angenommen *(Lebhafter langanhaltender Beifall und Händeklatschen.)*

Anmerkungen

I. Das Comeback des Adels

1 Im Gespräch mit der Autorin, 24.7.2007

II. Der adelige Familienbegriff

1 profil Nr. 29, 14. 7. 97, S. 48
2 Jahrbuch der VKEIÖ, S. 10
3 Paul Thun-Hohenstein, JB VKEIÖ,1928, 102

III. Handkuß und Schönbrunnerdeutsch – Die gute Erziehung

1 1935, S. 104
2 profil 45/2005, S. 173
3 Jahrbuch 1935, S. 104
4 Die Presse, 23.9.1998
5 Jahrbuch VKEIÖ, S. 102
6 Gabriele Thun-Thurn, Jahrbuch VKEIÖ 1935, S. 104
7 Stekl, Wakounig, Windisch-Graetz, S. 42
8 Erich Feigl, Zita – Kaiserin und Königin, S. 44
9 Heinz Siegert, Adel in Österreich,S. 195
10 Zitiert nach H. Siegert, S. 196
11 profil Nr. 50, 7.12.1998, S. 33
13 „Der Hinweis von Karl Habsburgs Vater Otto von Habsburg auf den Judenstern ist verständlich und absolut zutreffend. Wer Habsburg heißt, scheint von vornherein gezeichnet! Hier gibt es jedenfalls eine Reihe von Parallelen zu der leidigen Judenfrage. Auch Habsburg mußte das Land verlassen, Kaiser Karl wurde zwar nicht vergast, verstarb aber in noch jugendlichem Alter entehrt und entrechtet im Exil. Das Habsburgsche Privatvermögen wurde entschädigungslos konfisziert und bis heute den Eigentümern nicht zurückgegeben. Die Wiedergutmachung im Hinblick auf ehemals jüdisches Eigentum wird hingegen heute in Angriff genommen, Raubgut wird zurückerstattet. Laut Verfassungsgesetz gelten Habsburger auch heute noch als Staatsbürger zweiter Klasse! Die Ausnahmsgesetze bestehen und gelten auch weiterhin! Juden genießen heute in Österreich alle Rechte gemäß der vor 50 Jahren kreierten Menschenrechtsdeklaration. Juden können wegen des Vergleichs Otto von Habsburgs nicht diskriminiert werden, zumal gerade Otto von Habsburg zu Anfang der Judenverfolgung unendlich viel für Juden getan hat, indem er vielen zur Flucht in die Emigration verholfen hatte. Mit dem ewigen Habsburg-Kannibalismus sollte man endlich aufhören!“ In: Die Presse, 24.12.1998
14 Irma Schönborn-Buchheim, in: Die Presse, 2.1.1999

IV. Der standesgemäße Beruf

1 Der Adel und sein constitutioneller Beruf, S. 20
2 Pro domo sua, von einem Standesgenossen, S. 6
3 ebenda, S. 22 f
4 N. v. Preradovich. Allmayer-Beck gibt sieben an.
5 J.C. Allmayer-Beck, Spectrum Austriae, S. 253
6 Moritz Csáky, Adel in Österreich, S. 214
7 Pro domo sua, S. 20
8 Adel, S. 44
9 ebenda, S. 47
10 Spectrum Austriae, S. 268
11 Jahrbuch V. K. E. I. Ö. 1928, S. 73
12 ebenda, S. 77
13 ebenda, S. 80
14 G. Enderle-Burcel, S. 505
15 vgl. Who is who 1937
16 Der Filmbote, Nr.31/1924, S. 16
17 800 Jahr Feier Waldstein-Wartenberg, S. 74–75
18 ebenda, S. 85
19 In Anlehnung an die Methode Nikolaus von Preradovich habe ich einige Berufe mit besonderem Sozialprestige in Sprüngen von 20 Jahren auf ihren Anteil von Mitgliedern des ehemaligen Hochadels hin untersucht. Es wurden knapp 180 ehemals fürstliche und gräfliche Familien mit etwa 5000 erwachsenen Mitgliedern für diese Untersuchung herangezogen, also eine relativ kleine Gruppe. Frauen aus diesen Familien, die einen bürgerlichen Namen tragen, wurden nicht berücksichtigt.

Berufsgruppe	**1929**	**1955**	**1975**	**1995**	
Richter/Rechtsanwalt		8/3	11/8	4/2	16/14
Beamter /davon Außenamt		11/1	19/7	27/14	27/12
Universitätslehrer	7	7	15	19	
National-/Bundesrat		1	2	1	2
Arzt (niedergelassen)		24	18	12	16
Unternehmer	80	73	55*	90	
Zivilingenieur, Architekt		1	3	4	11

(* 1985)
Quelle: Amtskalender, Compass

20 Anteil Bürgerliche 1918: 66 Prozent, 1975: 86 Prozent
21 Diners Club 44/97, S. 30
22 800 Jahr Feier Waldstein-Wartenberg, S. 77

V. Von Gutsherren und Unternehmern

1 Als Grundlage für die Analyse dienten Daten über die führenden Unternehmer nach Stichjahren in Abständen von jeweils zehn bis dreißig Jahren (Personen-Compass 1915, 1935, 1955, 1985, 1995) und in Ergänzung einschlägige Literatur: Who is who, Inge Morawetz, Heinz Dopsch, Alfred Fessen
2 Erentrude Thurner, Untersuchungen zur Struktur und Funktion der österreichischen Gesellschaft um 1878, S. 253
3 Protokoll Konstituierende Nationalversammlung, 3.4.1919, S. 183
4 Heft Nr. 445- 453, XVIII. Jg., S 17
5 Roman Sandgruber, Geschichte Österreichs, S. 337
6 Schwarzenbergisches Jahrbuch 1950, S. 264
7 Inge Morawetz, Die verborgene Macht
8 Der Anteil an der Gesamtbevölkerung beträgt 1,4 Promille, der Anteil an den Entscheidungsträgern in der Wirtschaft (Aufsichtsräte, Geschäftsführer, Prokuristen, Direktoren etc.) beträgt – basierend auf den Daten des Personen-Compass – 0,2 Prozent.
9 Ernst Hanisch, Geschichte Österreichs, S. 92

VI. Vom Reichtum des Adels

1 Österreich-Ungarn. Das Reich von Gestern – Das Reich von Morgen, S. 36
2 Der Adel und sein constitutioneller Beruf, 1878
3 Allmayer-Beck, 800 Jahre Waldstein, S. 69
4 Quelle: AVA, LWG 1035, o.Zl., Spezifikation I
5 Nr. 6/1936
6 Bodenreform im Sinne der Bundesverfassung, S. 9
7 Jiri Kotánko, Die Bodenreform in der Tschechoslowakei, S. 25
8 85. Sitzung, VII. GP, 13.12.55, S. 3922
9 6.12.1951 VI. GP, 67. Sitzung, S. 2493
10 17.12.1955, 89. Sitzung, VII GP
11 17.12.55, 4344
12 Austria infelix, Seite 130
13 Die Presse 18.10.1997
14 Österreich-Ungarn, S. 23
15 Ludwig Windisch-Graetz, Allerlei bourgeoiser Pflanz, S. 2
16 Quelle: Gotha

VII. Die Politik – eine Domäne des Adels?

1 Feigl, Erich, Zita – Kaiserin und Königin
2 Helden und Halunken, S. 141
3 Johannes Eidlitz, Interview 16.7.1997
4 Rudolf Czernin, Interview 29.9.1997
5 s. dazu Brook-Shepherd, Gordon, Zita: Die letzte Kaiserin. Wien 1993

Ders., Um Krone und Reich. Die Tragödie des letzten Habsburgerkaisers. Wien 1968

6 Czernin, Graf Ottokar, Im Weltkriege

7 Vom Gestern ins Heute. S. 435ff

8 Interview Feigl und „Wochenpresse“ Nr. 52/1983

9 Preradovich, Nikolaus von, Führungsschichten, S. 61

10 Hanisch, Ernst, Der lange Schatten des Staates

11 Preradovich, Führungsschichten, S. 61

12 Der Adel und sein constitutioneller Beruf. 1878, S. 20f

13 AVA, Ministerratsprotokoll Zl 111 v. 28. November 1872

14 Betrachtungen über die politische, wirtschaftliche und gesellschaftliche Entwicklung unserer Aristokratie. In: Die militärische Welt 2/1907, S. 185

15 Österreichische Rundschau 1907, S. 318f

16 Johannes Eidlitz, Interview 16.7.1997

17 Preradovich, Führungsschichten, S. 60

18 8. Sitzung der Konstituierenden Nationalversammlung

19 vgl. Erik Kuehnelt-Leddihn, Austria infelix

20 Graf Schönborn, 39. Sitzung des Herrenhauses, 22. Session, 24.10.1918, S. 1230

21 Karl Fürst Auersperg, ebenda, S. 1252f

22 ebenda, S. 1247

23 ebenda, S. 1253f

24 Protokoll der 40. Sitzung des Herrenhauses, 30.10.1918, S. 1269

25 Adel, S. 31

26 Interview Rudolf Czernin

27 Rauscher Walter, Karl Renner und Broucek Peter (Hg.), Ein General im Zwielicht. Die Erinnerungen Edmund Glaises von Horstenau.

28 Protokoll der 5. Sitzung der Konstituierenden Nationalversammlung am 15.3.1919, S. 97

29 Erik Kuehnelt-Leddihn, Austria infelix, S. 175

30 Protokoll der 8. Sitzung der Konst. NV am 3.4.1919, S. 185

31 ebenda, S. 187

32 ebenda., S. 188

33 Jahrbuch Vereinigung katholischer Edelleute 1928, S. 58

34 4.4.1919, S. 83

35 In: Die Fackel, Nr. 697. 700–705, XXVII. Jahr, S. 89

36 Geboren 1909 in der Steiermark, war verheiratet mit einer Gräfin Goëss. Unternahm zahlreiche Reisen und verfaßte als Privatgelehrter Bücher und Schriften zu gesellschaftlichen und politischen Themen. Bezeichnete sich selber als „Stockkonservativen“ (in: Austria infelix).

37 Jahrbuch Vereinigung katholischer Edelleute 1928, S. 58

38 4.4.1919, Mittagsblatt

39 Abgeord. Thanner, Protokoll 8. Sitzung der Konst. NV, S. 188
40 Sitzung vom 3.4.1919, S. 189f
41 Pro domo sua, S. 14f
42 Jahrbuch Vereinigung katholischer Edelleute 1928, S. 3
43 ebenda, S. 78
44 Interview 15.7.97
45 Brief der Arbeiterzeitung an W. Britz, 12.8.1987
46 zu Starhemberg siehe auch seine Erinnerungen, sowie Walterskirchen, Gudula, Starhemberg oder Die Spuren der Dreißiger Jahre
47 Erinnerungen, S. 105f
48 Gespräch Vincenz Liechtenstein 30.6.1997
49 Karl Renner, Österreich von der Ersten zur Zweiten Republik, S. 71
50 Jahrbuch Vereinigung katholischer Edelleute 1937, S. 105
51 In: Otto Bauer, Werkausgabe Bd 9. Wien 1980, S. 493
52 Ein Requiem in Rot-Weiß-Rot, S. 236
53 zitiert nach E. Hanisch, S. 317
54 Mein Stammbaum steht in Österreich, S. 232
55 Spiegelfeld, S. 231
56 Werner Olscher, in: Heinz Siegert, S. 84
57 DÖW-Akt 7315
58 DÖW-Akt Trauttmansdorff
59 Otto Molden, Der Ruf des Gewissens, S. 57
60 Rhein-Neckar-Zeitung, 5.7.1957, DÖW-Akt 2004
61 Dennoch schloß dieser als Führer der Jugendorganisation der Heimwehr explizit Juden von der Mitgliedschaft aus.
62 Österreichische Gewerkschaften im Widerstand, S. 348
63 XXXIV 12.Jg. 1985, S. 12
64 Vgl. Helene Maimann, Politik im Wartesaal, S.137-141
65 Das Organ der legitimistischen Emigranten war ab Ende 1938 die „Österreichische Post“, in der auch Franz Werfel, Roda Roda, Anton Polgar und Friedrich Torberg Kolumnen veröffentlichten.
66 67. Sitzung, VI. GP, 6.12.51, S. 2493
67 Prot. 66. Sitzg, VI. GP, 5.12.51, S. 2413
68 Nationalrat, VIII. GP, 171. Sitzung, 11.7.1994, S. 20141
69 Zitat: Wahrheit und Lüge S. 205
70 profil 29/1997, S. 48
71 S. 7
72 S. 19
73 79. Sitzung, 31.1.52
74 VII. GP, 55. Sitzung, 6.12.54
75 52. Sitzung, 1.12.54
76 Hubert Feichtlbauer in der Presse, 9.10.97
77 unveröff. Manuskript, S. 27

Gräfliche und fürstliche Häuser in Österreich (nach „Genealogisches Handbuch des Adels“)

Abensberg-Traun
Aichelburg
Alberti von Enno
Almásy
Altenburg
Althann
Andrássy
Apponyi
Arco
Arz-Vasegg
Attems
Auersperg

Badeni
Baillet (de Latour)
Barbo (von Waxenstein)
Bardeau
Batthyány (-Strattmann)
Beck-Rzikowsy
Belcredi
Béldi
Bellegarde
Belrupt-Tissac
Berchtold
Berenyi
Bethlen
Blanckenstein
Bolza
Borkowski
Bossi-Fedrigotti
Braida
Brandis
Breunner (Auersperg-)
Bubna (-Litic)
Bulgarini
Butler (von Clonebough)

Calice
Cassis-Faraone
Ceschi a Santa Croce
Chorinsky
Christalnigg
Clam-Martinic
Clary und Aldringen
Collalto
Colloredo
Consolati
Conrad v. Hötzendorf
Coreth (zu Coredo und Starkenberg)
Coronini-Cronberg
Coudenhove (-Kalergi)
Croy
Csáky (von Köröszegh bzw. -Pallavicini)
Czernin (von Chudenitz)
Cziráky

Daun
Degenfeld-Schonburg
Des Fours (Walderode)
Deym-Stritez
Dezasse (de Petit-Verneuil)
Dietrichstein
Dobrzensky (von Dobrzenicz)
Dohalsky (von Dohalitz)
Draskovich
Dubsky (von Trebomislyc)

Edelsheim-Gyulai
Emo (-Capodilista)
Erdödy
Esterházy

Ferrari(s)-Ochieppo
Festetics (von Tolna)
Finck von Finckenstein
Firmian
Folliot de Crenneville-Poutet

Fontaine u.
d'Harnoncourt-Unverzagt
Forni
Fredro
Fries
Fünfkirchen
Fürstenberg

Galler
Gatterburg
Gleispach
Goëss
Gorcey
Grundemann-Falkenberg
Gudenus

Habsburg
Hadik (von Futak)
Hardegg
(D') Harnoncourt-Unverzagt
Harrach
Hartenau
Hartig
Haslingen
Henckel von Donnersmarck
Herberstein
Hohenberg
Hohenlohe-Waldenburg-
Schillingsfürst
Hoyos
Hunyady-Kethely
Huyn

Kálnoky
Károlyi
Kaunitz
Khevenhüller-Metsch
Khuen von Belasi
Kielmansegg
Kinsky
Kolowrat
Kornis
Kottulinsky
Kuefstein
Küenburg

Künigl
Kulmer (zum Rosenpichl
und Hohenstein)
Kyburg

Lamberg
Larisch
Lažanský
Ledebur-Wicheln
Ledóchowski
Leiningen-Westerburg
Lexa (von Aehrenthal)
Liechtenstein
Lobkowitz
Lodron-Laterano
Lodron-Löwenstein
Lónyay
Ludwigstorff

Magnis
Mailáth
Mamming
Mannsfeld
Manzano
Marenzi
Matuschka (Greiffenclau)
Mels-Colloredo
Mensdorff-Pouilly
Meran
Metternich-Sándor
Meraviglia-Crivelli
Mirbach
Mittrowsky
Montecuccoli
Montjoye

Nádasdy
Neipperg
Neuhaus
Nostitz-Rieneck
Nyáry

Oeynhausen
Oppersdorff
Orsini-Rosenberg

Orssich (de Slavetich)
Ostrowski

Paar
Pace
Pachta
Pálffy (von Erdödy)
Pallavicini
Paumgarten
Piatti
Pilati
Podstatzky-Lichtenstein
Potulicki
Praschma
Prokesch-Osten

Radetzky
Razumovsky
Rességuier
Revertera
Rohan
Rumerskirch

Saint Julien-Wallsee
Salburg
Salis
Salm
Saurma
Sayn-Wittgenstein
Scapinelli-Lèguigno
Schallenberg
Schirndinger (von Schirnding)
Schönborn (-Bucheim)
Schönburg (-Hartenstein)
Schönfeldt
Schwarzenberg
Sedlnitzky
Ségur-Cabanac
Seilern und Aspang
Serényi
Siemienski-Lewicki
Sierakowski
Silva-Tarouca
Sizzo-Noris
Solms
Somogyi (von Medgyes)
Spannocchi
Spaur
Spiegelfeld (Matz v.)
Sprinzenstein
Starhemberg
Sternberg
Stillfried
Stolberg
Strachwitz
Stras(s)oldo
Stubenberg
Stürgkh
Széchényi

Taaffe
Tarnowski
Tattenbach
Taxis-Bordogna
Teleki (von Szek)
Terlago
Thun-Hohenstein
Thurn und Taxis
Thurn-Valsássina
Tisza
Trapp
Traun
Trauttmansdorff
Trenck

Ueberacker
Vay (von Vaja)
Vetter von der Lilie

Waldburg
Waldeck
Walderdorff
Waldstein
Wallis
Walterskirchen
Weikersheim
Welczeck
Welsersheimb (Welser von)
Welsperg
Wenckheim

Wengersky
Wickenburg
Widmann-Sedlnitzky
Wilczek
Wimpffen
Windisch-Graetz
Wolanski
Wolkenstein
Wratislaw von Mitrowitz
Wurmbrand (-Stuppach)
Zaleski
Zamoyski
Zichy (-Ferraris)
Zierotin

Quellen und Literatur

Archivalische und ungedruckte Quellen

AVA, Ministerratsprotokolle 1872

AVA, Adelsarchiv des österreichischen Staatsarchivs, Adelsakten

Windisch-Graetz Ludwig, Österreich-Ungarn. Das Reich von Gestern – Das Reich von Morgen. Unveröff. Manuskript, o.D.

Ders., Allerlei bourgeoiser Pflanz. Unveröff. Manuskript, o.D.

Akten des Dokumentationsarchivs des österreichischen Widerstandes

Stenographische Protokolle des Herrenhauses 1918

Stenographische Protokolle der provisorischen Nationalversammlung Oktober-November 1918

Stenographische Protokolle der konstituierenden Nationalversammlung März-April 1919

Tagebuch des Dr. Anton Grafen und Edlen Herrn von Walterskirchen, Freiherrn zu Wolfsthal, 11. Februar 1938 – 31. Dezember 1963

Literatur und gedruckte Quellen

Allmayer-Beck, Johann Christoph, Der Konservativismus in Österreich. München 1959

Badia, Gilbert u.a., Les barbelés de l'exil. Etudes sur l'émigration allemande et autrichienne (1938–1940). Grenoble 1979

Bauer, Otto, Werkausgabe. Bd.9. Wien 1980

Blau-Weiße-Blätter. Murau 1953–1957

Bosl, Karl, Der aristokratische Charakter europäischer Staats- und Sozialentwicklung. In: Historisches Jahrbuch 74, 1955

Britz, Werner, Die Rolle des Fürsten Ernst Rüdiger Starhemberg bei der Verteidigung der österreichischen Unabhängigkeit gegen das Dritte Reich 1933–1936. In: Europäische Hochschulschriften Bd. 223, Frankfurt a.M. 1993

Broucek, Peter (Hg.), Ein General im Zwielicht. Die Erinnerungen Edmund Glaises von Horstenau
Brunner, Otto, Adeliges Landleben und europäischer Geist. Salzburg 1949
Christlich-Ständisch-Autoritär. Mandatare im Ständestaat 1934-38. Hg. Dokumentationsarchiv des österreichischen Widerstandes und Gesellschaft für historische Quellenstudien. Wien 1991
Clam-Martinic, Georg, Burgen und Schlösser in Österreich. Linz 1991
Clary-Aldringen, Geschichten eines alten Österreichers. Wien 1996
Coudenhove-Kalergi, Richard, Adel. Wien 1923
Ders., Judenhaß von heute. Wien 1935
Csáky, Eva-Marie (Hg.), Vom Geachteten zum Geächteten. Erinnerungen des k.u.k. Diplomaten und k. ungarischen Außenministers Emerich Csáky. Wien 1992
Csáky, Moritz, Adel in Österreich. In: Das Zeitalter Kaiser Franz Josephs, Ausstellungskatalog 1984
Czernin, Ottokar, Im Weltkriege. Wien 1919
Czernin, Rudolf, Wahrheit und Lüge. Eine Abrechnung mit dem Sozialismus. München 1991
Ders., Der Weg zum Nichts. Wien 1981
Doppeladler. Vereinigung österreichischer Monarchisten. Nr. 34, 12. Jg. 1985
Dopsch, Heinz, Der österreichische Adel. In: Zöllner Erich (Hg.), Österreichische Sozialstrukturen aus historischer Sicht. Wien 1980
Eidlitz, Johannes, Die Freiheit sichern. In: Grundwerte Europas, Hg. Vincenz Liechtenstein, Graz 1994
Enderle-Burcel Gertrude, Follner Michaela, Diener vieler Herren. Biographisches Handbuch der Sektionschefs der Ersten Republik und des Jahres 1945. Wien 1997
Fackel, Die, Nr. 697. 700–705, XXVII. Jahr
Feigl, Erich, Zita. Kaiserin und Königin. Wien 1977
Ders., Kaiser Karl. Persönliche Aufzeichnungen, Zeugnisse und Dokumente. Wien 1984
Ders., Otto von Habsburg. Profil eines Lebens. Wien 1992
Fertiko, Friederike, Die aristokratischen Wegbereiter der christlichsozialen Partei. Wien 1962
Fessen, Alfred, Der österreichische Wirtschaftsadel 1909–1918. Phil.Diss. Wien 1974
Filmbote, Der, Nr. 31, 1924
Frank-Döfering, Peter (Hg.), Adelslexikon des österreichischen Kaisertums 1804–1918. Wien 1989
Freie Bauer, Der, Organ der werktätigen Bauern Österreichs. Linz 1936
Fried, Jakob, Erinnerungen aus meinem Leben. Wien 1977
Fritsch, Thomas, Freiherr von, Die gothaischen Taschenbücher, Hofkalender und Almanach. Limburg/Lahn 1968

Funder, Friedrich, Vom Gestern ins Heute. Wien 1971
Genealogisches Handbuch des Adels
Glaser, Ernst, Im Umfeld des Austromarxismus. Wien 1981
Goldinger, Walter, Binder Dieter A., Geschichte der Republik Österreich 1918–1938. Wien 1992
Götz, Eva Maria, Lebenszyklus und soziale Prägung nachgeborener Söhne des österreichischen Adels. Phil.Diss. Wien 1976
Hanisch, Ernst, Der lange Schatten des Staates 1890–1990. Wien 1994
Hindels, Josef, Österreichische Gewerkschaften im Widerstand 1934–1945. Wien 1976
Höbelt, Lothar, Adel und Politik seit 1848. In: Die Fürstenberger. Ausstellungskatalog, 365–377. Korneuburg 1994
Huber, Ernst, Die Bodenreform in der Tschechoslowakei. Diss. Wien 1948
Hunger, Elisabeth, „Der Salon: Ein österreichisches Adelsblatt" in den Jahren 1893–1918. Phil.Dipl. Wien 1991
Jahrbuch der Vereinigung katholischer Edelleute. Innsbruck, Wien 1928-1937
Johnston, William M., Österreichische Kultur- und Geistesgeschichte. Wien 1974
Joseph Haydn in seiner Zeit. Katalog zur burgenländischen Landesausstellung 1982
Kaltenbrunner, Gerd Klaus, Rechtfertigung der Elite. Freiburg 1979
Knauer, Oswald, Das österreichische Parlament. Wien 1969
Kotáko, Jiri, Die Bodenreform in der Tschechoslowakei. Prag 1948
Kühnel, Harry, Das Zeitalter Kaiser Franz Josephs. Katalog zur NÖ Landesausstellung, Wien 1987
Kuehnelt-Leddihn, Erik, Austria infelix oder: Die Republik der Neidgenossen. Wien 1983
Langer, Ellinor, Geschichte des adeligen Damenstiftes Innsbruck. Innsbruck 1950
Lanjus, Friedrich Graf, Die blühenden Geschlechter des österreichischen Uradels. In: Jahrbuch der Vereinigung katholischer Edelleute in Österreich 1931
Ders., Die erbliche Reichsratswürde in Österreich. Haindorf/ Kamp 1939
Liechtenstein, Vincenz, Földy, Reginald, Werte statt Worte. Wien 1995
Lieven, Dominic, The aristocracy in Europe. London 1992
Maget, Marianne, Die Grundentlastung von 1848. Phil.Dipl. Graz 1988
Maimann, Helene, Politik im Wartesaal. Österreichische Exilpolitik in Großbritannien 1938–1945. Wien 1975
Mantl, Wolfgang, Heimat bist du großer Söhne. Die Notwendigkeit funktionaler Eliten in der Demokratie. In: Standort Österreich
Mension-Rigaud, Eric, Aristocrats et Grands Bourgeois. Frankreich 1997

Metz, Ernst, Großgrundbesitz und Bodenreform in Österreich. Wien 1984
Mitterauer, Michael, Heiratsverhalten des österreichischen Adels. In: Beiträge zur neueren Geschichte Österreichs. Wien 1974
Molden, Otto, Der Ruf des Gewissens. Wien 1958
Militaria Austriaca, Das Bundesheer der Ersten Republik. Band 7. Wien 1991
Österreichische Rundschau, Hg. Alfred Fh. v. Berger. Wien 1907
Personen-Compass Österreich. Wien 1996
Powis, Jonathan, Der Adel. Paderborn 1986
Preradovich, Nikolaus von, Die Führungsschichten in Österreich und Preußen (1804–1918)
Rauscher, Walter, Karl Renner. Wien 1995
Renner Karl, Österreich von der Ersten zur Zweiten Republik. Wien 1953
Rogalla von Bieberstein, Johannes, Adelsherrschaft und Adelskultur in Deutschland. Limburg 1998
Rohan, Karl Anton, Umbruch der Zeit. Berlin 1930
Saint Martin, Monique de, Die Konstruktion der adeligen Identität, in: Berliner Journal für Soziologie 4/1991, 527–540
Sandgruber, Roman, Geschichte Österreichs. Ökonomie und Politik. Wien 1995
Schmidt-Brentano, Antonio, Die Armee in Österreich. Boppard/ Rhein 1975
Schulmeister, Otto (Hg.), Spectrum Austriae. Wien 1957
Schuschnigg, Kurt, Ein Requiem in Rot-Weiß-Rot. Wien 1978
Schwarzenbergisches Jahrbuch, Hg., Schwarzenbergische Administration. Wien 1950
Siegert, Heinz, Adel in Österreich. Wien 1971
Sinclair, Andrew, Aristokraten im 20. Jahrhundert. Wien, Berlin 1972
Spiegelfeld, Gisbert, Mein Stammbaum steht in Österreich. Graz 1987
Staatsgesetzblatt für den Staat Deutschösterreich, 71. Stk., Jg. 1919, ausg. am 10. April 1919
Starhemberg, Ernst Rüdiger, Die Erinnerungen, Wien 1971
Stekl, Hannes, Zwischen Machtverlust und Selbstbehauptung. Österreichische Hocharistokratie vom 18. ins 20. Jahrhundert. In: Wehler, Europäischer Adel, 144–165
Stekl, Hannes, Wakounig Marija, Windisch-Graetz. Wien 1992
Stiegnitz, Peter, Eliten. Die Stützen der Gesellschaft. Wien 1991
Stourzh, Gerald, Die Mitgliedschaft auf Lebensdauer im österreichischen Herrenhause 1861–1918. In: Mitteilungen des Institutes für österreichische Geschichtsforschung 1965. Bd. 73, 63–117
Tibola, Emmerich, Novene um die Fürbitte von Dr. Ladislaus Batthyány-Strattmann. Eisenstadt 1989

Trauttmansdorff-Weinsberg, Erbgraf von, in: Österreichische Rundschau 1907
Veiter, Theodor, Das 34er Jahr. Bürgerkrieg in Österreich. Wien 1984
Wailand, Georg, Die Reichen und die Superreichen in Österreich. Wels 1981
Waldstein-Wartenberg, 1159–1959. 800 Jahr Feier eines Geschlechtes aus dem altböhmischen Herrenstand. Eigenverlag, o.D.
Waldstein-Wartenberg, Berthold, Der Malteserorden heute. Prag 1996
Walterskirchen, Gudula, Blaues Blut für Österreich. Adelige im Kampf gegen den Nationalsozialismus. Wien 2000.
Walterskirchen, Gudula, Starhemberg oder Die Spuren der „Dreißiger Jahre“. Wien 2002.
Walterskirchen, Robert, Die Walterskirchen zu Wolfsthal. Haag 1892
Wehler, Hans-Ulrich, Europäischer Adel 1750–1950. In: Geschichte und Gesellschaft, Sonderheft 13, Göttingen 1990
Welan, Manfried (Hg.), Die Universität für Bodenkultur. Wien 1997
Wer ist wer in Österreich. 1937, 1953
Wer leitet. Die Führungskräfte der österreichischen Wirtschaft 1997. Darmstadt 1997
Windisch-Graetz, Ludwig, Helden und Halunken. Selbsterlebte Weltgeschichte 1899–1964. Wien 1965
Who is who in Österreich, 1982
Winter, Ingelore M., Der Adel. Ein deutsches Gruppenporträt. Wien 1981
Wurmbrand, Ernst, Ein Leben für Alt-Österreich. Wien 1988
Zeßner-Spitzenberg, Hans-Karl, Bodenreform im Sinne der Bundesverfassung. Wien 1931

Namenregister

DÉPASSER LA CHIMIO